16	3	2	13
5	10	11	8
9	6	7	12
4	15	14	1

Universidade de São Paulo
Reitor: Prof. Dr. João Grandino Rodas
Vice-Reitor: Prof. Dr. Hélio Nogueira da Cruz

Faculdade de Filosofia, Letras e Ciências Humanas
Diretora: Profa. Dra. Sandra Margarida Nitrini
Vice-Diretor: Prof. Dr. Modesto Florenzano

Departamento de Letras Clássicas e Vernáculas
Chefe: Profa. Dra. Ieda Maria Alves
Vice-Chefe: Prof. Dr. João Roberto Gomes de Faria

Coordenação do Curso de Pós-Graduação em Literatura Brasileira
Coordenadora: Profa. Dra. Cilaine Alves Cunha
Vice-Coordenador: Prof. Dr. Murilo Marcondes de Moura

  Apoio: PROEX-CAPES

Ricardo Souza de Carvalho

A ESPANHA DE JOÃO CABRAL E MURILO MENDES

editora■34

EDITORA 34

Editora 34 Ltda.
Rua Hungria, 592 Jardim Europa CEP 01455-000
São Paulo - SP Brasil Tel/Fax (11) 3816-6777 www.editora34.com.br

Copyright © Editora 34 Ltda., 2011
A Espanha de João Cabral e Murilo Mendes
© Ricardo Souza de Carvalho, 2011

A FOTOCÓPIA DE QUALQUER FOLHA DESTE LIVRO É ILEGAL E CONFIGURA UMA
APROPRIAÇÃO INDEVIDA DOS DIREITOS INTELECTUAIS E PATRIMONIAIS DO AUTOR.

Imagem da capa:
Serigrafia de Joan Miró realizada para a capa do livro
Joan Miró, *de João Cabral, Barcelona, Edicions de l'Oc, 1950*

Capa, projeto gráfico e editoração eletrônica:
Bracher & Malta Produção Gráfica / Mariana Leme

Revisão:
Fabrício Corsaletti
Sérgio Molina
Isabel Junqueira

1ª Edição - 2011

CIP - Brasil. Catalogação-na-Fonte
(Sindicato Nacional dos Editores de Livros, RJ, Brasil)

Carvalho, Ricardo Souza de
C668e   A Espanha de João Cabral e Murilo
Mendes/ Ricardo Souza de Carvalho — São Paulo:
Ed. 34, 2011.
288 p.

ISBN 978-85-7326-463-0

1. Literatura brasileira - História e crítica.
2. Melo Neto, João Cabral de, 1920-1999.
3. Mendes, Murilo, 1901-1975. I. Título.

CDD - 809

A ESPANHA DE
JOÃO CABRAL E MURILO MENDES

Agradecimentos	7
Introdução	11
A imagem entre Cabral e Murilo	11
A Espanha de Bandeira, Drummond e Cecília	16
A Espanha de Cabral	20
A Espanha de Murilo	31
Comigo e contigo a Espanha	42
1. Leituras e leitores espanhóis de Cabral e Murilo	51
A Geração de 27	51
Entre os novos: Ángel Crespo e Gabino-Alejandro Carriedo	91
2. Cabral em Barcelona	113
A poesia catalã	113
As artes de Barcelona	125
3. Paisagens e figuras da Espanha de Cabral	163
Paisagem de Espanha	164
O gosto pelos extremos: a tauromaquia e o flamenco	187
A Sevilha espiritual	196
4. Os tempos da Espanha de Murilo	207
O começo e o fim da Espanha	216
O núcleo de Espanha: Castela e o *Siglo de Oro*	223
Os arredores da História	235
Tempo andaluz	242
Tempo moderno e de sempre da Catalunha	244
Considerações finais	255
Anexos	
Traduções de Joan Brossa ao catalão	
de três poemas d'*O engenheiro*, de João Cabral	259
"Tàpies, Cuixart, Ponç", *João Cabral*	262
"Prólogo a *Em va fer Joan Brossa*", *João Cabral*	265
"Jorge Guillén", *Murilo Mendes*	269
Bibliografia	273
Créditos das imagens	286
Sobre o autor	287

Agradecimentos

O autor agradece à CAPES, pela concessão da bolsa do Programa de Doutorado no País com Estágio no Exterior, que possibilitou a sua pesquisa na Espanha de setembro de 2004 a maio de 2005; e também às seguintes pessoas e instituições: professor Fernando Rodríguez de la Flor, da Universidad de Salamanca, pela atenção e gentileza em supervisionar meu trabalho durante esse período; Biblioteca da Facultad de Filología, da Universidad de Salamanca; Casa Museo Unamuno, em Salamanca; Fundación Jorge Guillén, em Valladolid; Biblioteca Pública de Valladolid; Biblioteca Nacional, de Madri; Real Academia Española, de Madri; Biblioteca de Catalunya, em Barcelona; Fundació Antoni Tapiès, em Barcelona, e em especial a Gloria Domenech; Fundació Joan Brossa, em Barcelona, e em especial a Gloria Bordons e Pepa Llopis; Fundació Vila Casals, em Barcelona; Pilar Gómez Bedate, pelas informações e materiais sobre Ángel Crespo; Maite Santos Torroella, pela agradável tarde em que conversamos sobre Rafael Santos Torroella, e por sua persistente busca das fotos de Cabral e Murilo; Enric Tormo i Freixa, pela entrevista concedida e por me mostrar o seu mundo da tipografia; José Hernández Sanchez, pelas informações e materiais sobre Francisco García Vilella; Fundación Rafael Alberti, em Puerto de Santa María, Cádiz. E aos amigos que me deram o apoio e o carinho durante meu "tempo espanhol": Ivani; Enrique; Tina e Frank, a presença alemã na Espanha; e Antonio, da cidade de Zamora, *"Duero le cercaba el pie,/ fuerte es a maravilla"*, como canta o romanceiro.

No seu "tempo brasileiro", o autor agradece à Biblioteca do Instituto de Estudos Brasileiros da Universidade de São Paulo; ao Museu de Arte Murilo Mendes, de Juiz de Fora, MG; ao Arquivo-Museu de Literatura Brasileira da Fundação Casa de Rui Barbosa, Rio de Janeiro, e em especial a Júlio Castañon Guimarães; a Mario Miguel González e Cilaine Alves Cunha; à minha família e aos amigos, em todos os "tempos", sempre comigo.

Este livro teve origem em tese defendida na área de Literatura Brasileira da Faculdade de Filosofia, Letras e Ciências Humanas da Universidade de São Paulo, em 2006, sob a orientação de João Adolfo Hansen, e contou com a arguição de banca formada por Antonio Carlos Secchin, Marcos Antonio Siscar, María de la Concepción Piñero Valverde e Augusto Massi.

A ESPANHA DE JOÃO CABRAL E MURILO MENDES

Murilo Mendes e João Cabral de Melo Neto
em Cuenca, na Espanha, 1960.

Introdução

A imagem entre Cabral e Murilo

O primeiro encontro entre João Cabral de Melo Neto e Murilo Mendes ocorreu em 1940, no Rio de Janeiro. Enquanto Cabral divulgava seus primeiros poemas na revista *Renovação*, de Recife, Murilo era o autor maduro de seis obras publicadas desde 1930, o que não impediu que recebesse generosamente o "poeta novo", dedicando-lhe um pequeno artigo no periódico carioca *Dom Casmurro* a 2 de março daquele ano: "E hoje aparece-nos, vindo pelo último navio de Recife, o poeta de vinte anos João Cabral de Melo Neto. [...] No plano propriamente literário, as influências que ele mais acusa são as de Bandeira e Drummond, portanto está acertando o caminho".[1] Talvez por modéstia ou falta de percepção, deixou de citar a si mesmo; mas Cabral explicitou mais de uma vez a presença marcante de Murilo em sua obra inicial.

O intermediário do primeiro contato entre Cabral e Murilo foi o escritor Willy Lewin. Por volta de 1938, em Recife, Cabral frequentava o Café Lafayette, ponto de encontro de intelectuais reunidos ao redor de Lewin e do pintor Vicente do Rego Monteiro. Lewin, em suas viagens ao Rio de Janeiro, travou amizade com Murilo,[2] compartilhando um grande interesse pelo surrealismo,

---

[1] Júlio Castañon Guimarães (org.), *Murilo Mendes: 1901-2001*, Juiz de Fora, CEMM/UFJF, 2001, p. 57.

[2] Lewin frequentou com Murilo o grupo de artistas e intelectuais da boemia carioca: "[...] companheiro de mesa de bar de 1929, quando estivemos várias vezes juntos, você, o pintor Cícero Dias, o arquiteto Carlos Leão e eu, poeta sem versos [...]". Willy Lewin, "Saudação a Murilo Mendes", *Boletim de Ariel*, ano III, nº 12, Rio de Janeiro, set. 1934, p. 321.

mais pela pintura do que pela escrita automática proclamada por André Breton no Manifesto de 1924. Esse entusiasmo visual deixa-se entrever no curioso registro de Lewin sobre um passeio ao lado de Murilo pelas ruas da Capital Federal: "(Rio, 1937) M. M. e eu descobrimos, por acaso, uma vitrine de utensílios cirúrgicos, manequins anatômicos, instrumentos ortopédicos. Estamos 'bouleversés'. Ali estavam, vivos, eloquentes, Chirico, Dali, os *surrealistes*".[3] Em 1936, Lewin, nos seus *Quinze poemas*, tentara recuperar a atmosfera de alguns quadros, como em "Chirico ou o fim do mundo":

> Colóquio das estátuas impassíveis
> na praça deserta
> onde sopra um vento de peste
> e um anjo lívido
> agita as grandes asas.

> Perspectivas oníricas
> sob uma luz de eclipse.[4]

Murilo reconhecera o valor dos *Quinze poemas*, indicando o que ele próprio buscava em sua poesia: "esquemáticos, concentrados, incorporam-se à corrente espiritualista que aumenta dia a dia, sendo alguns notáveis pelo seu mistério e capacidade de sugestão".[5] O "mistério" e a "capacidade de sugestão" conformam as diretrizes do surrealismo concebido por Lewin, segundo as notas "De um diário de poesia": "O que existe de belo numa paisagem, nas coisas do mundo, é a eterna, a misteriosa, a invisível Presença

---

[3] Willy Lewin, "De um diário de poesia", *Renovação*, ano II, n° 5, Recife, ago. 1940, p. 10.

[4] *Quinze poemas*, Recife, 1936. Não há indicação de número de página.

[5] Murilo Mendes, "Poesia universal", *Boletim de Ariel*, ano VII, n° 8, Rio de Janeiro, maio 1937, pp. 220-1. Na biblioteca do poeta, consta um exemplar de *Quinze poemas* com a dedicatória: "Para Murilo Mendes, afetuosamente Willy Lewin/ Recife, Natal, 1936".

que elas ocultam e refletem. Um poeta *realmente* materialista: que absurdo";[6] "O poeta 'dorme'. Ou respira numa noite profunda.

Acordando, em plena luz, entre os homens, o poeta é um destroço lamentável, um peixe atirado à praia";[7] "A densidade do mistério e não a clareza do racional é que é a linguagem da poesia".[8] Tais impressões repercutiram, de certa maneira, no jovem Cabral, que, em sua tese no Congresso de Poesia do Recife de 1941, "Considerações sobre o poeta dormindo", apresentava como epígrafe o poema "Sono", de Lewin. Embora tenha começado a escrever poemas marcado por esse contexto, encaminhou-se justamente pela trajetória negada por Lewin, a do poeta "materialista", "em vigília" e da "clareza do racional".

Ao lado do surrealismo, o catolicismo também ocupava as preocupações comuns a Murilo e Lewin. Quando da publicação de *Tempo e eternidade*, em 1935, Lewin acolheu Murilo como seu "irmão em Jesus Cristo".[9] Por sua vez, Cabral afastava-se dessa postura, reconhecendo divergências com Lewin:

> "Eu me lembro de uma conferência que ele fez no Círculo Católico de Pernambuco, onde ele comparava dois grandes poetas franceses da geração dele, que foram Claudel e Valéry, e ele dizia que, apesar dos dois serem grandes poetas, faltava uma certa dimensão a Valéry, que era exatamente esse catolicismo, esse espiritualismo. Eu era o contrário, eu me sentia inteiramente atraído por Valéry, sempre fui incapaz de transcendência."[10]

[6] *Renovação*, ano II, n° 5, Recife, ago. 1940, p. 10.

[7] *Idem, ibidem.*

[8] *Renovação*, ano II, n° 2, Recife, mar. 1940, p. 22.

[9] "Saudação a Murilo Mendes", *op. cit.*, p. 321.

[10] Entrevista de 1990, *in* Félix de Athayde (org.), *Ideias fixas de João Cabral de Melo Neto*, Rio de Janeiro/Mogi das Cruzes, SP, Nova Fronteira/FBN/Universidade de Mogi das Cruzes, 1998, p. 87.

Introdução

Se por um lado Cabral não se identificava com a "transcendência" da poesia de Murilo, por outro, valorizou nela o lugar central ocupado pela imagem:

"Há um certo parentesco entre *Pedra do sono* e certa poesia entre nós, a do sr. Murilo Mendes, por exemplo, para quem a imagem não é um equivalente simbólico de uma realidade observada, mas um valor em si. Quando um poeta escreve 'A mulher do fim do mundo/ dá de beber às estátuas', creio que não é a um determinado conceito que ele (o sr. Murilo Mendes, no caso) está vestindo de uma aparência poética (conceito que o leitor deveria procurar no avesso da página), mas o simples fato de que sua inteligência (seu dom poético, como quiserem) criou, imaginando aquele comportamento ou aquela relação, um fato poético. *Pedra do sono* é um livro cujo ponto de partida foi um tratamento da imagem como tal."[11]

Os versos citados pertencem ao poema "Metade pássaro",[12] da coletânea *O visionário*, escrita entre 1930 e 1933, mas apenas publicada em 1941, quando Cabral se dedicava a *Pedra do sono*. Mais de uma imagem desse livro de Murilo ecoa na obra de estreia de Cabral: os anjos murilianos de "Evocação da morta" ("Eu vi três anjos distintos/ Rodando num carrossel") irmanam-se nas diversões prosaicas com os de "A poesia andando" ("estendem-se avenidas iluminadas/ que arcanjos silenciosos/ percorrem de patins"). Benedito Nunes reconheceu o verso "O poema obscuro dorme na pedra", de *As metamorfoses* (1941), como possível "divisa

---

[11] Entrevista de 1946, *in idem, ibidem*, p. 99.

[12] No livro publicado, a belíssima primeira estrofe é a seguinte: "A mulher do fim do mundo/ Dá de comer às roseiras,/ Dá de beber às estátuas,/ Dá de sonhar aos poetas", *Poesia completa e prosa*, Luciana Stegagno Picchio (org.), Rio de Janeiro, Nova Aguilar, 1995, pp. 223-4. A partir daqui essa edição passa a ser referida como PCP.

à primeira experiência poética de João Cabral: captar a poesia latente ao espírito em estado de sono".[13] Cabral confessou que sua dívida com a poesia de Murilo em relação à imagem, apesar das evidentes diferenças, marcou toda a sua obra posterior:

"[...] Creio que nenhum poeta brasileiro foi mais diferente de mim: desde a visão da vida (e, por parte dele, de uma sobrevida), até a visão da poesia, como função e organização. Pois bem: creio que nenhum poeta brasileiro me ensinou como ele a importância do visual sobre o conceitual, do plástico sobre o musical (a poesia dele, que tanto parecia gostar de música, é muito mais de pintor ou cineasta do que de músico). Sua poesia me ensinou que a palavra concreta, porque sensorial, é sempre mais poética do que a palavra abstrata, e que assim, a função do poeta é *dar a ver* (a cheirar, a tocar, a provar, de certa forma a ouvir: enfim, a sentir) o que ele quer dizer, isto é, dar a pensar. O fato de Murilo ter usado essa concepção da palavra poética com uma intenção completamente oposta à minha, não diminui em nada a influência que ele exerceu sobre mim. Influência básica, porque se situa na própria concepção do tratamento da poesia poética."[14]

[13] Benedito Nunes, *João Cabral de Melo Neto*, Petrópolis, Vozes, 2ª ed., 1974, p. 36. Também reconhecia a *nuvem* como outra imagem recorrente tanto em *Pedra do sono* quanto na poesia muriliana, principalmente no seu período entre 1935 e 1945.

[14] Entrevista de 1976, *in* Zila Mamede, *Civil geometria: bibliografia crítica, analítica e anotada de João Cabral de Melo Neto (1942-1982)*, São Paulo, Nobel/Edusp/INL/Vitae/Governo do Estado do Rio Grande do Norte, 1987, p. 155.

Introdução

A Espanha de Bandeira, Drummond e Cecília

O assassinato de Federico García Lorca em 1936 e a Guerra Civil Espanhola (1937-1939), assim como ocorreu em várias partes do mundo, mobilizou muitos escritores brasileiros contra os regimes autoritários e a favor da liberdade de expressão artística. Murilo Mendes assinou, juntamente com José Lins do Rego, Graciliano Ramos e Caio Prado Jr., entre outros, o manifesto "Os intelectuais brasileiros e a democracia espanhola", enviado à Espanha e divulgado em setembro de 1937 em *Dom Casmurro*.[15] Tal movimento representou para os principais poetas do período uma maior aproximação com a Espanha e uma espécie de núcleo preparador para a obra de Cabral e Murilo de temática espanhola.

À medida em que se aproximava o aniversário de dez anos da morte de Lorca, as intervenções dos escritores tomavam vulto. Manuel Bandeira escreveu o poema "No vosso e em meu coração", no qual lança um vigoroso brado que, alternadamente, nega uma Espanha da ditadura ("A Espanha de Franco, não!") e afirma uma Espanha da liberdade, da criação (principalmente literária), ao longo de sua história:

> Espanha no coração:
> No coração de Neruda,
> No vosso e em meu coração.
> Espanha da liberdade,
> Não a Espanha da opressão.
> Espanha republicana:
> A Espanha de Franco, não!

---

[15] "Nós intelectuais brasileiros, patriotas e democratas, fiéis a nossa própria consciência, não podemos silenciar mais ante o que se passa nas terras desgraçadas da Espanha.// Esta nossa atitude tem apenas o sentido de uma pura demonstração de amor à liberdade e à cultura, tão ameaçadas pelas hordas do fascismo internacional, no país que deu ao patrimônio da humanidade figuras como Goya e Cervantes." *Dom Casmurro*, ano I, nº 17, Rio de Janeiro, 2/9/1937.

Velha Espanha de Pelaio,
Do Cid, do Grã-Capitão!
Espanha de honra e verdade,
Não a Espanha da traição!
Espanha de Dom Rodrigo,
Não a do Conde Julião!
Espanha republicana:
A Espanha de Franco, não!
Espanha dos grandes místicos,
Dos santos poetas, de João
Da Cruz, de Teresa de Ávila
E de Frei Luís de Leão!
Jamais a da Inquisição!
Espanha de Lope e Góngora,
De Goya e Cervantes, não
A de Felipe Segundo
Nem Fernando, o balandrão!
Espanha que se batia
Contra o corso Napoleão!
Espanha da liberdade:
A Espanha de Franco, não!
Espanha republicana,
Noiva da revolução!
Espanha atual de Picasso,
De Casals, de Lorca, irmão
Assassinado em Granada!
Espanha no coração
De Pablo Neruda, Espanha
No vosso e em meu coração![16]

Bandeira não ficaria apenas em nomes que soassem em poesia, mas se enveredou na tradução segura de poetas fundamentais

---

[16] Publicado na coletânea *Belo belo* da edição das *Poesias completas* de 1948, Manuel Bandeira, *Poesia completa e prosa*, Rio de Janeiro, Nova Aguilar, 1996, pp. 278-9.

Introdução

da poesia espanhola, como Antonio Machado, Gustavo Adolfo Bécquer, Lorca, Juan Ramón Jimenez e Rafael Alberti.[17]

Em outubro de 1945, foi a vez de Carlos Drummond de Andrade traduzir três poemas sob o título de *Cancioneiro geral da Guerra Espanhola* para a revista *Literatura*, dirigida por Astrojildo Pereira: "Carta de noiva", de Félix Paredes, "Romance de noite triste", de Isabel e "Pioneira", de José Antonio Baleontín.[18] Durante a Guerra Civil Espanhola, escreveu-se na zona republicana muita poesia, principalmente "romances", forma tradicional da lírica espanhola de caráter narrativo. Parte significativa dessa produção foi reunida em *Romancero general de la Guerra de España*, de 1937, dedicado a Lorca. Entre nomes que se consagrariam na literatura espanhola, como Vicente Aleixandre e Miguel Hernández, Drummond optou pelos menos conhecidos ou anônimos, como Félix Paredes, que contribuiu bastante para a antologia com 32 textos. Talvez a referência mais próxima do poeta brasileiro fosse a seleção de Rafael Alberti, que do seu exílio na Argentina editou um *Romancero general de la Guerra Española*, em 1944.[19]

O *Romancero* espanhol resgatado por Drummond pode estar relacionado com a presença de longos poemas narrativos em *A rosa do povo*, como os importantes "Caso do vestido" e "Morte do leiteiro", embora sejam dramas e tragédias cotidianas distantes dos palcos da guerra. "Caso do vestido" e "Carta da noiva", por exemplo, compartilham com os romances o uso do heptassílabo. Como contraponto às traduções, expressão de um passado recente de luta, Drummond compôs o poema "Notícias de Espanha", impresso em livro em 1948, na coletânea *Novos poemas*, a última e inédita de *Poesia até agora*. Depois de reiterados pedidos de notícias, o eu lírico recebe o silêncio imposto por uma violenta censura:

[17] Reunidos em *Poemas traduzidos* (1945).

[18] "Cancioneiro geral da Guerra Espanhola", trad. de Carlos Drummond de Andrade, *Literatura*, ano I, nº 2, Rio de Janeiro, out. 1945, pp. 37-40.

[19] Ver J. Lechner, *El compromiso en la poesía española del siglo XX*, Alicante, Publicaciones de la Universidad de Alicante, 2004, pp. 288-310.

Ninguém as dá. O silêncio
sobe mil braças e fecha-se
entre as substâncias mais duras.
Hirto silêncio de muro,
de pano abafando a boca,

de pedra esmagando ramos,
é seco e sujo silêncio
em que se escuta vazar
como no fundo da mina
um caldo grosso e vermelho.[20]

No poema seguinte, "A Federico García Lorca", escrito por ocasião dos dez anos da morte do poeta, a ditadura franquista novamente é repudiada, mas longe da poesia panfletária, sem mencionar nomes e acontecimentos:

Vergonha de há tanto tempo
viveres — se morte é vida —
sob chão onde esporas tinem
e calcam a mais fina grama
e o pensamento mais fino
de amor, de justiça e paz.[21]

Cecília Meireles, tão atenta ao movimento internacional, recebeu também os influxos dessa Espanha entre revolucionária e oprimida. Em 1944, traduziu *Bodas de sangre*, de Lorca, levada ao palco pela Companhia Dulcina-Odilon.[22] Posteriormente, na crônica "Castilla la bien nombrada...", de 1953, relata parte de sua viagem à Espanha, entremeada por citações de romances, bases

[20] Carlos Drummond de Andrade, *Poesia e prosa*, Rio de Janeiro, Nova Aguilar, 1992, p. 191.

[21] *Idem, ibidem*, p. 192.

[22] Ver Álvaro Lins, "Notas sobre teatro", *Jornal de crítica: 4ª série*, Rio de Janeiro, José Olympio, 1946, pp. 147-53.

Introdução

seguras do *Romanceiro da Inconfidência* (1953): "E, enquanto o automóvel desliza por estas amarelas solidões, ponho-me a pensar se o ritmo de redondilha, que é o do *Romancero*, poderia medir igualmente o fragor das batalhas do Cid, como mede a sua narrativa. Ah! é que a vida cantada é outra coisa...".[23]

A Espanha de Cabral

Desde o início de sua obra, Cabral procurou um caminho próprio, não se submetendo totalmente às referências seja dos poetas do Recife a Lewin, da Geração de 45 ou dos mestres do modernismo, Drummond e Murilo. Faltava-lhe um panorama diferente que viesse ao encontro de suas inquietações. A entrada na carreira diplomática definiu os rumos da sua trajetória poética. Entre vários países, a Espanha foi onde mais tempo permaneceu, durante quatro estadas. Os mais de dez anos vividos nesse país, com alguns intervalos, possibilitaram o amadurecimento do poeta, quando escreveu e publicou a parte crucial de sua obra, de *Psicologia da composição* (1947) a *A educação pela pedra* (1966).

A "poesia pura" de Mallarmé e Valéry e os princípios construtivistas do cubismo constituíam os primeiros parâmetros de sua poesia. Embora se unissem a essas referências os poetas modernistas brasileiros, como Murilo e a forte presença de Drummond, Cabral não seguia uma das mais férteis lições do grupo: o aproveitamento de uma linguagem coloquial ou prosaica. Além disso, distanciava-se do programa nacionalista do movimento. Murilo, ao apresentá-lo em 1940, percebia que se tratava de "um poeta sem cor local. Tanto pode ser do Recife, como de Marselha ou Xangai".[24]

Antes mesmo de lançar *Pedra do sono*, revelou suas apreensões por essa postura e anseios de mudança em carta a Drummond

---

[23] Cecília Meireles, *Crônicas de viagem*, vol. 2, Leodegário A. de Azevedo Filho (org.), Rio de Janeiro, Nova Fronteira, 1999, p. 18.

[24] Júlio Castañon Guimarães (org.), *op. cit.*, p. 57.

de 23 de novembro de 1941, sob a impressão da leitura de *Sentimento do mundo* (1940): "[...] É que a perspectiva da publicação desse livro me tem deixado num estado quase de pânico. Sinto que não é esta a poesia que eu gostaria de escrever; o que eu gostaria é de falar numa linguagem mais compreensível desse mundo de que os jornais nos dão notícia todos os dias, cujo barulho chega até nossa porta; uma coisa menos 'cubista'".[25] A resposta foi animadora: "Eu acredito de certo que sua fase poética atual é fase de transição que v., com métodos, inclusive os mais velhos, está procurando caminho, e que há muita coisa ainda a fazer antes de chegarmos a uma poesia integrada ao nosso tempo, que o exprima limpidamente e que ao mesmo tempo o supere".[26]

No final de 1942, voltou a abordar a tensão entre uma poesia voltada apenas para sua linguagem ou para sua comunicação, no texto "Prática de Mallarmé", estampado na revista *Renovação*, em homenagem ao centenário do poeta francês. A "grande lição prática" de Mallarmé encontrava-se em sua "alta consciência artística", centrada na palavra, a respeito da qual Cabral lança uma pedra fundadora de sua poética: "se tem visto a palavra menos como o material (material sólido, como a cor, o som, o gesso) sobre que se exerce a ação do poeta, do que como as singularidades de sua voz. Menos o Logos do que o Sermo".[27] Por outro lado,

---

[25] Flora Süssekind (org.), *Correspondência de Cabral com Bandeira e Drummond*, Rio de Janeiro, Nova Fronteira/Edições Casa de Rui Barbosa, 2001, p. 171. Antonio Candido, no artigo "Poesia ao norte" publicado na *Folha da Manhã* de 13 de junho de 1943, assinalou o risco de ausência de comunicação em *Pedra do sono*: "[...] Pureza poética, surrealismo, cubismo — coisas que estão soando agora como requinte, mesmo quando tão talentosamente representados por alguém como o nosso poeta.// O erro de sua poesia é que, construindo o mundo fechado de que falei, ela tende a se bastar a si mesma. Ganha uma beleza meio geométrica e se isola, por isso mesmo, do sentido de comunicação que justifica neste momento a obra de arte. Poesia assim autonomamente construída se isola no seu hermetismo", *in Textos de intervenção*, Vinícius Dantas (org.), São Paulo, Duas Cidades/Editora 34, 2002, p. 140.

[26] *Idem, ibidem*, p. 175.

[27] "Prática de Mallarmé", *Renovação*, nova série, ano IV, nº I, Recife, out.-dez. 1942.

Introdução

finaliza o artigo apontando que Mallarmé levou sua experiência às últimas consequências ao negar as possibilidades comunicativas da palavra:

> "'Mallarmé compreendeu a linguagem como se a houvesse inventado', escreveu Valéry. E eu acrescento que esse tratamento a que ele submeteu a palavra, esse movimento em direção das fontes primitivas da palavra (donde o ar antiquíssimo dessa poesia entretanto atual), em vez de ser uma prática que lhe trouxesse o domínio racional dos meios de expressão (o objetivo do jornalista, do escrivão, do professor; o objetivo de todos os que usam da palavra o seu valor de troca em ideias), foi sobretudo a tentativa de apreender as ressonâncias secretas de sua matéria. Ressonâncias que permanecem através do tempo e espaço (próprias portanto de sua matéria) e cujos efeitos o poeta, por uma técnica de obscurecimento voluntário quis purificar completamente, numa tentativa de destruir a presença em nosso espírito (fenômeno que em nosso mundo lógico não mais podemos evitar senão a preço de uma disciplina e de rigores que, curiosamente, nos acostumamos a ver como antipoéticos) do objeto ou do conceito que a palavra representa no universo que conversa e dá nome às coisas."

Cabral, portanto, não compartilhava a incomunicação de Mallarmé, buscando nos poemas d'*O engenheiro*, iniciado nesse 1942, a palavra em seu "valor de troca em ideias" e representando o objeto ou o conceito "no universo que conversa e dá nome às coisas". Instaura um "mundo justo", claro e sólido, a partir das metáforas da construção, presentes tanto no poema que dá título à coletânea, quanto na epígrafe do arquiteto Le Corbusier. Ainda assim, Cabral não escapou de ser incluído no grupo de poetas que publicaram entre 1944 e 45, que se caracterizavam pelo cuidado formal, a dicção solene, e logo se autoproclamaram como Geração de 45, a qual trazia como um dos objetivos suplantar a experiência prosaica e nacionalista do modernismo.

A observação de Murilo sobre a ausência de "cor local" continuava a valer, a não ser por um Recife "aquático" em "A Joaquim Cardozo": "a cidade que não consegues/ esquecer/ aflorada no mar: Recife,/ arrecifes, marés, maresias".[28] Em 1943, enquanto ainda se encontrava às voltas com *O engenheiro*, o poeta escreveu *Os três mal-amados*, monólogos alternados dos personagens João, Raimundo e Joaquim expurgando seus amores.[29] No caso do amor "devorador" de Joaquim, que tudo consome, inclusive a paisagem em que se insere, deixa entrever Pernambuco e Recife:

> "O amor comeu meu Estado e minha cidade. Drenou a água morta dos mangues, aboliu a maré. Comeu os mangues crespos e de folhas duras, comeu o verde ácido das plantas de cana cobrindo os morros regulares, cortados pelas barreiras vermelhas, pelo trenzinho preto, pelas chaminés. Comeu o cheiro de cana cortada e o cheiro de maresia. Comeu até essas coisas de que eu desesperava por não saber falar delas em verso." (SA, 11)

Destacam-se a objetividade e plasticidade da descrição, próxima dos romances nordestinos da década de 30 — especialmente José Lins do Rego —, mais de uma vez valorizados por Cabral.[30] Porém, a última frase retoma a angústia compartilhada com Drum-

---

[28] *Serial e antes*, Rio de Janeiro, Nova Fronteira, 1997, p. 46. A partir daqui, essa edição passa a ser indicada por SA.

[29] "Chegando aqui [ao Rio] vi aquele poema do Carlos Drummond, o 'Quadrilha', achei que podia escrever uma peça de teatro dentro do mesmo tema. Não uma peça de bulevar, mas de teatro hierático. O monólogo dos três personagens masculinos saiu bem, só que fui incapaz de escrever o monólogo das três mulheres, que deveria ser intercalado com o dos homens. Aí, abandonei a ideia de escrever uma peça", *in* Félix Athayde (org.), *op. cit.*, pp. 101-2.

[30] Ver Ricardo Souza de Carvalho, "João Cabral de Melo Neto e a tradição do Romance de 30", *Estudos Avançados*, vol. 23, nº 67, São Paulo, IEA, set.-dez. 2009, pp. 269-78.

Introdução

mond: a linguagem já era menos "cubista", mas ainda não possuía meios para expressar o mundo dos homens.

Cabral deixou pela primeira vez o país para trabalhar como cônsul-geral em Barcelona, entre 1947 e 1950. Depois de ter acompanhado o trabalho de divulgação de Bandeira, Drummond e Cecília, logo se encantou com a cultura espanhola, comparecendo, por exemplo, às touradas. Das arenas aos livros, reconheceu uma longa tradição literária, pois antes se pautara pelas correntes modernas da poesia francesa, Mallarmé e Valéry, e da poesia brasileira, Drummond e Murilo. E não deixou de contar as novidades e mandar livros para os amigos do Brasil, que agora contavam com um informante privilegiado para obter "notícias de Espanha". Em 10 de abril de 1947, Cabral anunciou a Drummond o envio de uma antologia de poesia espanhola contemporânea, organizada por González Ruano.[31] Mas advertia a presença até dos "Lêdos Ivos" dali, alusão irônica a um dos representantes da Geração de 45, que no seu apreço à forma encontraria paralelos na Espanha com o grupo da revista *Garcilaso*, fundada em 1943. Em carta de 3 de junho, ao confirmar se Drummond recebeu a antologia, adianta seu juízo: "Como se vê, o que aqui sobrou da Revolução não foi grande coisa. E os mais jovens estão muito entregues à poesia em Cristo e ao inanido ar de sacristia que se respira aqui".[32] Estava assim interrompida a forte conjunção entre tradição e modernidade dos poetas da chamada Geração de 27, que reuniu nomes como Lorca, Alberti, Vicente Aleixandre, Pedro Salinas, Luis Cernuda e Dámaso Alonso. Porém, de qualquer forma, continuava resistindo o interesse profundo pelos clássicos da Espanha, especialmente da Idade Média e *Siglo de Oro*, que remontava ao final do século XIX com a Geração de 98 e Miguel de Unamuno como um de seus promotores. Daí, apesar do desencanto com a produção contemporânea, Cabral pôde entrar em contato com um verdadeiro tesouro. Em carta de 4 de setembro de 1947 a Bandeira, comen-

---

[31] Flora Süssekind (org.), *op. cit.*, p. 219.

[32] *Idem, ibidem*, p. 221.

ta a intensa leitura que vinha fazendo da poesia espanhola, das origens aos contemporâneos, tendo como guia o poema "No vosso e em meu coração":

"De Barcelona não preciso lhe dizer muito; está na Espanha e a Espanha de hoje é aquele seu estribilho, lembra-se? Eu o tenho sempre na cabeça e permanentemente estou examinando o que há de sim e de não nas coisas que vou encontrando. O que vale é que a percentagem de sins é bem grande. Há uma 'Espanha-sim' realmente indestrutível. Nessa estou mergulhado desde que cheguei: *Mio Cid*, Fernán González, Berceo, Arcipreste de Hita, Góngora, Góngora, Góngora, etc. É claro que os poetas primeiro, como é claro também que a exploração não é tão cronologicamente sistemática como enumerei. Mas o é tanto quanto possível, isto é, quando o interesse pelos modernos me permite sistema."[33]

No entanto, o ambiente não era dos mais alentadores: a dois anos do fim da Segunda Guerra Mundial e da condenação pela ONU da ditadura de Franco, a Espanha atravessava tempos de crise econômica e ferrenha censura. Cabral, na condição de diplomata, teve a oportunidade de conhecer desde o já consagrado Joan Miró, mas não bem visto pelo regime, até os jovens artistas que iniciavam um estimulante processo de renovação. Trata-se sem dúvida do período mais fértil que experimentou na Espanha, durante o qual o escritor brasileiro não apenas recebeu contribuições, mas pôde inclusive atuar de forma construtiva na obra de alguns dos nomes mais importantes da arte espanhola do século XX.

Mais concretamente, havia a imposição do castelhano frente ao catalão, idioma nativo dessa parte do país. Para esses artistas, escrever em catalão era uma forma de resistência, luta que repercutiu em Cabral, que chegou a estudar e traduzir poesia do catalão ao português, caso pioneiro e até hoje raro entre nós:

[33] *Idem, ibidem*, p. 32.

Introdução

"Entrei em contacto, aqui, com um grupo de jovens escritores catalães que publicam duas revistas. Clandestinas, esclareço, porque o catalão, desde 1939, é perseguido aqui. A princípio não podiam nem falar; a partir do desembarque dos americanos na África, passaram a tolerar a língua oral; a partir de 1945, fim da guerra, passaram a permitir os livros em catalão, se em pequenas tiragens fora do comércio; e, finalmente, de um ano para cá, permitem os livros — com restrições — mas não as revistas e os jornais. Como eu ia dizendo, acima, conheço esses jovens catalães, ávidos de intercâmbio e de que se conheça, fora da península, sua 'cultura ameaçada'."[34]

Os jovens mencionados eram o poeta Joan Brossa, o escritor Arnau Puig e os pintores Antoni Tàpies, Modest Cuixart, Joan Ponç e Josep Tharrats. A primeira revista, *Algol*, com um único número, publicou-se no final de 1946. Depois, aquela que levava o nome do grupo, *Dau al Set*, circulou de setembro de 1948 a dezembro de 1956. Cabral simplesmente tornou-se coadjuvante, fundamental diga-se de passagem, de um dos grupos de vanguarda mais importantes da Espanha do pós-guerra. Nesse período, não apenas se preocupava com as questões estéticas, mas também se voltava às ideológicas, adentrando no marxismo. Em 1948, planejava uma obra comprometida: "[...] uma espécie de explicação de minha adesão ao comunismo. Como essa palavra é explosiva, chamarei a coisa, plagiando o José de Alencar: *Como e por que sou romancista*".[35] Impactado com a notícia de que a expectativa de vida no Recife era de 27 anos, iniciou *O cão sem plumas*, primeira obra em que focalizava a situação precária do homem de sua região: "Ando com muita preguiça e lentidão trabalhando num poema sobre o nosso Capibaribe. A coisa é lenta porque estou ten-

---

[34] Carta a Manuel Bandeira de 20/7/1948, *idem, ibidem*, p. 89.

[35] Carta a Carlos Drummond de Andrade de 9/10/1948, *in* Flora Süssekind (org.), *op. cit.*, p. 228.

tando cortar com ela muitas amarras com minha passada literatura gagá e torre de marfim"[36] — escreveria no ano seguinte.

Passou então a discutir com os integrantes do grupo *Dau al Set* a importância da questão social em suas obras, para não se limitarem à preocupação formal ou estética. Em nota à publicação em 1979 de *U no ès ningú*, realizada em 1950, Brossa e Tàpies enfatizam a participação do brasileiro em suas trajetórias artísticas: "Em 1950, os comunistas catalães estavam presentes no propósito de remarcar a dimensão política de nossas obras sem abandonar o caminho da renovação. Nesse ponto, e na perspectiva daqueles anos, também estão em dívida com o poeta e diplomata João Cabral de Melo, que residia em Barcelona".[37]

Durante todo esse período, sob o selo O Livro Inconsútil, Cabral imprimiu exemplares de poetas brasileiros e espanhóis, além de suas próprias obras *Psicologia da composição com a Fábula de Anfion e Antiode* (1947) e *O cão sem plumas* (1950), com os quais presenteava os amigos na Espanha e no Brasil.[38] Ainda como editor, idealizou com o poeta português Antonio Serpa a revista *O Cavalo de Todas as Cores*, que teve seu primeiro e único número publicado em janeiro de 1950, com poemas de Vinicius de Moraes, Rafael Santos Torroella e José Régio.[39]

---

[36] Carta a Manuel Bandeira de 3/12/1949, *idem, ibidem*, p. 114.

[37] Joan Brossa, *Ball de sang (1941-1954)*, Barcelona, Editorial Crítica, 1982, p. 117, tradução nossa.

[38] Os livros impressos foram os seguintes: *Mafuá do malungo* (1948), de Manuel Bandeira; *Pequena antologia pernambucana* (1948), de Joaquim Cardozo; *Corazón en la tierra* (1948), de Alfonso Pintó; *Acontecimento do soneto* (1948), de Lêdo Ivo; *Alma a la luna* (1948), de Juan Ruiz Calonja; *Sonets de Caruixa* (1949), de Joan Brossa; *El poeta conmemorativo*, de Juan Eduardo Cirlot; *Pátria minha*, de Vinicius de Moraes; e a *Antología de poetas brasileños de ahora*, com seleção e tradução de Alfonso Pintó de poemas de Murilo Mendes, Cecília Meireles, Carlos Drummond de Andrade, Augusto Frederico Schmidt e Vinicius de Moraes.

[39] Ver Ricardo Souza de Carvalho, "*O Cavalo de Todas as Cores*: uma revista editada por João Cabral de Melo Neto", *Revista USP*, nº 73, mar.-maio 2007, pp. 112-6.

Introdução

De volta ao Brasil em 1952, envolveu-se com a vida literária por meio de depoimentos, palestras e artigos para a imprensa, divulgando os princípios de sua poética. Uma das mais importantes intervenções ocorreu em 13 de novembro desse ano, a conferência "Poesia e composição: a inspiração e o trabalho de arte", na Biblioteca Municipal de São Paulo. Se há pouco tempo defendia o "tema dos homens" na base das experiências de vanguarda, nesse momento também reivindicava uma linguagem mais comunicativa, inquietação que, como foi visto, o perseguia desde o começo de sua obra. Propõe, entre outros, o exemplo da literatura espanhola, ao integrar o trabalho individual do artista e o legado coletivo: "Como na poesia popular, funde-se o que é de um autor e o que ele encontrou em alguma parte. A criação inegavelmente é individual e dificilmente poderia ser coletiva. Mas é individual como Lope de Vega escrevendo seu teatro e seu 'romancero', de aldeia em aldeia de Espanha, em viagem com seus comediantes e profundamente identificado com seu público".[40] Em mais de uma entrevista considerava a literatura espanhola a "maior do mundo", interpretada como *realista, popular, objetiva* e *concreta,* noções comuns a uma tradição crítica da literatura espanhola vinda do século XIX. Embora desde sua chegada à Espanha em 1947 tenha percorrido uma história literária, isso não o impediu de estabelecer escolhas de acordo com a poética que vinha elaborando:

> "[...] prefiro aqueles momentos em que a literatura espanhola é realista e objetiva e tenho menos interesse pelos momentos em que ela tende para o universo e o subjetivo. Assim, prefiro a épica primitiva, o 'romancero', a novela picaresca, etc., e me interesso menos pelo neoclassicismo, pela mística, pelo romantismo, etc. Modernamente, em poesia, prefiro a fase que vem de Antonio Machado até Miguel Hernández e dou menos impor-

---

[40] *Prosa*, Rio de Janeiro, Nova Fronteira, 1998, p. 69. A partir daqui, essa obra será indicada pela letra P, seguida do número da página.

tância à poesia metafísica que foi posta em moda pelo atual regime político."[41]

Dedicou a Hernández o poema "Encontro com um poeta", de *Paisagens com figuras*. De origem humilde, Hernández havia lutado na Guerra Civil Espanhola, defendendo os ideais da Espanha republicana. Condenado como "poeta da revolução", morreu na prisão em 1942. Por outro lado, Cabral rejeitou os poetas "oficiais", da Espanha vencedora, reunidos em torno das revistas *Escorial* (1940) e *Garcilaso* (1943), como Luis Felipe Vivanco, Leopoldo Panero e Luis Rosales. Em carta a Manuel Bandeira de 4 de agosto de 1950, Cabral comenta seu desagrado com a poesia espanhola da época: "A poesia espanhola pós-franquista é profundamente reacionária: é em Cristo, metafísica, existencialista, enfim, profundamente subjetiva. Coisa que aliás confirma aquela coisa de Goethe, de que o subjetivismo é o próprio das épocas reacionárias".[42]

A seleção da poesia espanhola realizada por Cabral, segundo ele próprio, poderia oferecer novos rumos para a poesia brasileira, particularmente a Geração de 45, distante dos temas sociais e às voltas apenas com a forma em si: "Hoje, acho que a nossa poesia deve se orientar para as baladas, para os romances. A técnica poética, quando não é aplicada a alguma coisa, põe o poeta em um beco sem saída".[43] A respeito desse movimento, publicou uma série de quatro artigos para o *Diário Carioca*, em 1952, nos quais valoriza as conquistas da poesia das décadas de 20 e 30, fundadas no "vocábulo prosaico ou pela imagem prosaica": "Na verdade, as possibilidades do terreno aberto pelo modernismo longe estão de esgotadas" (P, 73).

Porém, o "vocábulo prosaico" e a "imagem prosaica" ainda não surgem totalmente em *O cão sem plumas*, não satisfazendo os novos parâmetros do poeta: "É o Capibaribe visto de fora. A exis-

[41] Entrevista de 1953, *in* Zila Mamede, *op. cit.*, p. 132.

[42] Flora Süssekind (org.), *op. cit.*, pp. 124-5.

[43] Entrevista de 1952, *in* Zila Mamede, *op. cit.*, p. 131.

Introdução

tência do assunto é clara. Evidentemente a linguagem ainda é cifrada. A verdade é que naquela época eu não me tinha libertado ainda do preconceito de que poesia é a transplantação metafórica da realidade".[44] Em 1954, retornou ao mesmo Capibaribe com a publicação d'*O rio*, só que não mais por meio de uma linguagem "cifrada", mas a partir de procedimentos formais mais comunicativos, buscados na primitiva poesia espanhola, marcada pela oralidade, pelo canto para um público, assim como a épica e o *romancero*.

Em 1956, Cabral retornou à Espanha como cônsul-adjunto em Barcelona, mas o encarregaram de pesquisar os documentos relativos ao Brasil no Arquivo das Índias de Sevilha. O Ministério de Relações Exteriores publicou o resultado de seu trabalho apenas em 1966, *O Arquivo das Índias e o Brasil: documentos para a História do Brasil existentes no Arquivo das Índias de Sevilha*, inventário de 6 mil documentos de 1483 a 1830, "o maior realizado por brasileiro em arquivo de Espanha", segundo as palavras do prefácio do historiador José Honório Rodrigues. Em carta de 6 de fevereiro de 1957 ao casal Clarice Lispector e Maury Gurgel, aponta as conveniências dessa atividade: "Minha vida em Sevilha tem vantagens. Como Vcs. sabem (saberão) o Ministério me mandou para cá fazer investigações no Arquivo das Índias. A posição é boa, me deixa livre, sem chefes, sem caceteações de Consulado, etc. E sobretudo me deixa em Sevilha".[45] A partir desse momento incluiu a cidade andaluza à sua geografia poética, em *Quaderna* (1960),

---

[44] Entrevista a Vinicius de Moraes em 27/6/1953, *in* Zila Mamede, *op. cit.*, p. 131. Haroldo de Campos considera *O cão sem plumas* "como estágio de trânsito entre ambas as dicções do poeta, um momento de equilíbrio estável entre as conquistas construtivas de *O engenheiro* e da *Psicologia* e a vontade de comunicação, de abertura do âmbito semântico do poema". Ver "O geômetra engajado", *in Metalinguagem & outras metas*, São Paulo, Perspectiva, 4ª ed., 1992, p. 84.

[45] Teresa Montero (org.), *Correspondências: Clarice Lispector*, Rio de Janeiro, Rocco, 2002, p. 217. Sobre a pesquisa de Cabral no Arquivo das Índias, consultar a correspondência com José Honório Rodrigues, entre 1957 e 1959, Lêda Boechat Rodrigues (org.), *Correspondência de José Honório Rodrigues*, Rio de Janeiro, Academia Brasileira de Letras, 2000.

na qual figuram duas peças fundamentais ligadas ao flamenco: "Estudos para uma bailadora andaluza" e "A palo seco". Se não chegou a escrever um livro inteiramente dedicado à Espanha, a última obra publicada, *Sevilha andando* (1990) traz a cidade que melhor expressa sua relação com esse país.

O terceiro "tempo espanhol" de Cabral foi entre 1960 e 61 como primeiro secretário da Embaixada do Brasil em Madri. Incentivou ao poeta Ángel Crespo a criação da *Revista de Cultura Brasileña*, que começou a ser publicada em 1962 pela embaixada brasileira. O periódico, ao veicular principalmente traduções ao espanhol e ensaios a respeito da poesia brasileira de diversas épocas e tendências — com ênfase na produção contemporânea — constituiu-se em um importante meio para as relações literárias entre Brasil e Espanha.[46]

Cabral permaneceu ainda como cônsul-geral em Sevilha entre os anos de 1962 e 1964, e em Barcelona entre 1967 e 1969, durante os quais voltou-se mais à sua obra do que às intervenções no meio artístico e intelectual espanhol.

A ESPANHA DE MURILO

Ao que tudo indica, Murilo já possuía uma relação íntima com a Espanha muito antes de conhecê-la. Dizia que um remoto antepassado seu carregava o sobrenome Medinaceli, hipotético local de nascimento do autor anônimo do *Poema de Mio Cid*. Em 1920 assinava a coluna "Chronica mundana" do jornal *A Tarde* de Juiz de Fora com o pseudônimo "De Medinacelli".[47] Mais tar-

---

[46] Ver Ricardo Souza de Carvalho, "Duas vozes para a literatura brasileira na Espanha: Ángel Crespo e Gabino-Alejandro Carriedo", *Anuario Brasileño de Estudios Hispánicos*, Consejería de Educación en Brasil, n° 16, 2006, pp. 76-80; "Do Brasil à Espanha: Ángel Crespo, tradutor de poesia brasileira", *in* Andréia Guerini *et alii.* (org.), *Literatura traduzida e literatura nacional*, Rio de Janeiro, 7Letras, 2008, pp. 67-74.

[47] Ver Teresinha Zimbrão Silva (org.), *Chronicas mundanas e outras crônicas: as crônicas de Murilo Mendes*, Juiz de Fora, UFJF, 2004, pp. 143-63.

Introdução

de, Manuel Bandeira, no poema "Saudação a Murilo Mendes", acabou incorporando o ilustre desconhecido sobrenome: "Murilo Medina Celi Monteiro Mendes". Sua possível ascendência espanhola não deixou apenas um sobrenome, mas também certa "herança espiritual", como registrou em "Mapa" do livro de estreia *Poemas* (1930): "Estou com meus antepassados, me balanço em arenas espanholas,/ é por isso que saio às vezes pra rua combatendo personagens imaginários" (PCP, 116).

Além dos antepassados, a presença do país ibérico já lhe despertava a atenção desde a infância por intermédio da prima Vera, "afetuosa parenta de quem me recordo por ter sido a única pessoa do tempo juiz-forano a mencionar a Espanha onde outrora viajara, trazendo-me ecos de palavras quase contemporâneas da formação do meu mundo: sapateado castanholas tourada zarzuela, a última me intrigando particularmente no meio das minhas já insônias".[48]

Apesar da formação francesa predominante, Murilo teria estudado o espanhol, algo extravagante para um intelectual brasileiro da década de 20: "Dei-me ao luxo até de, aos vinte anos, tomar um professor de espanhol. [...] Estudei o espanhol por minha conta, porque tinha uma atração enorme pela Espanha e tinha lido o livro de Maurice Barrès sobre El Greco, aos 17 anos".[49] Os amigos começavam a perceber essa fascinação: Ismael Nery, no quadro *A espanhola* (1923), representa uma moça com mantilha e expressão austera, e ao fundo, à direita, a cabeça de Murilo.

Ao longo da obra, deixou alguns rastros da Espanha. Em um clima lúdico, chegou a reconhecer, em "Prefácio de Pinzón", de *História do Brasil* (1933), o descobrimento pelos espanhóis: "Quem descobriu a fazenda/ Por Sant Tiago, fomos nós" (PCP, 143). Na coletânea *Mundo enigma* (1945), "A Desejada" revela uma figura feminina sob uma ótica espanhola, ou melhor, "dualista", mesclando sensualidade e devoção (PCP, 392):

[48] *Espaço espanhol, in Poesia completa e prosa, op. cit.*, p. 1.187.

[49] Laís Corrêa de Araújo, *Murilo Mendes: ensaio crítico, antologia, correspondência*, São Paulo, Perspectiva, 2000, p. 356.

Sutil, intuitiva, és grande e miserável.
Teu orgulho só é igual à tua timidez.

Eu te veria num convento espanhol
Onde se dance: castanholas em homenagem ao Senhor;
Através do parlatório
Apunhalando os aficionados
Com esses olhos retraídos e lascivos.

No Rio de Janeiro conheceu José Bergamín, o "ensaísta-polemista" da Geração de 27, antes de seguir para seu exílio no México, de onde lhe enviou em 1941 exemplares dedicados de *Disparadero español* (1940) e *El pozo de la angustia* (1941).[50] Identificou-se com a sua "luta pela renovação do catolicismo, figura *post-conciliar* já antes do Concílio".[51]

Compartilhou a admiração por Lorca com outros artistas e intelectuais brasileiros ao participar do conselho consultivo do Ateneu García Lorca. Quando da inauguração em julho de 1946, homenageou o poeta assassinado dez anos antes: "vida que viva volveu/ contigo a morte não pode,/ nervo, entusiasmo, fervor.../ García Lorca tu és".[52]

Entre 1952 e 1956, teve sua primeira estada na Europa em missão cultural pelo Ministério de Relações Exteriores. Em carta de Lisboa, em 3 de fevereiro de 1953, declara a Edson Nery da Fonseca a importância da experiência para sua trajetória artística:

"Estamos viajando pela Europa há quase 5 meses.
Como v. poderá avaliar, tem sido uma experiência fe-

---

[50] Depositados no Museu de Arte Murilo Mendes, em Juiz de Fora: "A Murillo (sic) Mendes, cordialmente, José Bergamín, México, nov. 1941", *Disparadero español*, 3ª ed., México, Editorial Seneca, 1940; "Al poeta Murillo Mendes, muy amistosamente, José Bergamín, México, nov. 1941", *El pozo de la angustia*, México, Editorial Séneca, 1941.

[51] *Espaço espanhol*, PCP, 1.170.

[52] Raul Antelo, *Literatura em revista*, São Paulo, Ática, 1984, pp. 290-1.

Introdução

cunda para mim. Além de inúmeras cidades de artes, museus, galerias antigas, modernas, igrejas, 'ateliers', etc., estabeleci contatos com personalidades altamente interessantes. Fui até à Holanda, completando assim o conhecimento da cultura europeia, iniciado na Espanha e Itália. Aconselho-o vivamente a economizar e fazer uma viagem assim, logo que possa. A gente nasce, é claro, sabendo que a Europa é uma grande *Consort*, mas o que não se pode avaliar bem é o rendimento espiritual que uma tal viagem poderá nos proporcionar."[53]

Em Barcelona, travou amizade com Rafael Santos Torroella e Alfonso Pintó, ambos tradutores de poemas seus, e em Madri, com o escritor José Antonio Novais. Nesse momento, teria descoberto o sentido da história na cidade espanhola de Toledo,[54] onde se cruzaram três civilizações: "Propõe-nos Toledo um encontro de culturas díspares — a cristã, a judia, a mourisca — bem como a superposição de camadas do tempo".[55] Prosseguiu a revelação no Brasil, ao escrever *Contemplação de Ouro Preto* (1954), a primeira de suas obras a se centrar em um determinado espaço, repleto de história e tradições. A Espanha, em sua dimensão católica, é aludida nos versos de "Procissão do enterro em Ouro Preto": "Ergue um Cristo na cruz todo em chagas aberto,/ Deus barroco espanhol, com enorme resplendor" (PCP, 472). Além disso, teria iniciado uma incorporação da literatura espanhola, seguindo os conselhos de Cabral de que a poesia brasileira deveria promover as "baladas" e os "romances": inseriu os poemas "Romance das Igrejas de Minas", "Romance de Ouro Preto" e "Romance da Visitação". Sobre o *Romanceiro da Inconfidência* (1953), de Cecília Meireles,

---

[53] Edson Nery da Fonseca (org.), *Cartas a Edson Nery da Fonseca*, Recife, Companhia Pacífica, 1995, pp. 26-7.

[54] *Apud* Murilo Marcondes Moura, *Murilo Mendes: a poesia como totalidade*, São Paulo, Edusp/Giordano, 1995, p. 175.

[55] *Espaço espanhol*, PCP, 1.135.

também às voltas com Ouro Preto, Murilo comenta a vitalidade do romanceiro na literatura contemporânea:

> "O filão dos romanceiros é riquíssimo. Remontando a tão ilustre tradição, confundindo-se quase nas literaturas neolatinas com as bases da língua, o romanceiro tem sido explorado e renovado em nossos dias pelos poetas mais inquietos, de sensibilidade mais em consonância aos acontecimentos da nossa época, que enxertaram novas e mais vivas imagens no velho tronco austero, linear. E muitos dos romances antigos encontram nos fatos de agora uma súbita elucidação, quando tratados por poetas que possuem o duplo senso do clássico e do moderno."[56]

Em 1956, teve seu visto negado para ingressar na Espanha como professor devido à sua clara oposição à ditadura de Franco. No ano seguinte, mudou-se para a Itália para exercer o cargo de professor de Literatura Brasileira na Universidade de Roma. Porém, passava as férias quase todos os anos em Portugal, terra natal de sua esposa, Maria da Saudade Cortesão, e na Espanha: "Minha aversão ao regime franquista é menor do que o meu amor à Espanha, por isso visito-a sempre que posso" (PCP, 1.223).

Murilo publicou em Lisboa em 1959 o livro de poemas *Tempo espanhol*, no qual percorre os nomes mais representativos da literatura e pintura espanholas, das origens ao século XX, e as cidades e regiões do país, de Santiago de Compostela a Granada. Ainda entre 1966 e 1969, escreveu o livro de viagens *Espaço espanhol*, que permaneceu inédito até a edição da *Poesia completa e prosa* (1994) organizada por Luciana Stegagno Picchio.

Tanto *Tempo espanhol* quanto *Espaço espanhol* vinculam-se aos livros anotados da biblioteca do poeta, que hoje integra o acer-

---

[56] "*Romanceiro da Inconfidência*", *Vanguarda*, Rio de Janeiro, 1953, *apud* Cecília Meireles, *Obra poética*, Rio de Janeiro, Nova Aguilar, 1987, p. 53.

Introdução

vo do Museu de Arte Murilo Mendes em Juiz de Fora e comporta muitos livros de literatura espanhola, especialmente poesia. Os títulos vão desde o *Poema de Mio Cid* até os poetas do século XX, o que revela a variedade dos interesses de Murilo. A junção dos contrários, um dos princípios da poética muriliana, poderia relacionar-se com uma constante de todos os tempos, como ele verificou na leitura da conferência "Escila y Caribdis de la literatura española", de 1927, na qual Dámaso Alonso discute a concepção a respeito dessa literatura que apenas reconhece as notas de realismo, popularidade e localismo. Em seu exemplar de *Estudios y ensayos gongorinos*, Murilo destacou a lápis a passagem em que o crítico defende a polaridade da literatura espanhola:

> "Goethe quis explicar a vida como um dualismo, como uma oposição de contrários em luta, de forças contrapostas, mas unidas essencialmente na entranha do princípio vital. Acredito que esta lei da *polaridade* é a que define a essência da literatura espanhola. Esta não pode ser definida pela linha do *popularismo-realismo--localismo*, nem tampouco pela da *seleção-antirrealismo-universalidade*. Estas duas direções serão apenas dois aspectos externos, contrapostos e mutuamente condicionados da mesma força essencial."

Nas linhas finais do texto, não marcadas por Murilo, conclui: "Este eterno dualismo dramático da alma espanhola será também a lei de unidade de sua literatura".[57]

Esse exemplo ilustra que uma grande parte dos exemplares da biblioteca de Murilo recebeu anotações, como traços à margem, trechos sublinhados e uma relação dos temas relevantes e suas respectivas páginas na folha de rosto. As anotações em um livro, processo comum a muitos leitores, tornam-se, no caso de um escritor,

---

[57] Dámaso Alonso, *Estudios y ensayos gongorinos*, Madri, Gredos, 1955, pp. 26-7.

um material valioso para compreender a recepção de uma obra e sua incorporação em seus próprios trabalhos.[58]

No caso de *Tempo espanhol*, temos os dezesseis poemas — em um total de 65 — que compõem uma história da literatura espanhola, anunciada na série de epígrafes presentes na primeira edição, que vai do *Libro de Alixandre* a Miguel de Unamuno:

Mester trago fermoso, no es de juglaria.

LIBRO DE ALIXANDRE, ANÓNIMO, SÉC. XIII

Qualquier omme que la oya, si bien trobar supiere
Puede más añadir e enmedar lo que quisiere.

ARCIPRESTE DE HITA

Conmigo solo contiendo
En una fuerte contienda,
Y no hallo quién me entienda,
Ni yo tampoco me entiendo.

JORGE MANRIQUE

Yo no digo mi canción
Sino a quién conmigo va.

ROMANCE DEL INFANTE ARNALDOS

Que muero porque no muero.

SANTA TERESA DE JESÚS

Un poco de luz y no más sangre.

CERVANTES

[58] Raul Antelo explorou alguns aspectos das anotações de Murilo Mendes em livros de autores hispânicos; ver "Murilo Mendes lê em espanhol", *I e II Congressos de Literatura Comparada da UFMG*, Belo Horizonte, Imprensa Oficial, 1987, pp. 537-54.

Introdução

Peñascosa pesadumbre.

CERVANTES (SOBRE TOLEDO)

A mis soledades voy,
De mis soledades vengo.

LOPE DE VEGA

Las horas que limando están los días,
Los días que royendo están los años.

GÓNGORA

Me duele España.

MIGUEL DE UNAMUNO

O primeiro poema sobre literatura de *Tempo espanhol*, "Aos poetas antigos espanhóis", apresenta a poesia medieval tanto como paradigma de uma "linguagem concreta" e "seca", quanto de um conteúdo humano — "(O homem sempre em primeiro lugar)". Vale lembrar que em setembro de 1955, ano do início da produção de *Tempo espanhol*, Cabral ofereceu um exemplar d'*O rio* a Murilo,[59] anotado em mais de uma passagem. *O rio*, que significou a síntese das lições da primitiva poesia espanhola, pode ter sido, ao lado de *Paisagens com figuras* — divulgado em *Duas águas* em 1956 —, uma das fortes referências de Murilo para *Tempo espanhol*.

No entanto, em posição contrária à de Cabral, o catolicismo de Murilo privilegiou os "santos escritores" Santa Teresa de Jesus e São João da Cruz. O fecundo *Siglo de Oro* contribui com o maior número de poemas, a respeito de Cervantes, Góngora, Lope de Vega, Tirso de Molina, Calderón e Quevedo. O século XX figura com os poetas vítimas do franquismo, Lorca e Miguel Hernández.

---

[59] "A Maria da Saudade e Murilo, amigos deste taquígrafo do rio e por procuração do próprio, of. João Cabral de Melo Neto, Rio, set. 1955", *O rio ou relação da viagem que faz o Capibaribe de sua nascente à cidade do Recife*, São Paulo, Comissão do IV Centenário da Cidade de São Paulo, Serviço de Comemorações Culturais, 1954, Museu de Arte Murilo Mendes, Juiz de Fora.

A Espanha de João Cabral e Murilo Mendes

Além do diálogo com a tradição literária, no período de sua permanência na Europa, de 1957 a 1975, Murilo manteve contato com importantes poetas espanhóis contemporâneos: enquanto em Roma encontrava os exilados Rafael Alberti e Jorge Guillén, em Madri reunia-se a Ángel Crespo, Gabino-Alejandro Carriedo, Dámaso Alonso e Vicente Aleixandre, entre outros, o que se encontra documentado nas dedicatórias aos livros e na correspondência mantida do final da década de 50 a meados da de 70.[60] Eles acompanharam tanto sua última produção poética — *Tempo espanhol* e *Convergência* — quanto o conjunto de sua obra, reavaliada na sua primeira reunião em 1959: "Para esta edição revi inteiramente todos os textos, tendo também suprimido vários poemas que me pareceram supérfluos ou repetidos. Procurei obter um texto mais apurado, de acordo com a minha atual concepção da arte literária. Não sou meu sobrevivente, e sim meu contemporâneo".[61] No artigo "A poesia e o nosso tempo", estampado no Suplemento Dominical do *Jornal do Brasil*, em 25 de julho desse ano, esclarece que a nova diretriz poética, marcada pela concisão e construção da linguagem, partia de um trabalho ao longo de sua obra: "Sendo de natureza impulsiva e romântica, cedo percebi que no plano da criação literária devia me impor um autocontrole e disciplina. Tendo em conta esta minha primeira natureza, julgo ter feito um trabalho de verdadeiro polimento de arestas, pois se os relacionar à minha contínua necessidade de expulsão, meus textos são até muito construídos e ordenados".[62] Respondia assim a uma tradição crítica que apontava "defeitos" no aspecto formal, como por exemplo a resenha de Mário de Andrade sobre *Poesia em pânico* (1938), "livro mais de lirismo que arte":

[60] Ver Ricardo Souza de Carvalho, "Murilo Mendes escreve cartas aos espanhóis", *Teresa: Revista de Literatura Brasileira*, São Paulo, FFLCH-USP/ Editora 34, n° 8/9, 2008, pp. 56-77.

[61] *Poesias 1925-1955*, Rio de Janeiro, José Olympio, 1959.

[62] Catálogo da exposição *Murilo Mendes: acervo*, Juiz de Fora, CEMM/ UFJF, 1999, p. 55.

Introdução

"Ele se apresenta cheio de pequenas falhas técnicas, provando despreocupação pelo artesanato. [...] Os elementos de perfeição técnica, os encantos da beleza formal estão muito abandonados. O verso livre é correto mas monótono, cortado exclusivamente pelas pausas das frases e das ideias. [...] O ritmo é bastante pobre, principalmente porque, pela altura do diapasão em que está, o poeta lhe deu um movimento muito uniforme, sempre rápido. Quem ler ou disser lentamente qualquer poesia do livro, lhe destruirá o caráter. Às vezes há mesmo uma velocidade irrespirável. As frases não expiram: acabam. Mas novas frases lhes sucedem, montando umas nas outras, galopada tumultuária envolta numa polvadeira de gritos, imprecações, apóstrofes. E o movimento toma a contextura de um pranto convulsivo. Tudo isso é belo, vigorosíssimo, mas não há descansos, não há pousos, isto é, não há combinação. É uma criação espontânea, derivada de uma fatalidade psicológica, e não de uma intenção artística."[63]

A apreciação de Mário tornou-se uma espécie de paradigma para outras abordagens da poesia de Murilo, lembrada pelo próprio poeta em carta a Haroldo de Campos de 2 de maio de 1963:

"Certo é que manifestava-lhe minha satisfação pelo fato de um poeta do seu valor e da sua cultura reconhecer no autor de *T. E.* domínio estilístico, quando quase toda a crítica negava ou duvidava do fato (com única exceção talvez do E. Portella, que o reconheceu ao escrever sobre as *Poesias 1925-1955*). A maioria apoiava-se no famoso artigo de Mário de Andrade sobre *A poesia em pânico*, esquecendo-se (ou fingindo ignorar) que em

---

[63] "*A poesia em pânico*", in *O empalhador de passarinho*, Belo Horizonte, Editora Itatiaia, 4ª ed., 2002, p. 53.

passagens posteriores o mesmo Mário escreveu coisas muito diversas a meu respeito. Enfim, seus artigos constituem o reconhecimento de um trabalho sério, aprofundado, não baseado apenas em impulsos líricos. Sou-lhe muito grato, e eu, que há cinco anos não escrevo versos, estou tentando recomeçar."[64]

O estudo referido intitula-se "Murilo e o mundo substantivo", originalmente divulgado no Suplemento Literário de *O Estado de S. Paulo* em janeiro desse ano. O crítico apresenta o livro como "termo de chegada num itinerário poético programaticamente caracterizado para demanda do mundo substantivo".[65] A partir dessa constatação, recolhe muitos exemplos da ocorrência das palavras *concreto* e *rigor* e seus correlatos semânticos em *Tempo espanhol*, que "contém a diversificação léxica que ocorre em sua poesia anterior (de *Poesia liberdade*, por exemplo) — certos procedimentos metafóricos *dissonantes*, de tipo surreal, como é óbvio, consomem um acervo muito maior de vocábulos imprevistos — e procura exercer a sua imagética de planos contrastantes, táctil-visual, dentro de uma linguagem voluntariamente reduzida".[66] Quanto ao retorno à poesia, dava início à coletânea *Convergência*, que suscitou no Brasil, na esteira das observações de Haroldo de Campos, uma filiação de Murilo ao concretismo.

Porém, Murilo não acreditava exclusivamente no aspecto formal da poesia, como declarou no artigo citado "A poesia e o nosso tempo", e reiterado outras vezes: "Sou contra a idolatria da linguagem; de resto sou contra idolatria. Não creio, repito, no artesanato literário como fim: é precisamente uma técnica de comunicação".[67]

---

[64] Júlio Castañon Guimarães (org.), *op. cit.*, p. 137.

[65] *Metalinguagem & outras metas*, *op. cit.*, p. 69.

[66] *Idem, ibidem*, p. 70.

[67] Catálogo da exposição *Murilo Mendes: acervo*, *op. cit.*, p. 55.

Introdução

Seguindo a experiência dileta de aproximação dos contrários, Murilo encontrou na literatura e na cultura espanholas um território propício a sua poesia:

"Muitas vezes tenho me perguntado com qual país me sinto mais afim. Há alguns candidatos. Em grande parte sou de cultura francesa, mas, paralelamente, a Espanha é um país muito apropriado para um poeta. Ortega y Gasset escreveu que na Espanha a anormalidade é a norma. Ángel Ganivet escreveu que a lei da Espanha é o absurdo, sem o absurdo não se pode compreender a Espanha e seus contrastes magníficos. O toureiro, por exemplo, antes de tourear reza ajoelhado e com fé intensa. Talvez se deva a que em grande parte os árabes estiveram plantados oito séculos lá, com uma influência profunda. A Espanha me atrai porque eu gosto de tudo, menos da monotonia. Já disse uma vez a João Cabral de Melo Neto: a Itália é um país traduzido, a Espanha é um país por traduzir..."[68]

Comigo e contigo a Espanha

Cabral e Murilo encontraram-se mais de uma vez na Espanha, nova identidade comum a dois poetas tão diferentes. Enquanto grande parte dos seus compatriotas limitaram-se a homenagear Lorca, motivados por seu assassinato, ou mais alguns outros nomes, eles tornaram-se singulares na literatura brasileira não só pela incorporação de temas e formas mas também pelos contatos com escritores e artistas do país ibérico. Por outro lado, é importante assinalar os momentos em que se voltaram à Espanha em suas obras. Cabral, em 1947, ainda era um poeta em formação, à procura de um caminho; já Murilo, na década de 50, era um poeta

---

[68] Entrevista de 1972, *in* Júlio Castañon Guimarães (org.), *op. cit.*, p. 122.

maduro, tendo publicado a maior parte de sua produção poética. Para Cabral, a Espanha configura o seu projeto de poesia; para Murilo, a Espanha se conforma ao seu projeto de poesia.

Instigado pela leitura de *Tempo espanhol*, Cabral endereçou uma carta ao amigo em 22 de janeiro de 1959, comparando o tema da Espanha na obra de ambos:

> "Quanto à Espanha do livro: devo dizer que a sua deixa a minha humilhada. V. tem sobre este *servidor* (como dizem os espanhóis) duas vantagens para falar da Espanha: uma é o tom de veemência explosiva que é o próprio dos espanhóis (enquanto a minha veemência é uma veemência incisiva, pouco espanhola, ou quando não, menos espanhola do que a sua); a segunda vantagem é o seu catolicismo. Não digo que todo o católico possa ter a visão total da Espanha que V. tem. Há católicos — a grande maioria — que terão uma visão parcial, forçosamente porque só verão a Espanha negra, se desinteressando pela outra. No meu caso ocorre o contrário: só sou capaz de me interessar pela Espanha realista, a Espanha materialista, a Espanha das coisas. E quando uma manifestação, digamos assim, desse lado 'espiritual' da Espanha que V. capta tão bem me interessa, repare que sempre o trato amesquinhando. Exemplo: as corridas de touro, coisa inadmissível a um Espanha-branca como eu: eu as diminuo às dimensões de uma lição de estética; o *cante* flamenco, idem. Etc. Etc. Quero dizer: sua posição intelectual é muito mais ampla e abarca as Espanhas branca e negra. Você não está dividido e pode exaltar tudo o que interessa à sua sensibilidade. Ao passo que eu, incapaz de me fechar, enquanto sensibilidade, às sugestões da Espanha espiritual, medieval, enfim, ao que um inglês atual chamaria o lado gótico da Espanha, sinto incapacidade em falar delas, incapacidade em que entra, como ingrediente fortíssimo, minha aceitação racional dessas coisas.

Introdução

Assim, sua Espanha é muito mais total, completa, do que a minha. A Espanha do Caudillo só vê a Águia dos Áustrias; eu só vejo o galo de Morón de la Frontera (*sin plumas y cacareando*). Ao passo que V. vê e trata dos dois."[69]

Cabral não apenas aponta as diferenças entre os dois tratamentos da Espanha, como também oferece as principais categorias com que a fortuna crítica tem abordado os dois poetas. De um lado, o poeta "realista", "materialista", "das coisas"; de outro, o poeta da "totalidade". A separá-los, o catolicismo professo por Murilo desde a década de 30. Embora tal perspectiva seja válida como ponto de partida para uma comparação da presença da Espanha na obra de Cabral e Murilo, merece ser aprofundada para que se possa chegar a uma melhor compreensão de duas trajetórias fundamentais da poesia brasileira do século XX.

Murilo também não fugiu ao cotejo com Cabral. Ao escrever em 1964 o "Murilograma a João Cabral de Melo Neto", incluído em *Convergência* (1970), constrói a primeira parte alternando as semelhanças — "Comigo e contigo" — e as diferenças — "Entre mim e ti" (PCP, 691):

Comigo e contigo o Brasil.
Comigo e contigo a Espanha.

Entre mim e ti a caatinga.
Entre mim e ti a montanha.

Comigo e contigo Velázquez,
Graciliano, o moriles.

Entre mim e ti o barroco,
A cruz, Antonio Gaudí.

[69] *Apud* Laís Corrêa de Araújo, *op. cit.*, p. 375.

Comigo e contigo o Andalu,
Flamenco, Écija, los toros.

Murilo ratifica que a Espanha de Cabral é mais "restrita"; no caso, representada por Velázquez, a Andaluzia, o flamenco e as touradas. Já a sua Espanha, além da parte "materialista", envolve o catolicismo — "a cruz" — e correntes e artistas que para Cabral seriam marcados por "excessos" e "rebuscamentos" — Barroco e Gaudí.

A crítica algumas vezes chamou a atenção para as possíveis aproximações entre Cabral e Murilo. Já por volta de 1956 os dois apareceram juntos na série da gravadora Festa, na qual, em disco, uma dupla de poetas brasileiros recitava seus próprios poemas. Para a capa do disco, um crítico renomado escrevia um texto de apresentação. Cabral e Murilo, o décimo volume da série, coube a Tristão de Athayde, cuja militância cristã diferencia os dois pela "presença de Deus":

> "As 'vozes' destes dois poetas, Murilo Mendes e João Cabral de Melo Neto, juntas neste mesmo disco, vão sentir-se muito à vontade. Sendo embora de duas gerações distintas e com certas oposições entre si, são vozes da mesma família poética. Pois os poetas se distribuem, naturalmente, segundo o seu temperamento e o seu estilo, por famílias estéticas diferentes. E estes dois pertencem ao mesmo grupo que podemos chamar dos modernistas 'clássicos'.
>
> São de gerações distintas: Murilo Mendes, estreante de 1931, pertence ao famoso grupo da segunda geração moderna, que veio trazer a mensagem dos novos em sua plenitude, com Augusto Frederico Schmidt, Carlos Drummond de Andrade e Jorge de Lima, para só falar dos ases dos ases. João Cabral de Melo Neto já pertence à chamada 'geração de 45', embora estreasse em 1942 com a sua finíssima flauta da *Pedra do sono*. Já pertence ao neomodernismo, portanto.

Introdução

Ambos, porém, são da mesma família de espíritos, a que chamo de 'clássicos', por oposição aos 'românticos'. Pois classicismo e romantismo não são apenas duas escolas literárias sucessivas. São dois temperamentos estéticos que coexistem nas mesmas escolas. Enquanto um Manuel Bandeira, um Carlos Drummond, um Murilo Mendes, um João Cabral são 'clássicos' do modernismo ou do neomodernismo; um Augusto Frederico Schmidt, um Jorge de Lima, um Alphonsus de Guimarães Filho, como na primeira haviam sido um Mário de Andrade, um Cassiano Ricardo (que depois evoluiu para o clássico), um Menotti del Picchia, são 'românticos' do movimento.

O que encontramos na poesia de Murilo Mendes como na de João Cabral é a mesma sobriedade incisiva, a mesma graça hieroglífica, a mesma concisão cristalina, um senso parecido de *'humour'*, a mesma predominância dos metais sobre as cordas, em oposição ao que encontramos na estilística, mesmo dos mais modernos 'românticos'. Em ambos a mesma dureza penetrante, que João Cabral exprime tão bem no seu último e admirável poema "Uma faca só lâmina", agreste e inesquecível como uma página de Graciliano Ramos e certos poemas da *Poesia em pânico* de Murilo. Mas entre Murilo e João Cabral há esta outra diferença: naquele a constante *presença de Deus*, na aridez dos desertos humanos; neste a 'ausência', que nem a 'bola', nem o 'relógio', nem a 'faca', os três símbolos de sua poética máscula, ascética e inflexível conseguem substituir.

Pelas suas afinidades, como pelas suas disparidades, as vozes destes dois grandes poetas, mestres da sutileza, da alusão, dos ritmos curtos e penetrantes, e ambos ultimamente falando igualmente a voz da terra, na *Contemplação de Ouro Preto* de Murilo Mendes e no *Rio* de João Cabral (que corresponde, em linguagem brasileira, ao que foi o *Vouga* do venerável Antonio Correia de Oliveira em Portugal) — são vozes que se unem a uma geração de distância, no mesmo coro cristalino, sutilíssimo e ariélico, que faz da poesia moderna um dos grandes momentos da nossa evolução lírica."[70]

Quando da publicação em Lisboa de *Tempo espanhol* (1959) e *Quaderna* (1960), o crítico português João Gaspar Simões aproveita para também considerar que "Murilo Mendes e Melo Neto representam, exactamente, correntes líricas de uma índole em que os valores 'modernistas' deixaram de se apresentar combativos, para se tornarem como que clássicos: clássicos do próprio modernismo".[71]

Tendo em vista um artista espanhol caro aos dois poetas, João Alexandre Barbosa, em passagem do estudo *A imitação da forma* (1975), tratou de "verificar em que medida a 'leitura' de João Cabral se diferencia da de Murilo Mendes acerca de um mesmo objeto: o pintor Joan Miró".[72]

Mais recentemente, em números de periódicos dedicados a Cabral e Murilo, retomou-se o tópico do contraste entre os dois.

---

[70] *Poesias: Murilo Mendes e João Cabral de Melo Neto*, LPP 010, *Poesias*, Rio de Janeiro, Festa Discos, direção de Irineu Garcia e Carlos Ribeiro, s.d. Júlio Castañon Guimarães aponta que "esses comentários se circunscrevem ao plano das obras literárias: seria possível pensar as aproximações e distanciamentos no plano mesmo das leituras. Talvez a comparação das peculiaridades de leitura pudesse ajudar a perceber o que a audição seria capaz de extrair de cada leitura em termos de papel que acaso desempenhassem na compreensão dos textos. No caso de João Cabral e Murilo, seria possível pensar em como são bem distintas suas leituras e em como essas distinções podem ter a ver não apenas com as peculiaridades pessoais, mas com as características da poesia de cada um e com a noção que cada um tem de sua própria poesia". Ver "Cabral falando", *Teresa: Revista de Literatura Brasileira*, São Paulo, FFLCH-USP/ Editora 34, nº 3, 2002, pp. 304-7.

[71] João Gaspar Simões, "Murilo Mendes e João Cabral de Melo Neto", *in Crítica II: Poetas contemporâneos (1946-1961)*, Lisboa, Delfos, s.d., pp. 339- -46.

[72] João Alexandre Barbosa, *A imitação da forma: uma leitura de João Cabral de Melo Neto*, São Paulo, Duas Cidades, 1975, pp. 23-8.

Joana Matos Fria, em "'Um olhar nítido como um girassol': João Cabral e Murilo Mendes" expõe que a incorporação de uma tendência "realista" da literatura espanhola "reposiciona a atitude onirista com que iniciaram as respectivas obras poéticas".[73] Por sua vez, Eucanaã Ferraz, em "Murilo Mendes e João Cabral: o sim contra o sim", a partir da carta de 1959 citada, insiste na nota dissonante: "[...] a Espanha cabralina parece-nos menos Espanha. Surge-nos, efetivamente, mais deformada que a de Murilo, que é muito mais matizada, sutil e dialógica. A de Cabral tem uma voz única, é a *'palo seco'*".[74]

Apesar das pertinentes considerações, não há um trabalho de fôlego que analise a presença crucial da Espanha, enquanto tema e referência literária e cultural, na obra de Cabral e Murilo.

O primeiro aspecto a ser estudado, a recepção da poesia espanhola, sua presença em depoimentos, cartas, traduções, epígrafes e poemas, mostra-se decisivo para configurar as obras de ambos. Também a recepção dos dois brasileiros por alguns poetas espanhóis completa um quadro de mútua contribuição.

Revelou-se fundamental a pesquisa em acervos de escritores espanhóis, particulares ou públicos, espalhados pelas suas cidades natais, do Puerto de Santa María em Cadiz (Fundación Rafael Alberti) a Barcelona (Fundació Joan Brossa). Até mesmo partes do acervo de um escritor distribuem-se por diferentes instituições. Em relação ao poeta Jorge Guillén, por exemplo, a fundação que leva seu nome na cidade de Valladolid não guarda nenhum documento ou livro seu. O arquivo pode ser consultado na Biblioteca Nacional em Madri, enquanto os livros que pertenceram a Guillén foram transferidos à Biblioteca Pública de Valladolid.

Mesmo com a dispersão de alguns acervos, identificamos uma rede formada por textos publicados, manuscritos, correspondência e livros com possíveis dedicatórias e/ou anotações marginais e

---

[73] *Colóquio/Letras*, "Paisagem tipográfica: homenagem a João Cabral de Melo Neto (1920-1999)", Lisboa, nº 157/158, jul.-dez. 2000, p. 73.

[74] *Ipotesi: Revista de Estudos Literários*, vol. 6, nº 1, Juiz de Fora, 2002, p. 112.

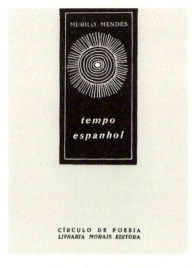 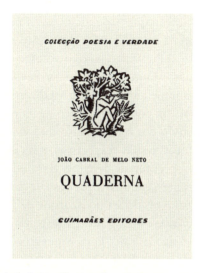

Capas dos livros *Tempo espanhol*, de Murilo Mendes (1959)
e *Quaderna*, de João Cabral (1960).

apensas. Tal trabalho oferece fundamentação à crítica genética, à história e crítica literárias, e a diferentes tipos de edições. No âmbito nacional, devem ser destacados como referência obrigatória os projetos organizados a partir do Acervo Mário de Andrade por Telê Ancona Lopez no Instituto de Estudos Brasileiros da Universidade de São Paulo.[75]

Ao consultar os acervos, é possível estabelecer uma cronologia, do encontro inicial aos últimos momentos, pelas datas e locais das dedicatórias nos livros e da correspondência. A recepção das obras materializa-se na presença do exemplar na biblioteca do escritor, que pode conter anotações à margem, trechos sublinhados ou uma folha apensa manuscrita. Esse conjunto, que dá ao livro o status de manuscrito, permite-nos comprovar desde a epígrafe ou

---

[75] Ver Telê Ancona Lopez, "A biblioteca de Mário de Andrade: seara e celeiro da criação", in *Fronteiras da criação: Anais do 6º Encontro Internacional de Pesquisadores do Manuscrito*, São Paulo, Annablume/Fapesp, 2000, pp. 139-62.

Introdução 49

citação que nos suscitaram a pesquisa até um elemento que servirá de subsídio para a criação, por exemplo, de uma imagem poética. Por outro lado, o volume que por alguma razão extraviou-se das estantes talvez tenha recebido um comentário em uma carta, completando a biblioteca do escritor. O epistolário, aliás, constitui-se um ponto nevrálgico da rede do acervo, pois nele se anunciam o envio e o recebimento de livros, revistas, recortes, manuscritos, fotos, e suas respectivas apreciações.

A fim de defender o trabalho de pesquisa diretamente com as fontes, muitas vezes desvalorizado na análise literária, retomo as palavras de Sérgio Buarque de Holanda, em sua dupla condição de crítico e historiador, a respeito da importância do ensaio *Joan Miró* de Cabral: "Para bem entender um poeta, com a visão necessariamente relativista que pertence a toda crítica séria, importa procurá-la inclusive fora de sua obra poética e também, se possível, fora de seus escritos. Nada, neste caso, é inteiramente inútil, nada se perderá, para uma interpretação conscienciosa, ainda quando atinente apenas aos dados estéticos".[76]

Acreditamos que ainda é válida a proposta do escritor Otto Lara Resende: "Olhos acesos, em brasas, Murilo viu e amou a Espanha, de que deu rico testemunho. Como João Cabral de Melo Neto, outro poeta, outra visão. Eis aí um estudo a fazer — os dois poetas, as duas sensibilidades; a Espanha, as muitas Espanhas".[77]

---

[76] Sérgio Buarque de Holanda, "João Cabral de Melo Neto", *in O espírito e a letra: estudos de crítica literária*, vol. 2 (1948-1959), Antonio Arnoni Prado (org.), São Paulo, Companhia das Letras, 1996, p. 518.

[77] "Guernica, meu amor", *O Globo*, Rio de Janeiro, 3/5/1977, *in* Zila Mamede, *op. cit.*, p. 438.

1.

Leituras e leitores espanhóis de Cabral e Murilo

A Geração de 27

O "interesse pelos modernos" levou Cabral inevitavelmente aos poetas da chamada Geração de 27, de que fizeram parte Federico García Lorca e alguns autores que ainda estavam em plena atividade. Esses escritores promoveram uma fértil conjunção entre a tradição poética espanhola, incluindo a retomada de Góngora, e as tendências das vanguardas europeias, como o surrealismo. Já em 1947, pelo menos dois poetas emblemáticos desse movimento, Jorge Guillén e Rafael Alberti, foram lidos e explicitamente incorporados por Cabral.

Psicologia da composição traz como epígrafe o verso *"Riguroso horizonte"*, de Jorge Guillén. Diante de um pedido de Bandeira para encontrar o livro *Cántico*, de Guillén, o poeta-diplomata comenta em carta de 5 de novembro de 1947:

> "[...] o livro do Guillén é inexistente. Para lê-lo, tive de ir à biblioteca daqui, que possui a edição de 1937 ou 1939. Como v. sabe, o Guillén só tem, publicado, este livro, que vai sempre aumentando nas sucessivas edições. Li que estava preparando uma nova. Assim que sair comprarei um exemplar para v. Gostei de seu interesse pelo *vallisoletano*. Acho-o excelente. Não o conhecia — nem de nome — até chegar aqui. Lido, porém, o homem me conquistou."[1]

---

[1] Flora Süssekind (org.), *op. cit.*, p. 45.

O entusiasmo de Cabral parece ter repercutido nas considerações de Bandeira em suas *Noções de história das literaturas*: "Jorge Guillén é autor de um único livro de poemas — *Cántico* — que ele vai aumentando em suas sucessivas edições. Poesia de sensibilidade muito moderna, de expressão extremamente condensada, é, como a de Mallarmé e a de Paul Valéry, a cuja linhagem espiritual pertence, plasmada nos metros tradicionais".[2]

Cántico teve quatro edições ampliadas sucessivamente: 1928, 1936, 1945 e 1950. O verso *"Riguroso horizonte"* abre o poema "El horizonte":

> Riguroso horizonte.
> Cielo y campo, ya idénticos,
> Son puros ya: su línea.
>
> Perfección. Se da fin
> A la ausencia del aire,
> De repente evidente.
>
> Pero la luz resbala
> Sin fin sobre los límites.
> ¡Oh perfección abierta!
>   Horizonte, horizonte
>   Trémulo, casi trémulo
>   De su don inminente.
> Se sostiene en un hilo
> La frágil, la difícil
> Profundidad del mundo.
>
> El aire estará en colmo
> Dorado, duro, cierto.
> Transparencia cuajada.

---

[2] Manuel Bandeira, *Noções de história das literaturas*, Rio de Janeiro, Editora Fundo de Cultura, 6ª ed., 1969, p. 151.

Ya el espacio se comba
Dócil, ágil, alegre
Sobre esa espera — mía.[3]

Ao lado de *riguroso*, o léxico do poema, como o de muitos outros de *Cántico*, sintetiza a objetividade e construção visadas também por Cabral: *puros, evidente, perfección, duro, cierto, transparencia*. Apesar das aproximações em relação a Guillén, Cabral ressaltou uma significativa divergência: "Tenho a impressão de que devo muito da minha obsessão pela simetria e do meu intelectualismo à poesia de Jorge Guillén, até a reunião da sua obra no livro *Cántico*. [...] o curioso dessa influência é que há uma diferença essencial entre mim e o Jorge Guillén. Sinto que ele é um poeta muito mais abstrato do que eu [...]".[4] Ainda segundo Costa Lima, o "júbilo perante as coisas" da poesia de Guillén "não encontra paralelo na neutralidade com que se nomeia" na poesia cabralina.[5]

A identificação não era apenas por parte de Cabral. Guillén possuía em sua biblioteca exemplares dedicados de *Psicologia da composição* e *Terceira feira* (1961, contendo *Quaderna, Dois parlamentos* e *Serial*).[6] Gostou do selo O Livro Inconsútil, chegando a pedir a Cabral para "fazer uma pequena edição de seus poemas",[7]

---

[3] Jorge Guillén, *Cántico*, Barcelona, Seix Barral, 4ª ed., 1998, p. 177.

[4] Entrevista a Mario Chamie, *in* Zila Mamede, *op. cit.*, p. 155.

[5] Luis Costa Lima, *Lira e anti-lira: Mário, Drummond, Cabral*, Rio de Janeiro, Topbooks, 2ª ed., 1995, pp. 237-46. João Alexandre Barbosa também comenta a relação Cabral-Guillén, *A imitação da forma, op. cit.*, pp. 58-60.

[6] Os dois exemplares com dedicatórias encontram-se na Biblioteca Pública de Valladolid: "A Jorge Guillén, homenagem de João Cabral de Melo Neto, Barcelona, 14.VIII.1948", *Psicologia da composição com a Fábula de Anfion e Antíode*, Barcelona, O Livro Inconsútil, 1947; "A Jorge Guillén, homenagem cordial de seu admirador antigo, João Cabral de Melo Neto, 1962", *Terceira feira*, Rio de Janeiro, Editora do Autor, 1961.

[7] Carta a Manuel Bandeira de 18/7/1948, *in* Flora Süssekind (org.), *op. cit.*, p. 82. Ainda em carta de 13/11/1948, Cabral conta a Lêdo Ivo que iria publicar um livro de Guillén chamado *Antología nostálgica*; ver *E agora adeus: correspondência para Lêdo Ivo*, São Paulo, IMS, 2007, p. 35.

que não se concretizou. Além disso, a existência em seu arquivo de fotocópias de poemas do poeta brasileiro indica uma leitura mais atenta. Tradutor de "El cementerio marino" em 1938, conservou "A Paul Valéry", de *O engenheiro*, assinalado com uma cruzeta. Junto a esse, reuniu quase todos os poemas referentes à Espanha de *Paisagens com figuras*: "Medinaceli", "Imagens em Castela", "Fábula de Joan Brossa", "Campo de Tarragona", "Encontro com um poeta", "Alguns toureiros", "Outro rio: o Ebro" e "Duas paisagens", dos quais "Imagens em Castela" e "Alguns toureiros" mereceram uma cruzeta.[8] No caso do segundo, provavelmente Guillén interessou-se pela "lição de poesia", que se esboçara ainda em 1947, quando Cabral viu Manolete e imaginou que era Valéry toureando (SA, 132):[9]

[...]
como domar a explosão
com mão serena e contida,
sem deixar que se derrame,
a flor que traz escondida,

e como, então, trabalhá-la
com mão certa, pouca e extrema:
sem perfumar sua flor,
sem poetizar seu poema.

No ano de chegada à Espanha, Cabral interessou-se por outro poeta que integrou a Geração de 27, o que rendeu a publicação das duas versões do poema "Fábula de Rafael Alberti" em *Museu de tudo* (1975):

Do anjo marinheiro
(asas azuis a gola

[8] Arquivo Jorge Guillén, Biblioteca Nacional, Madri.
[9] Carta a Manuel Bandeira de 4 de setembro, *in* Flora Süssekind (org.), *op. cit.*, p. 34.

da blusa azul, bolsa
de azul do mar);
do anjo teológico,
não em ovo gerado,
puros frutos de ar
como maçãs de vento;
do anjo venenoso,
serpente emboscada
no tufo das palavras
— o fluido jogo abandonou.

Fez o caminho inverso:
do vapor à gota de água
(não, da vida ao sono,
ao sonho, ao santo);
foi da palavra à coisa,
seja dolorosa a coisa,
seja áspera, lenta, difícil
a coisa.

(1947)

Do anjo marinheiro
(asas azuis a gola
da blusa azul, enfunada
de azul do mar);
do anjo teológico
(não em ovo gerado,
frutos virgens, do ar,
castas maçãs de vento);
enfim, do anjo barroco
(cobra má, enroscada
no mato dicionário)
— o jogo aéreo abandonou.

Fez o caminho inverso:
não foi da coisa ao sonho,
ao nome, à sombra;
foi do vapor de água
à gota em que condensa;
foi da palavra à coisa:
árdua que seja,
ou demorada, a coisa;
seja áspera ou arisca,
em sua coisa, a coisa;
seja doída, pesada,
seja enfim coisa a coisa.

(1963)[10]

O poema de 1947 foi publicado em 1953 e 1957, em dois periódicos diferentes, um do Brasil, outro de Portugal.[11] Dezesseis anos depois, ainda despertou a atenção de Cabral, levando-o a elaborar uma segunda versão. Em lugar de descartar a primeira, inseriu-a na variada coletânea *Museu de tudo*, seguida pela de 1963. Nesse mesmo ano, começou a compor *A educação pela pedra* (que seria publicada três anos depois), cujos poemas dividem-se pelo mesmo sinal tipográfico de "Fábula de Rafael Alberti" ou pelo número 2. A opção de publicar as duas versões em *Museu de tudo* acompanha a estrutura binária imposta à coletânea de 1966. Assim, para um mesmo tema, as imagens e os significados duplicam-se e permutam-se.

Rafael Alberti, em sua extensa trajetória — da década de 20 à de 80 — passou por vários movimentos da poesia do século XX. Talvez o poeta brasileiro tivesse em mãos a segunda edição de *Poesía 1924-1944*, de 1946, da editora argentina Losada, que reúne de *Marinero en tierra* (1924) a *Pleamar* (1942-44).

---

[10] *A educação pela pedra e depois*, Rio de Janeiro, Nova Fronteira, 1997, pp. 87-8. A partir daqui, essa edição passa a ser indicada por EPD.

[11] Zila Mamede, *op. cit.*, pp. 48-9.

Ao considerar que o tema da Espanha somente aparecerá em *Paisagens com figuras* (redigido no período 1954-55), pode-se concluir que não foi dada a devida importância ao primeiro poema de Cabral a respeito de um poeta espanhol, que se encontraria "perdido", muitos anos depois, em meio aos oitenta poemas de *Museu de tudo*. Pretende-se, a partir de uma análise detida, configurar "Fábula de Rafael Alberti" como confluência tanto de uma recepção da poesia espanhola, quanto de uma autoavaliação da poesia cabralina. Com a publicação de *Psicologia da composição*, também em 1947, sua trajetória poética chegava a um ponto crucial. Em "Fábula de Rafael Alberti" sedimentava o que já realizara e lançava as bases do trabalho a seguir. Falando de Alberti, estava examinando a si mesmo e a sua poesia, processo reiterado ao longo da obra, não só em relação a escritores, mas também a pintores, toureiros etc.

Na primeira estrofe, a imagem do *anjo* retoma ostensivamente uma das principais obras de Alberti, *Sobre los ángeles* (1929). O *anjo* desdobra-se em três, caracterizados como *marinheiro, teológico* e *venenoso* (1947) / *barroco* (1963),[12] os quais metaforizam três fases poéticas, além de serem personagens adequados ao universo da "fábula". Sintaticamente, operam como três complementos do verso final da estrofe, julgamento dessas etapas — "o fluido jogo abandonou" (1947) / "o jogo aéreo abandonou" (1963) —, podendo ser entendidos como abandonos, ou ainda, recusas do próprio Cabral.

Os três momentos da poesia de Alberti concentram-se na agitada década de 20, quando ele publicou nada menos que sete livros. O "anjo marinheiro" relaciona-se à obra de estreia, *Marinero en tierra*, motivado pela nostalgia do mar da cidade natal, Puerto de Santa María, em Cádiz. Impulsionou, na poesia espanhola do período, a corrente denominada de "neopopular", na medida em que atualizou a forma e os motivos da lírica popular. Como o próprio Alberti declarou, entre suas fontes incluía a melhor tra-

---

[12] Para diferenciar as duas versões, anotaremos as respectivas datas entre parênteses.

dição da poesia ibérica: Gil Vicente e os cancioneiros dos séculos XV e XVI.

No poema de Cabral, o "anjo marinheiro" é tomado pela onipresença da cor azul, que do mar transfere-se aos seres e objetos, retomando o verso *"la blusa azul ultramar"* [13] de Alberti. Na versão de 1963, a acessória bolsa torna-se o particípio passado "enfunada", dinamizando a imagem pelo efeito poderoso do "azul do mar" em lugar do vento. A substituição permite que se identifique uma ressonância mais direta do segundo poema de *Marinero en tierra*: [14]

> Gimiendo por ver el mar,
> un marinerito en tierra
> iza al aire este lamento:
>
> "¡Ay mi blusa marinera!
> Siempre me la inflaba el viento
> al divisar la escollera."

O primeiro momento da poesia de Alberti, abrangendo as duas obras seguintes — *La amante* (1925) e *El alba de alhelí* (1925--26) — não atendia às exigências de um Cabral que desde seu primeiro livro, *Pedra do sono*, não fazia concessões a um lirismo mais confessional.

O segundo anjo, batizado de "teológico", representa o já mencionado *Sobre los ángeles*, escrito entre 1927 e 1928. O qualificativo comporta reminiscências bíblicas suscitadas pela multidão de anjos da coletânea. Considerado um dos mais significativos exemplos do surrealismo na literatura espanhola, em "Fábula de Rafael Alberti", Cabral avalia não apenas essa obra, mas também a vanguarda francesa da qual se aproximou no início de sua

---

[13] Rafael Alberti, *Poesía 1924-1944*, Buenos Aires, Editorial Losada, 2ª ed., 1946, p. 16.

[14] *Idem, ibidem*, p. 12.

poesia. Ratificando uma ascendência divina, indica-se uma origem não natural para o anjo teológico, pois não é gerado em ovo. Se por um lado se exclui uma vinculação ao reino animal, por outro, refere-se ao vegetal a partir de "frutas", em seguida restringidas a "maçãs", destituídas, portanto, de sensibilidade e movimento. Os adjetivos "puros" (1947) / "virgens" e "castas" (1963) reforçam a ausência de qualquer vínculo com uma natureza ou um entorno. Uma discreta diferença entre as versões de 1947 e de 1963 atribui de forma lapidar uma etérea procedência ao anjo teológico: na primeira, os frutos são *de ar* e as maçãs *de vento*, ou seja, não palpáveis; já na segunda, os frutos são *do ar* e as maçãs *do vento*, ou seja, livres, soltos. Nos dois casos, tanto *Sobre los ángeles* quanto o surrealismo são avaliados como fantasiosos e literalmente "sem os pés no chão". Além disso, as imagens *ar* e *vento* remetem à sentença do final da estrofe, a qual não quer significar apenas que Alberti abandonou o "jogo aéreo" (1963), mas também que Cabral não compartilha dele, mais especificamente, do surrealismo.

Resta o terceiro e último anjo, "venenoso" (1947) / "barroco" (1963). O termo *barroco*, utilizado no século XIX por Heinrich Wölfflin para classificar a arte do século XVII, elucida essa fase da poesia de Alberti, a da obra *Cal y tierra*, publicada no mesmo ano de *Sobre los ángeles*, mas escrita entre 1926 e 1927, período da retomada de Góngora pelos jovens poetas espanhóis. De acordo com o amigo Dámaso Alonso, Alberti apresentava-se como um dos mais entusiasmados conhecedores da obra do poeta cordobês: "[...] com quem eu mais trocava gongorismo era com Rafael Alberti. Rafael, então completamente distante de qualquer preocupação que não fosse exclusivamente literária, sabia Góngora de cor. Ele e eu podíamos recitar as *Soledades* e o *Polifemo* de cor, a não ser alguma hesitação, nas quais mutuamente nos ajudávamos".[15] Em *Cal y tierra*, tal repertório possibilitou uma "paráfrase incompleta" da *Soledad tercera*.

[15] Dámaso Alonso, "Góngora entre sus dos centenarios (1927-1961)", *in Cuatro poetas españoles (Garcilaso, Góngora, Maragall, Antonio Machado)*, Madri, Gredos, 1962, p. 61.

Entre os três anjos, trata-se daquele que oferece perigo, ao se mostrar como "serpente" (1947) / "cobra má" (1963). O adjetivo "venenoso" (1947) configura uma série de sentidos pejorativos de "barroco" (1963), de viés neoclássico e positivista, como "excesso", "deformação", "acúmulo", "hermetismo", "afetação", entre outros.[16] Porém, ressalta-se a noção de "excesso" da linguagem como sendo a grande ameaça, pois a serpente está "emboscada/ no tufo das palavras" (1947) / "enroscada/ no mato dicionário" (1963). Mais uma vez, a proposta de Alberti opõe-se radicalmente ao estilo de Cabral, principalmente a partir d'*O engenheiro*, marcado pelo despojamento e clareza.

Os três momentos da poesia albertiana são vistos como "jogos", refletindo a intensa experimentação das vanguardas na década de 20, mas nada concretos — "fluido" (1947) / "aéreo" (1963). Ao repassar três tendências da poesia de Alberti, Cabral defende três posturas de contenção, fundamentais de sua poética: não dar vazão ao sentimentalismo, à imaginação e à linguagem.

Antes de prosseguir, vale lembrar que um dos três poemas que constituem *Psicologia da composição* chama-se "Fábula de Anfion", no qual a personagem mitológica, diante de Tebas construída, lamenta sua dimensão empírica, para em seguida revelar o desejo de uma cidade ideal, quase "aérea" (SA, 58):

> "Esta cidade, Tebas,
> não a quisera assim
> de tijolos plantada,
>
> que a terra e a flora
> procuram reaver
> a sua origem menor:

---

[16] Ver João Adolfo Hansen, "Barroco, neobarroco e outras ruínas", *Teresa: Revista de Literatura Brasileira*, São Paulo, FFLCH-USP/Editora 34, nº 2, 2001, pp. 10-66.

como já distinguir
onde começa a hera, a argila,
ou a terra acaba?

Desejei longamente
liso muro, e branco,
puro sol em si

como qualquer laranja;
leve laje sonhei
largada no espaço.

Onde a cidade
volante, a nuvem
civil sonhada?"

Como também data de 1947 a primeira versão de "Fábula de Rafael Alberti", a denominação por um mesmo gênero[17] assinala que os dois poemas podem ser duas faces de uma "psicologia da composição": enquanto em "Fábula de Anfion" o criador lamenta o resultado "prosaico" do acaso, pois almejava perfeição e leveza, na segunda estrofe de "Fábula de Rafael Alberti" aponta para outra direção.

Cabral não se contentava apenas com o intelectualismo de um Guillén. A tumultuada década de 30, não só na Espanha, mas também pelo mundo afora, motivou em muitos escritores o engajamento político. No caso de Alberti, que entre outras ações aderiu ao Partido Comunista, deu início a uma poesia mais participativa, muito bem refletida no título da coletânea de 1938, *El poeta en la calle*, aliada a uma linguagem mais objetiva. Em artigo de 1936, incita a uma transformação da poesia espanhola:

---

[17] Em outros poemas de sua obra, Cabral valeu-se da denominação "fábula": "Fábula do Capibaribe" (*O cão sem plumas*), "Fábula de Joan Brossa" (*Paisagens com figuras*) e "Fábula do engenheiro" (*A educação pela pedra*).

Leituras e leitores espanhóis de Cabral e Murilo

"Já é o momento de que, quando citemos o rio, o trigo, o ar, o marinheiro ou a carpintaria, o façamos profundamente, inteirados e identificados com eles, com seus fins, com todos seus problemas. Que ao escrever um verso, esse verso nasça de um conhecimento exato das coisas elevadas à matéria poética, e possa ser comprovado. Na poesia espanhola mais recente é manejado, com absoluta irresponsabilidade e indiferença, tudo o que existe, sem o poeta nunca ter se incomodado em olhá-lo, em saber se verdadeiramente é certo. Muito 'vento', muitos 'pássaros, túmulos, mortes', filhotes e tragédias, que não passam de ser puramente auditivos, que nunca desceram do ouvido, a caminho da garganta."[18]

De acordo com o poema de Cabral, nessa fase da obra de Alberti, fez-se um "caminho inverso" ao da poesia ou da literatura mais convencionais, as quais partiriam da experiência — *vida* (1947) / *coisa* (1963) — para chegar a uma elaboração sublimada, mais etérea — *sono, sonho, santo* (1947) / *sonho, nome, sombra* (1963). Um fenômeno comum da natureza, a condensação dos gases, indica a mudança de rumo na poesia albertiana, que passou das "vaporosas" vanguardas da década de 20 para a conquista das coisas do mundo. O genérico vocábulo *coisa* dimensiona uma ambiciosa posse. Retomando a "Fábula de Anfion", não se lamenta mais que a construção seja de "tijolos plantada" ou de "origem menor". Se esta termina com a angustiosa pergunta de como dominar ou prever o acaso que conduziu a flauta, em "Fábula de Rafael Alberti" responde-se a partir dos percalços que não invalidam o poema: os adjetivos *dolorosa, áspera, lenta, difícil, arisca, pesada* remetem ao trabalho de invenção contrário à espontaneidade, muitas vezes enfrentando o acaso, e como tema, a realidade que nos cerca.

---

[18] *Apud* Juan Cano Ballesta, *La poesía española entre pureza y revolución (1920-1936)*, Madri, Siglo Veintiuno, 1996, pp. 144-5.

Ainda no âmbito da "Psicologia da composição", o vocábulo poético, metaforizado em objeto, passou do *mineral* — "que é mineral a palavra/ escrita, a fria natureza// da palavra escrita" — para a abrangente e prosaica *coisa*. A tautologia final do poema na versão de 1963 — "seja enfim coisa a coisa" — propõe uma concepção da poesia que esteja o mais próxima possível daquilo a que se refere. Posteriormente, na série de artigos de 1952 sobre a Geração de 45, a *palavra* reveste-se de materialidade enquanto se vincula à referência de um contexto empírico, contraposta ao universo poético do grupo, para o qual sugestivamente utiliza o qualificativo "angélico": "O vocábulo prosaico está *pesado* de realidade, *sujo* de realidades inferiores, as do mundo exterior, e em atmosferas tão *angélicas* só pode servir de neutralizador" (P, 84, grifos nossos).

Portanto, logo em 1947, Cabral, a partir da leitura de Guillén e Alberti, reconheceu em sua própria obra as tensões da poesia espanhola na década anterior, dividida entre uma poesia "pura" e uma poesia "comprometida".

Quanto a Murilo, entre 1957 e 1959, estabeleceu amizade, que prosseguiria até o ano da sua morte em 1975, com os principais nomes da Geração de 27. Com idades próximas,[19] no final da década de 50 o brasileiro e os espanhóis já eram poetas maduros, que haviam começado a escrever nos efervescentes anos 20: Guillén, depois da edição definitiva de *Cántico* (1950), iniciava um novo ciclo poético, *Clamor: tiempo de historia*, pelo volume *Maremágnum* (1957); Vicente Aleixandre, com *Historia del corazón* (1954), inaugurava um segundo período de sua obra; Dámaso Alonso, em meio a seus densos estudos literários, publicava *Hombre y Dios* (1955); e Alberti, do seu exílio na Argentina, cantava a nostalgia em *Balada y canciones del Paraná* (1954). *Tempo espanhol*, por sua vez, figurava nas estantes de Guillén e Alberti,[20] e teve dois

[19] Guillén era o mais velho, nascido em 1893, enquanto Aleixandre e Alonso nasceram em 1898, Murilo em 1901 e Alberti em 1902.

[20] "A Jorge Guillén, poeta exemplar, com a afetuosa admiração e amizade de Murilo Mendes, Roma, fevereiro 1960", *Tempo espanhol*, Lisboa,

Leituras e leitores espanhóis de Cabral e Murilo

poemas traduzidos por Dámaso em 1962, recebendo ainda um comentário elogioso de Aleixandre: *"Usted levanta un verdadero monumento a esta tierra que se puede decir que Ud. conoce y ama como pocos"*.[21]

Murilo avaliava esses poetas, da mesma forma que o conjunto da literatura espanhola, como resultado da fusão de contrastes:

> "[...] consolidou-se sob um duplo signo cultural muito expressivo: o retorno a Góngora, poeta erudito por excelência; a redescoberta do 'Romancero' e dos 'Cancioneros' populares espanhóis. A nota erudita e a popular serão, pois, constantes dessa geração comparada por Dámaso Alonso à do Século de Ouro. Aqueles poetas fundiram na sua obra as duas grandes correntes da literatura espanhola: a castelhana e a andaluza. Representam as duas faces da Espanha, a mística e a terrena, ou por outra, a abstrata e a concreta." (PCP, 1.224)

Juntamente com o *romancero*, Murilo também se entusiasmou com Góngora, que se tornou para ele uma grande referência na literatura espanhola em relação ao fazer poético: inseriu dois poemas — "Arco de Góngora" e "Lida de Góngora" — em *Tempo espanhol*, além de ter realizado uma leitura atenta da obra do poeta e sobre ele.[22]

Em 1927, ano do terceiro centenário de morte de Luis de Góngora, o grupo de poetas que seria denominado por essa data

Morais, 1959, Biblioteca Pública de Valladolid; "A Rafael Alberti, grande de Espanha, homenagem de Murilo Mendes, Roma, Natal 1963", *Tempo espanhol*, Lisboa, Morais, 1959, Fundación Rafael Alberti, Puerto de Santa María, Cádiz.

[21] *Espaço espanhol*, PCP, 1.132.

[22] Conservam-se na biblioteca de Murilo três obras de Góngora que provavelmente foram consultadas na época de realização de *Tempo espanhol*. São elas: *Poemas y sonetos* (Buenos Aires, Editorial, 1939), *Romances y letrillas* (Buenos Aires, Editorial Losada, 1939) e *Las soledades* (Madri, Sociedad de Estudios y Publicaciones, 3ª ed., 1956).

reuniu-se para resgatar a obra do poeta do século XVII em conferências, edições e poemas, alçando-o à condição de precursor de uma modernidade literária, fundada na metáfora. A poesia espanhola buscava sua renovação proclamando, segundo os princípios da poesia pura, o valor absoluto da imagem e do artesanato poético. Nesse sentido, Murilo anotou amplamente a importante conferência de Lorca, "La imagen poética de Don Luis de Góngora":

> "Deu-se conta da fugacidade do sentimento humano, do quanto são frágeis as expressões espontâneas que apenas comovem em alguns momentos, e quis que a beleza de sua obra radicasse na metáfora limpa de realidades que morrem, metáfora dura, com espírito escultórico e situada em um ambiente extra-atmosférico.
>
> Porque ele amava a beleza objetiva, a beleza pura e inútil, isenta de angústias comunicáveis.
>
> Enquanto todos pedem pão, ele pede o ombro pórfiro de cada dia. Sem sentido da realidade real, mas dono absoluto de sua realidade poética."[23]

Tais discussões talvez tivessem chegado a Prudente de Moraes, neto, que ao resenhar o livro de estreia de Murilo em 1931, *Poemas*, acrescenta, entre outras "aproximações imprevistas", "o nome de D. Luis de Góngora, pois esqueceu-se de citar, entre os característicos da poesia do sr. Murilo Mendes o uso intensivo da metáfora".[24] O fato é que já desde o começo de sua obra o nome do poeta brasileiro era relacionado à literatura espanhola.

Os *Estudios y ensayos gongorinos*, de Dámaso Alonso, o grande especialista em Góngora que saiu da Geração de 27, tiveram várias passagens destacadas e/ou sublinhadas por Murilo. Dámaso define o conceito de metáfora em Góngora ao gosto mo-

---

[23] Federico García Lorca, *Poeta en Nueva York: conferencias, prosas póstumas*, Buenos Aires, Editorial Losada, 1942, p. 92.

[24] Augusto Massi, *Militante bissexto: o crítico Prudente de Moraes, neto*, Tese de Doutoramento, FFLCH-USP, 2004, p. 72.

derno, pela aproximação de um plano "real e irreal": "O que é peculiar da poesia de Góngora é a esquivança completa da realidade, ou, mais frequentemente ainda, o entrecruzamento dos dois planos".[25] Em "Lida de Góngora" representa-se esse encontro como uma movimentada batalha (PCP, 594-5):

> Furiosos metais, garras alternativas,
> Tuas imagens concretas enfrentando
> As harpias subterrâneas, vencem
> Toda oposição entre os contrastes surdos
> Do espaço linear e do tempo ondulado.
>
> Inversamente o grito vertical da ode
> Convoca o vocabulário que se aduna
> Em torno da metáfora, espada fértil:
> Rompe a obscuridade em mil pedaços.

Mesmo depois de publicado *Tempo espanhol*, Góngora continuava a fascinar Murilo como verificamos nas anotações aos dois volumes de *Góngora y el Polifemo*, mais uma obra de Dámaso em quarta edição de 1961,[26] e principalmente no ensaio "Lenguaje poético: Góngora", incluído em *Lenguaje y poesía* (1962), de Guillén.[27] Além de tê-lo escolhido para sua tese de doutorado em 1924,[28] o autor de *Cántico*, para reforçar o caráter construtivo e visual da poesia de Góngora, vale-se de aproximações com a arquitetura e as artes plásticas: "Mais do que nenhum de seus con-

[25] Dámaso Alonso, *op. cit.*, p. 42.

[26] Em cartão-postal de 18/4/1961, Murilo lembra a Dámaso a promessa do envio da obra, Arquivo Dámaso Alonso, Real Academia Española, Madri.

[27] Em carta de 16/5/1962 a Guillén, ao agradecer o envio de *Lenguaje y poesía*, Murilo destaca o ensaio a respeito de Góngora como "o resumo de tudo o que se escreveu de melhor sobre o grande cordobês", Arquivo Jorge Guillén, Biblioteca Nacional, Madri.

[28] Ver Jorge Guillén, *Notas para una edición comentada de Góngora*, Antonio Piedra e Juan Bravo (orgs.), Valladolid, Fundación Jorge Guillén, Universidad de Castilla-La Mancha, 2002.

temporâneos espanhóis, quem sabe europeus, Góngora confere a sua poesia qualidades de pintura, de escultura; talvez a arquitetura seja a arte que aspire a emular. O estranho seria denunciar algum verso incolor".[29] Murilo observou também a associação entre a poesia de Góngora e os ofícios de arquiteto e de escultor, ao assinalar os poemas fúnebres que os representam, como "En la muerte de dos señoras mozas, hermanas, naturales de Córdoba", cujos dois versos iniciais trazem *"Sobre dos urnas de cristal labradas,/ de vidrio en pedestales sostenidos"*,[30] e "De la Capilla de Nuestra Señora del Sagrario, de la Santa Iglesia de Toledo, entierro del cardenal Sandoval", cujos dois primeiros quartetos descrevem a materialidade da urna:

> Esta que admiras fábrica, esta prima
> pompa de la esculptura, oh caminante,
> en pórfidos rebeldes al diamante,
> en metales mordidos de la lima,
>
> tierra sella, que tierra nunca oprima;
> si ignoras cuya, el pie enfrena ignorante,
> y esa inscripción consulta, que elegante
> informa bronces, mármoles anima.[31]

Os comentários e poemas repercutiram provavelmente no poema "Arco de Góngora" (PCP, 594):

> Mulheres que trazeis
> A lua e o sol no corpo
> Sustentado por duas colunas
> De pórfiro e granito,

---

[29] Fragmento destacado por Murilo em Jorge Guillén, *Lenguaje y poesía*, Madri, Revista de Occidente, 1962, p. 69.

[30] Versos sublinhados por Murilo em Luis de Góngora, *Poemas y sonetos*, *op. cit.*, p. 11.

[31] Dois versos finais sublinhados por Murilo, *idem*, *ibidem*, p. 64.

Também colunas do templo de Córdova:
Formastes Góngora.
[...]
Arquitetura e música deram a Góngora
O sentido da ordenação plástica do verso

O registro mais antigo de contato entre Murilo Mendes e Rafael Alberti remonta a 25 de maio de 1957, data da dedicatória em exemplar de *Office humain*, tradução de poemas de Murilo para o francês realizada nesse mesmo ano.[32] Enquanto Murilo acabara de fixar residência em Roma, Alberti somente o faria em 1963, permanecendo até 1977, quando retornaria à Espanha depois de seu longo exílio. Vizinhos — Murilo morava na Via del Consolato, e Alberti, na Via Moserrato — frequentavam-se em suas casas e nas ruas: "[...] encontramo-nos vez por outra no bairro, fazemos um passeio a quatro, incluindo Saudade".[33] Por esse motivo não praticaram uma correspondência mais extensa, restando apenas uma carta de Alberti a Murilo de 16 de fevereiro, quando o espanhol estava na Côte d'Azur com Picasso, e a resposta de Murilo em 26 de fevereiro.[34] A convivência entre os dois pode ser vista na comemoração do aniversário de Alberti na casa de Murilo em fevereiro de 1974, sequência do documentário *Murilo Mendes: a poesia em pânico* (1977), dirigido por Alexandre Eulalio. Na ocasião, o poeta brasileiro mostrou ao aniversariante um poema que escrevera em sua homenagem. O poeta andaluz fez-lhe um pedido: "*¿Por qué no lees en alta voz? ¡Es muy bonito!*". E Murilo acabou por reci-

[32] "A Rafael Alberti, em testemunho de admiração e simpatia o grande SALUDO de Murilo Mendes, Roma, 25 maio 1957", *Office humain*, trad. de Dominique Braga e Saudade Cortesão, Paris, Seghers, 1957, Fundación Rafael Alberti, Puerto de Santa María, Cádiz.

[33] *Retratos-relâmpago, primeira série*, PCP, 1.222.

[34] A carta de Alberti foi publicada por João Nuno Alçada na separata dos *Arquivos do Centro Cultural Calouste Gulbenkian*, "Entre poetas e pintores: Murilo Mendes e os seus amigos europeus", vol. XXXVIII, Lisboa/Paris, Fundação Calouste Gulbenkian, 1999, pp. 502-3. Quanto à carta de Murilo, está sob a guarda da Fundación Rafael Alberti, Puerto de Santa María, Cádiz.

Murilo Mendes e Rafael Alberti no documentário de Alexandre Eulalio, *Murilo Mendes: a poesia em pânico*, 1977.

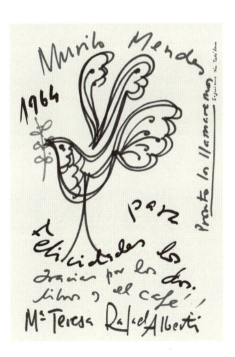

Cartão de Maria Teresa León e Rafael Alberti a Murilo Mendes, 1964.

tar pausadamente: "Rafael Alberti sim/ aquele *el matador*/ Mata às vezes por ódio sempre por amor/ Trajando luzes/ maneja a espada no ar/ Nem sempre veste o touro/ e veste sempre o mar/ Sendo o mar em espanhol/ também *la mar* traduzo/ Rafael pratica sempre a mar".[35]

Além de *Office humain* e *Tempo espanhol*, Alberti contava em sua biblioteca com as edições italianas da poesia de Murilo, organizadas e traduzidas por Ruggero Jacobbi: *Murilo Mendes* (1961), *Le metamorfosi* (1964) e *Poesia libertà* (1971).[36] Já nas estantes de Murilo, conservam-se, amplamente anotados, dois exemplares da obra albertiana: *Entre el clavel y la espada (1939--1940)* (Buenos Aires, Losada, 1941) e *Pleamar (1942-1944)* (Buenos Aires, Losada, 1944), ambos sem dedicatória, o que levanta a hipótese de uma leitura anterior a 1957. Porém, Murilo não se limitou às duas coletâneas, pelo que depreendemos do retrato-relâmpago escrito sobre Alberti para a primeira série dos retratos, de 1973. Entre vários livros, destacou *Sobre los ángeles*, "um poema que segundo Oreste Macrí constitui o texto maior do puro surrealismo espanhol" (PCP, 1.225). No entanto, de outro hispanista italiano, Vittorio Bodini, destacou uma carta de Alberti de 7 de setembro de 1959 ao autor de *Os poetas surrealistas espanhóis*: "Eu nunca me considerei um surrealista puro".[37] Tal afirmativa cabia também a Murilo em sua relação com o surrealismo.

[35] O poema, com suas interpolações em espanhol, ao que se sabe, não teve nenhuma publicação. Por isso, o transcrevemos com uma marcação dos versos a partir da declamação do próprio Murilo.

[36] "A Rafael Alberti e Maria Teresa León, com os melhores votos de feliz estadia na Itália, seu amigo e admirador Murilo Mendes, Roma, dezembro 1963", *Murilo Mendes*, Ruggero Jacobbi (org.), trad. de Anton Angelo Chiocchio, Ruggero Jacobbi, Luciana Stegagno Picchio e Giuseppe Ungaretti, Milão, Nuova Accademia Editrice, 1961, Fundación Rafael Alberti, Puerto de Santa María, Cádiz; "Viva o dia 16 de janeiro 1902 (ou 1922?...) Aos muito queridos e admirados Rafael & Maria Teresa, abraços e votos de Poesia e Liberdade em 1972 (extensivos a Aitana), Murilo, Roma, 16/12/1971", *Poesia libertà*, trad. de Ruggero Jacobbi, Milão, Accademia Sansoni, 1971, Fundación Rafael Alberti, Puerto de Santa María, Cádiz.

[37] Vittorio Bodini, *I poeti surrealisti spagnoli*, Turim, Einaudi, 1963.

Na mesma obra, sublinhou a consideração de que Alberti "é o único poeta marxista da Geração",[38] pois valorizava o compromisso político na poesia dele, marcante na década de 30:

> "Rafael, o mais politizado dentre os poetas da sua geração, empenhou-se a fundo no drama do seu país. Lírico e revolucionário, encontra na paixão política um motivo de vida criadora: fustiga os imperialistas que tentam frear a marcha do mundo, precipitá-lo na guerra, soltar a bomba atômica. Dirige-se por exemplo à América do Norte: '*Tu diplomacia del horror quisiera/ la intervención armada hasta en los astros*'. [...] E Rafael põe no ódio às coisas negativas a mesma força de paixão andaluza que revela no amor às coisas positivas: '*Época es de morder a dentelladas*', diz num verso enérgico de alto poder polêmico." (PCP, 1.223)

Os versos pertencem a "Yo también canto a América", de *13 bandas y 48 estrellas* (1936). Murilo compartilhou com Alberti o combate à ditadura franquista inclusive na dedicatória do livro *Le metamorfosi*: "Viva o amor — a liberdade — a poesia. Viva a Espanha livre. Abaixo o processo de Burgos, abaixo os netos dos inquisidores, falsos cristãos. VIVA A LIBERDADE! Roma. 16.12. 1970".[39] Refere-se ao Conselho de Guerra que se reuniu na cidade de Burgos nesse ano para julgar a execução de seis membros do grupo separatista do País Basco, o ETA, que provocou uma reação internacional. Alberti não ficou indiferente, escrevendo o poema "Condena"; segundo ele próprio, nunca havia se sentido tão orgulhoso de ser um poeta comprometido.[40]

---

[38] *Idem, ibidem*, p. XLV.

[39] Fundación Rafael Alberti, Puerto de Santa María, Cádiz.

[40] Ver Rafael Alberti, *La arboleda perdida*, vol. II (1931-1987), Madri, Alianza Editorial, 2002, pp. 245-6. Guillén também se manifestou sobre o caso no poema *Guirnalda civil* (Cambridge, Halty Ferguson, 1970), enviando um exemplar a Murilo, que lhe agradeceu em carta de 1º de janeiro de 1971: "Obri-

Mas também Murilo refletira sobre o alcance político da poesia. Em 1935 lembrara um juízo de Mário Pedrosa, para quem *História do Brasil* seria "um dos poucos livros nossos em que se afirma forte simpatia pelos oprimidos".[41] História em versos que, a partir do exemplo do *Pau-brasil* de Oswald de Andrade, subverte a oficial dos grandes heróis e feitos, chegando às primeiras décadas do século XX e seus conflitos nos sertões esquecidos: a Guerra de Canudos ("Milagre de Antônio Conselheiro"), a Coluna Prestes ("Marcha da Coluna") e o cangaço de Lampião ("Fuga"). Mais do que mero prosseguimento da vertente satírica do modernismo dos anos 20, a *História do Brasil* de Murilo, ao abarcar o tempo presente, sintonizou-se com a afirmação das posições políticas e das questões sociais da década de 30, podendo ser considerada uma transição do "projeto estético" para o "projeto ideológico", segundo a pertinente distinção de João Luiz Lafetá.[42]

Em um contexto em que se fazia necessário denunciar e expor, ganham força na literatura brasileira o romance regionalista e os ensaios históricos e sociológicos. A poesia — embora se afirmassem suas principais vozes modernas — vinha sendo questionada em relação ao seu compromisso político. Para completar o quadro de dissidências, no caso de Murilo, após a morte de Ismael Nery, em 1934, voltou-se intensamente ao catolicismo, disseminado nas obras do período: os poemas de *Tempo e eternidade* (1935) e *A poesia em pânico* (1937), e a prosa de *O sinal de Deus* (1936). No entanto, ele não fugiu às discussões, defendendo seu ponto de vista em periódicos como *Boletim de Ariel* e *Dom Casmurro*. Quan-

---

gado por seu admirável *Guirnalda civil*, vinda no momento exato: o momento do incrível processo de Burgos. Que nos fez sofrer muito e nos tem provocado muitas insônias. Uma vez mais a palavra de um grande poeta nos conforta em meio a tantas injustiças e crueldades", Arquivo Jorge Guillén, Biblioteca Nacional, Madri.

[41] Murilo Mendes, "A poesia e os confusionistas", *Boletim de Ariel*, ano V, n° 3, Rio de Janeiro, dez. 1935, p. 63.

[42] João Luiz Lafetá, *1930: a crítica e o modernismo*, São Paulo, Duas Cidades/Editora 34, 2000.

do da publicação de *Calunga* (1935), experiência de Jorge de Lima no romance regionalista, aproveitou a oportunidade para defender a face social da poesia religiosa:

"A confusão em torno da literatura 'proletária' aumenta dia a dia no Brasil, embora Trotski, Rosa Luxemburgo e outros já tivessem posto os pontos nos ii. Esta chegou mesmo a escrever que o fim da arte é comover a alma humana, qualquer que seja a posição política do artista. É claro que não existe arte desinteressada, o que varia são os alvos do interesse. Nada mais interessado do que, por exemplo, a poesia religiosa, a poesia que converge para Deus; pois que Deus é o supremo interesse."[43]

Reage às declarações como a de Manuel Bandeira sobre a impotência da poesia frente à questão social, não compreendendo as duas como inconciliáveis:

"É preciso tomar a sério a questão social. Isto não impede de tomar também a sério a poesia. A poesia não poderá acabar enquanto houver um alento de vida no mundo. *A poesia não pode ser interrompida porque existe a questão social.* Isto é para os trouxas. Quanto a mim acho formidável ser poeta; sei que a poesia é eterna, definitiva, inexpugnável — e que todos os políticos, economistas, 'simpatizantes', críticos, editores e ensaístas não prevalecerão contra ela."[44]

Em *As metamorfoses*, *Mundo enigma* e principalmente *Poesia liberdade*, Murilo transfigura os horrores da Segunda Guerra Mundial em desconcertantes imagens. Essas obras, compostas en-

---

[43] "Calunga", *Boletim de Ariel*, ano IV, nº 11, Rio de Janeiro, ago. 1935, p. 291.

[44] "Manuel Bandeira cai no conto do vigário", *Boletim de Ariel*, ano V, nº 2, Rio de Janeiro, nov. 1935, p. 38.

tre 1938 e 1945, relacionam-se com *Entre el clavel y la espada* — dedicada a Pablo Neruda — e *Pleamar*, elaboradas também nesse conturbado momento. Em seu exemplar de *Entre el clavel y la espada*, assinalou o prólogo intitulado "De ayer para hoy":

> *"Hincado entre los dos vivimos: de un lado, un seco olor a sangre pisoteada; de otro, un aroma a jardines, a amanecer diario, a vida fresca, fuerte, inexpugnable. Pero para la rosa o el clavel hoy cantan pájaros más duros, y sobre dos amantes embebidos puede bajar la muerte silbadora desde esas mismas nubes en que soñaran verse viajando, vapor de espuma por la espuma."*[45]

O "cravo" e a "espada" representam, respectivamente, a poesia pura e a poesia comprometida, confronto que a poesia de Alberti e a espanhola enfrentaram nas décadas de 20 e 30. O poeta, na nova fase de sua obra, propõe que as duas tendências não sejam excludentes, mas que possam alternar-se, conviver. A postura "dualista" convinha mais à poética de Murilo.

Ainda sobre uma poesia social, em 1953, Murilo recebeu o *Romanceiro da Inconfidência* de Cecília Meireles como um exemplo de "alta categoria" de poesia social:

> "A poesia social sempre me seduziu. De resto, tentei-a várias vezes. O que desaprovo é a poesia tipo manifesto e programação política, cumprindo desajeitadamente um papel que antes compete ao artigo de jornal e à literatura de comício — à prosa, enfim. Na mesma ordem de ideias um certo tipo de pintura social que retira o poeta do seu pequeno mundo ambiente, e cortando o cordão umbilical do egoísmo e do individualismo, abre-

---

[45] Rafael Alberti, *Entre el clavel y la espada (1939-1940)*, Buenos Aires, Losada, 1941, p. 15 (texto transcrito conforme a disposição gráfica, em itálico, do original).

-lhe perspectivas muito mais vastas, dentro da dimensão histórica ou do mito, esta me parece ser o caminho mais fecundo e com maiores possibilidades de futuro."[46]

A poesia "tipo manifesto e programação política" fora experimentada algumas vezes por Alberti na década de 30. Quanto a Murilo, seus poemas comprometidos mais bem-acabados apareceram justamente em *Tempo espanhol*, enfrentando totalmente a "dimensão histórica": "O chofer de Barcelona", "O padre cego" e o que encerra a coletânea, "O Cristo subterrâneo". No primeiro, o eu lírico deixa falar a "palavra ácida" do taxista, plena de inconformismo e revolta (PCP, 615-6):

> Não temos mais solução.
> Cada dia nos embromam
>
> Com discursos, *fiestas*, *fiestas*,
> Corridas e procissões.
>
> Falta o pão, falta o trabalho,
> A escola não dá pra todos.
>
> Espero em vão há sete anos
> Rever meus pais em Oviedo.

Murilo tomou conhecimento da poesia espanhola mais recente de caráter social, nas antologias de José Luis Cano e de José Maria Castellet.[47] No prefácio de Castellet, assinalou uma citação do artigo "El poeta y las fases de la realidad", de Pedro Salinas:

---

[46] Cecília Meireles, *Obra poética*, op. cit., pp. 52-3.

[47] *Antología de la nueva poesía española*, Madri, Gredos, 1958. Na folha de rosto, há indicação manuscrita de Murilo: "Murilo Mendes, Barcelona, agosto 1958"; *Veinte años de poesía española: 1939-1959*, Barcelona, Seix Barral, 1960. Na folha de rosto, há indicação manuscrita de Murilo: "Murilo Mendes, Madrid, setembro 1960", Museu de Arte Murilo Mendes, Juiz de Fora.

Leituras e leitores espanhóis de Cabral e Murilo

"Considero impossível que, por mais fortes que sejam as muralhas do conceito individual da poesia, possam resistir à imensa pressão dessa obsessão política e social".[48] Entre outros, destacou versos de Gabriel Celaya e Blas de Otero, exemplos no prefácio de Cano de "poesia desarraigada", termos de Dámaso Alonso que remetem a uma poesia não puramente estética, mas que também abrange os problemas do homem e seu destino.[49] Entusiasmou-se, nessas antologias, com Miguel Hernández, pois, além do poema em *Tempo espanhol*, dedicou-lhe um retrato-relâmpago na primeira série, apresentando seu destino literário, de comunicação com o público, como "antagônico à sua época" de formalismo.

A dedicatória em 10 de outubro de 1958 de Vicente Aleixandre em exemplar de *La destrucción o el amor* alude a uma "conversa em poesia e amizade" com Murilo Mendes.[50] Provavelmente corresponde à visita lembrada pelo brasileiro em *Espaço espanhol*, na parte dedicada a Madri: "[...] Apesar da saúde frágil (vive com um só rim) parece robusto; grandão, corado. Gesticula muito; os olhos claros, móveis, espicaçam o visitante. Entre uma *copita* e outra de Jerez lê-me alguns de seus últimos textos, batendo com a mão no papel [...]" (PCP, 1.131). Não encontramos outros registros, como dedicatórias e correspondência, que comprovem a continuação da amizade inicial.

Além dos textos escutados — talvez os que formariam *En un vasto dominio* (1962) —, leu e anotou muito o já mencionado *La destrucción o el amor* e o volume que reúne *Espadas como labios* e *Pasión de la tierra*, este com autógrafo na folha de rosto: "Murilo Mendes, Barcelona, agosto 1958". Murilo interessava-se pelo Aleixandre "cultor da metáfora dentro da tradição gongorina renovada por ele com a ajuda do surrealismo" (PCP, 1.131). Entre

---

[48] *Veinte años de poesía española: 1939-1959, op. cit.*, p. 94.

[49] *Antología de la nueva poesía española, op. cit.*, p. 15.

[50] "*A Murilo Mendes, en recuerdo de una charla en poesía y amistad, de su compañero Vicente Aleixandre, Madrid, 10 octubre 1958*", Buenos Aires, Editorial Losada, 1954, Museu de Arte Murilo Mendes, Juiz de Fora.

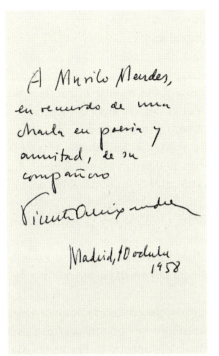

Dedicatória de Vicente Aleixandre a Murilo Mendes, Madri, 10 de outubro de 1958.

vários poemas de *Espadas como labios*, Murilo destacou o poema "Circuito":

> Nostalgia de la mar
> Sirenas de la mar que por las playas
> quedan de noche cuando el mar se marcha
> Llanto llanto dureza de la luna
> Insensible a las flechas desnudadas.
> Quiero tu amor sirenas vírgenes
> que ensartan en sus dedos las gargantas
> que bordean el mundo con sus besos
> secos al sol que borra labios húmedos.
> Yo no quiero la sangre ni su espejo
> ignoro si la tierra es verde o roja
> si la roca ha flotado sobre el agua.

Por mis venas no nombres no agonía
sino cabellos núbiles circulan.[51]

Murilo grifa e discrimina versos com imagens oníricas e desconcertantes: "Sereias do mar que pelas praias/ ficam de noite quando o mar se vai"; "Insensível às flechas nuas"; "que enfiam em seus dedos as gargantas"; "ignoro se a terra é verde ou vermelha/ se a rocha flutuou sobre a água/ Pelas minhas veias não nomes não agonia/ mas cabeleiras núbeis circulam". Versos que ecoaram em um Murilo que escrevera "E surgiram sereias da garganta de Jandira", do poema "Jandira" de *O visionário*, publicado em 1941, mas escrito entre 1930 e 1933, quase contemporâneo a *Espadas como labios*; indício de que mesmo sem se conhecerem, um na Espanha e outro no Brasil, deixavam-se impregnar por imagens que circulavam livremente pelo território da poesia de inspiração surrealista.

É justamente o surrealismo o forte ponto em comum entre Murilo e Aleixandre. No entanto, tanto eles quanto a crítica descartaram uma adesão incondicional às propostas de Breton no Manifesto Surrealista, principalmente no que se refere à escrita automática. Mário de Andrade, sobre os *Poemas* (1930), já o apontava: "[...] não é um *surréaliste* no sentido de escola, porém me parece difícil da gente imaginar um aproveitamento mais sedutor e convincente da lição surrealista. Negação da inteligência superintendente, negação da inteligência seccionada em faculdades diversas, anulação de perspectivas psíquicas, intercâmbio de todos os planos".[52] Dámaso Alonso, ao comentar *La destrucción o el amor* (1935), investe na mesma direção: "[...] A poesia de Aleixandre, como toda aquela parte da poesia moderna que está mais ou menos emparelhada com o *surréalisme* francês e seu pretendido automatismo, volta, por força, a buscar o descanso de uma forma. En-

---

[51] Buenos Aires, Editorial Losada, 1957, Museu de Arte Murilo Mendes, Juiz de Fora.

[52] Mário de Andrade, "A poesia em 1930", *in Aspectos da literatura brasileira*, São Paulo, Martins, s.d., p. 42.

tenda-se bem: de uma forma que, repito, nada tem a ver com a forma clássica, mas de uma forma vital, individual e individualizante, necessária para fazer ressaltar superficialmente a profunda unidade do poema".[53] A última frase, aliás, foi sublinhada por Murilo em sua edição de *Poetas españoles contemporáneos*.

Por outro lado, tanto Aleixandre, quanto Murilo, em mais de uma ocasião, procuraram esclarecer suas dívidas para com o surrealismo. Segundo Aleixandre, *Pasión de la tierra*, poemas em prosa escritos entre 1928 e 1929, é seu livro "mais próximo do surrealismo, embora, como eu disse mais de uma vez, fora dessa escola, pois nunca acreditei em seus dogmas: a escritura automática e a abolição da consciência artística".[54] Posteriormente, no prólogo a uma seleção de sua "poesía super-realista", provoca: "Mas houve neste sentido, alguma vez, um verdadeiro poeta surrealista?".[55] Murilo também questiona os limites da estética surrealista: "Claro que pude escapar da ortodoxia. Quem, de resto, conseguiria ser surrealista em regime de *full time*? Nem o próprio Breton" (PCP, 1.238).

Além do contato com o surrealismo, que remontava às décadas de 20 e 30, Aleixandre e Murilo, naquele final dos anos 50, coincidiam na busca de uma poética mais depurada. Sobre *Historia del corazón*, o próprio Aleixandre acreditava representar "uma nova etapa e uma renovação na técnica. No estilo, um desnudamento máximo no processo de esclarecimento expressivo".[56] Como Murilo no artigo "A poesia e o nosso tempo", Aleixandre vinha chamando a atenção para a necessidade da comunicação em lugar de uma estrita preocupação formal: "A comunicação que a poesia *in actu* estabelece entre os homens, entre outras coisas, pro-

[53] Dámaso Alonso, "La poesía de Vicente Aleixandre", *in Poetas españoles contemporáneos*, Madri, Gredos, 1958, p. 303.

[54] "Apuntes para una autobiografía", *in Prosa*, Alejandro Duque Amusco (org.), Madri, Espasa-Calpe, 1998, p. 330.

[55] *Poesía superrealista: antología*, Barcelona, Barral, 1971, p. 7.

[56] "Cinco preguntas en cinco minutos", *in Prosa, op. cit.*, p. 292.

va comovedoramente o ridículo das 'torres de marfim'. Por não dizer sua imoralidade";[57] "A forma, em poesia, não é prisão nem ornamento; é simplesmente a justa e colorida aparência visível".[58]

O primeiro contato entre Murilo e Dámaso Alonso data de 10 de outubro de 1958, de acordo com a dedicatória a um exemplar de *Antología crítica* (1956) que registra "a companhia poética e a amizade nascente — e esperemos que longa".[59] Entre encontros e desencontros em Madri e Roma, os dois poetas mantiveram uma pequena correspondência de 19 de março de 1959 a 19 de setembro de 1969.[60] Ao relembrar um deles, na parte "Madri" de *Espaço espanhol* — aliás, dedicado à Dámaso e Guillén como "Grandes de Espanha" — deixou traços peculiares do amigo: "Os óculos dançam-lhe no rosto; quase descem até o queixo; a cabeça não para. Tem eletricidade até no bigode" (PCP, 1.131).

Na biblioteca de Murilo, avulta mais o crítico do que o poeta, pois foi como crítico que Dámaso afirmou-se em sua geração: sete volumes contra um exemplar de *Hijos de la ira*, na segunda edição de 1946. Antes dessa coletânea decisiva, publicara *Poemas puros: poemillas de la ciudad* (1921), *El viento y el verso* (1925) e *Oscura noticia* (1944).

Denominando-o "crítico-poeta", Murilo não deixou em segundo plano a poesia: "[...] A mole da sua obra crítica parece ter obscurecido diante do leitor estrangeiro a do poeta. Mas na Espanha até mesmo os novíssimos admiram seus livros de poesia, inseridos na grande geração de 1927; resultantes da fértil aliança entre tradição e modernidade *'fluyendo como la leche de la ubre caliente de una gran vaca amarilla'*" (PCP, 1.131). Este é o terceiro verso do poema inicial de *Hijos de la ira*, "Insomnio", que começa de forma impactante: *"Madrid es una ciudad de más de un*

---

[57] *Idem, ibidem*, p. 399.

[58] *Idem, ibidem*, p. 403.

[59] Vicente Gaos (org.), Madri, Escelicer, 1956, Museu de Arte Murilo Mendes, Juiz de Fora.

[60] Arquivo Dámaso Alonso, Real Academia Española, Madri.

millón de cadáveres". Em texto da década de 60, "Poesia espanhola e realidade", Murilo novamente realça a importância do Dámaso poeta, cujo *Hijos de la ira* abria um "novo capítulo na história da poesia espanhola":

> "Contudo em certos períodos abre-se um parêntese nessa grande tradição humanístico-realista. Por exemplo, a poesia espanhola deste século sofreu durante muito tempo as vicissitudes provenientes dum estreito formalismo cujo representante mais ilustre foi Juan Ramón Jiménez. O processo de desenvolvimento dessa fórmula tinha chegado ao seu ponto extremo de saturação quando Dámaso Alonso publica em 1944 o livro *Hijos de la ira*, justificando anos mais tarde sua nova posição com estas palavras: 'Não há nada que eu aborreça mais agora do que o estéril esteticismo em que se debateu durante mais de meio século a arte contemporânea. Hoje só me interessa o coração do homem. Chegar a ele segundo as oportunidades, seja por caminhos de beleza, seja por meio de arranhões'" (PCP, 1.471).

Murilo retirou o desabafo de Dámaso do texto "Una generación poética (1920-1936)", de seu exemplar de *Poetas españoles contemporáneos*, concordando com o poeta espanhol a respeito dos impasses do formalismo em poesia.

Dámaso, por sua vez, se ocupou da poesia do amigo brasileiro. Na abertura do primeiro número da *Revista de Cultura Brasileña*, de junho de 1962, publicou sua tradução de "Poemas de Murilo Mendes", apresentada por uma nota preliminar:

> "Dentro da literatura brasileira não se pode considerar Murilo Mendes (nascido em 1901, publica seu primeiro livro em 1930) fora do fluir ulterior do 'modernismo' — nome incômodo para nós, porque traz logo à mente uma relação, que é falsa, com o 'modernismo hispânico': o 'modernismo' brasileiro apenas se inaugura

Leituras e leitores espanhóis de Cabral e Murilo

oficialmente, digamos, em 1922, embora estivesse em gestação poucos anos antes.

Dentro da literatura mundial, Murilo Mendes há de inscrever-se nesse grande movimento que descobre o valor poético do subconsciente, dos sonhos e dos impulsos primários, representados antes de mais nada pelo *surréalisme* francês, mas do qual se podem encontrar também, espalhadas por várias literaturas, muitas raízes, algumas vezes imediatamente anteriores, outras profundas no tempo.

Não é Murilo Mendes um 'seguidor' de uma moda: nele, provavelmente, não se teria produzido o poeta com seu rico conteúdo sem a coincidência de sua vida com esse momento em que se rompe o dique represado do homem mais interno, do homem mais subterrâneo, e em que ao encadeamento lógico pode substituir a inconexa variedade dos fragmentados materiais da explosão. Está claro que nem em Murilo Mendes o poema pode ser uma mera acumulação de detritos e raízes: há precisamente em sua poesia uma oscilação entre elementos conceituais ligados por lógica e elementos puramente imaginativos; há até algum livro que se inclina em direção ao primeiro: assim no momento do encontro de Murilo com o catolicismo, quando, em colaboração com Jorge de Lima, publica *Tempo e eternidade*, 1935. A maioria de sua obra, no entanto, fixa-se no segundo. Seria bem compreensivo, inclusive nos casos que parecem mais extravagantes, pensar em um simples amontoado: essa sucessão de imagens desligadas tem seu sentido profundo; é uma espécie de *callida junctura*, ainda que muito diferente da de Horácio; os fragmentos que parecem desconexos se associam para produzir a intuição total do poema na mente do leitor. Isto se faz, além disso, dentro do rompimento total das normas da composição poemática e inclusive — salvo em algum livro — do ritmo (e não há que mencionar sequer a rima).

Nestas notas Murilo se parece a outros poetas de seu momento. Retomo agora meu tema anterior. Cada poeta tem seu momento exato para nascer. Murilo pôde ganhar estatura de grande poeta pelo fato providencial de sua coincidência humana com essa época de explosão do represado. Assim, o que se derramou em abundância na produção poética de Murilo Mendes forma uma enorme vazão significativa. Falando João Cabral de Melo da poesia de Murilo Mendes, diz: 'Ela foi, sobretudo, a que me ensinou a dar precedência da imagem sobre a mensagem, do plástico sobre o discursivo'. Essa precedência é muito certa em Murilo Mendes e confirma o que antes eu disse. Mas acredito ser necessário acrescentar que da poesia de Murilo Mendes sai outro tipo de transcendental 'mensagem'. Dessa enorme acumulação de materiais imaginativos (expressiva, como vimos, por si mesma) sai uma poderosa violência para as mentes e os corações. Poucos livros de poesia contemporânea movimentam tão completamente o leitor, como este volume de *Poesias 1925-1955*, de Murilo Mendes: na relação do homem com sua origem, na relação individual com a vida, na relação social. Poucos livros poderão contribuir mais à construção de uma humanidade melhor, de um mundo melhor.

Há sempre muita tradição oculta em qualquer técnica revolucionária. Porque o poeta expressa, juntando-os, o significado dos tempos antigos, do que ele realiza no presente e do futuro que adivinha. Em ninguém melhor do que em Murilo Mendes se dá esta equivalência de distâncias. Acredito que em sua própria poesia se realiza de modo evidente o que ele diz falando do 'poeta futuro':

O poeta futuro já se encontra no meio de vós.
Ele nasceu da terra
Preparada por gerações de sensuais e de místicos:

Surgiu do universo em crise, do massacre entre irmãos,
Encerrando no espírito épocas superpostas.
O homem sereno, a síntese de todas as raças,
[o portador da vida
Sai de tanta luta e negação, e do sangue espremido.
O poeta futuro já vive no meio de vós"[61]

Desde a "Poética" que Dámaso escreveu para *Poesía española: antología 1915-1931*, organizada por Gerardo Diego, defendia certa organização do poema que destoava dos princípios do surrealismo: "[...] Resolve em palavras os elementos de sua profunda consciência, elimina os menos significativos, os relaciona por meio de um número maior ou menor de elementos lógicos e não poéticos... (O automatismo não foi praticado nem mesmo por seus próprios definidores)".[62] Noção que seria retomada tanto por Vicente Aleixandre quanto por Murilo.

Baseado na edição de *Poesias 1925-1955*,[63] selecionou dez textos, além de dois de *Tempo espanhol*, apresentando não apenas um panorama, mas também sugerindo um percurso poético. Os seis primeiros, ou seja, a metade deles, de obras escritas entre 1930 e 1942, são mais discursivos, de versos longos, o que indica uma preferência do próprio Dámaso, na medida em que passou a praticar versos dilatados e imagens fortes em *Hijos de la ira*, distante da contenção dos *Poemas puros: poemillas de la ciudad*. O longo "Jandira" de *O visionário*, por exemplo, teria chamado a atenção de um Dámaso que experimentou também a linguagem coloquial e a técnica narrativa em *Hijos de la ira*. Além disso, não

[61] "Poemas de Murilo Mendes", *Revista de Cultura Brasileña*, ano I, n° 1, Madri, jun. 1962, pp. 7-9.

[62] Edição fac-símile de 2002, Madri, Visor Libros, 2002, p. 219.

[63] Na biblioteca de Dámaso Alonso (Real Academia Española, Madri) não consta esse livro, apenas a tradução italiana de Giuseppe Ungaretti de *Finestra del caos*: "Aos queridos Dámaso Alonso e Dona Eulalia, figuras da Espanha essencial, homenagem afetuosa do amigo e admirador fiel MM. Roma 1962", Milão, All'Insegna del Pesce D'Oro, 1961.

resistiu a um convulso "Poema barroco", de *Mundo enigma*, já que o qualificativo relaciona-se com seus numerosos estudos do século XVII. Os seis poemas restantes, de obras produzidas entre 1943 e 1959, apontam para um processo de concisão da linguagem.

O ano de 1958, tão expressivo para as amizades espanholas de Murilo, registra uma respeitosa dedicatória em exemplar de *Office humain*: "A Jorge Guillén, poeta ilustre, homenagem de antiga admiração e simpatia de Murilo Mendes. Nápoles, 19.12.1958".[64] A "antiga admiração" pode ter surgido de uma leitura de *Cántico* por intermédio de Cabral, que o havia recomendado a Bandeira já em 1947. Nápoles, por sua vez, mostra que a Itália seria o espaço privilegiado de encontro entre Murilo e Guillén; o poeta espanhol visitou o país várias vezes, principalmente Roma e Florença, onde se encontrava com grandes amigos, alguns comuns a Murilo.[65]

Murilo manteve com Guillén a correspondência mais longa, entre as localizadas com escritores espanhóis, de 2 de março de 1959 a 20 de outubro de 1974.[66] Em sua biblioteca, além dos ensaios de *Lenguaje y poesía*, existem apenas dois livros de poemas de Guillén, sem dedicatórias, *A la altura de las circunstancias* (1963), o terceiro volume de *Clamor*, e *Y otros poemas* (1973). No entanto, as cartas acusam o recebimento de outras obras: *Clamor: Maremágnum* (1957),[67] *Según las horas* e *Las tentaciones de Antonio*, ambas editadas em 1962,[68] *Homenaje* (1967),[69] e *Aire nuestro* (1968), reunião dos ciclos *Cántico*, *Clamor* e *Homenaje*.[70]

---

[64] Trad. de Dominique Braga e Saudade Cortesão, Paris, Seghers, 1957, Biblioteca Pública de Valladolid.

[65] Sobre as relações de Guillén com a Itália, ver Laura Dolfi (org.), *Cartas inéditas (1953-1983), Jorge Guillén-Oreste Macrí*, Valencia, Pre-Textos, 2004.

[66] Arquivo Jorge Guillén, Biblioteca Nacional, Madri.

[67] Carta de 2/3/1959, Arq. Jorge Guillén, Biblioteca Nacional, Madri.

[68] Carta de 14/2/1963, Arq. Jorge Guillén, Biblioteca Nacional, Madri.

[69] Carta de 3/9/1967, Arq. Jorge Guillén, Biblioteca Nacional, Madri.

[70] Carta de 22/1/1979, Arq. Jorge Guillén, Biblioteca Nacional, Madri.

Em contrapartida, a obra muriliana está razoavelmente representada na biblioteca de Guillén: *Siciliana* e *Tempo espanhol*, de 1959; as traduções italianas de *Finestra del caos* (1961), por Ungaretti, da antologia de 1961 organizada por Ruggero Jacobbi e dos 7 *Murilogrammi*; e as traduções espanholas de *Poemas de Murilo Mendes* (1962), por Dámaso Alonso, e de *Siete poemas inéditos* (1965), por Ángel Crespo e Dámaso.[71]

Além dos livros de poesia, o ensaio "Los impulsos elementales en la poesía de Jorge Guillén" em *Poetas españoles contemporáneos*, de Dámaso, esteve presente na recepção da obra guilleniana por Murilo. Entre várias anotações, destacou, ao final do estudo, o objetivo do crítico de ir mais além da tradicional percepção "intelectualista", reconhecendo uma dimensão mais "humana", "primitiva":

---

[71] Dedicatórias de Murilo Mendes em exemplares conservados na Biblioteca Pública de Valladolid: "A um grande poeta: A Jorge Guillén, em renovado testemunho de admiração e amizade, e para marcar o prazer de vê-lo aqui em minha casa, Murilo Mendes, Roma, 30 out. 1959", *in Siciliana*, trad. de A. A. Chiocchio, Caltanissetta/Roma, Sciascia, 1959; "A Jorge Guillén e Dona Irene, homenagem de admiração e amizade de Murilo Mendes" e "*molto molto affetuosamente, Giuseppe Ungaretti*", *in Finestra del caos*, trad. de Giuseppe Ungaretti, Milão, All'Insegna del Pesce d'Oro, 1961; "A Jorge Guillén e Dona Irene, contente por encontrá-los em terra portuguesa, com todo o afeto e admiração de Murilo Mendes, Lisboa, 29/8/1962", *in Poemas de Murilo Mendes*, trad. de Dámaso Alonso, separata da *Revista de Cultura Brasileña*, ano I, nº 1, Madri, 1962; "A Jorge Guillén, poeta exemplar, amigo, querido e admirado; e à gentilíssima senhora Irene Guillén, Homenagem afetuosa de Murilo Mendes, Roma, 27 novembro 1962", *in Murilo Mendes*, Ruggero Jacobbi (org.), trad. de Anton Angelo Chiocchio, Ruggero Jacobbi, Luciana Stegagno Picchio e Giuseppe Ungaretti, Milão, Nuova Accademia Editrice, 1961; "A Jorge Guillén = Grande de España = com todo o afeto e admiração do seu Murilo Mendes, Roma, 31/10/64", *in Poemas sobre España de João Cabral de Melo Neto*, trad. de Ángel Crespo e Pilar Gómez Bedate, *Cuadernos Hispanoamericanos*, nº 177, Madri, set. 1964 (separata); "Roma 1966, A Jorge Guillén e D. Irene, com muitas saudades & Auguri do amigo & admirador Murilo Mendes", *in Sette poesie inedite di Murilo Mendes, Italianissima: 7 Murilogrammi*, Milão, Strenna per gli Amici, 1965.

Murilo Mendes e Dámaso Alonso em Madri, 1962.

NO DIA EM QUE SE CUMPREM
OS PRIMEIROS SETENTA ANOS
DE
JORGE GUILLÉN,
POETA E HOMEM EXEMPLAR,
MANDAMOS-LHE ESTA MENSAGEM
DE AUGURI PELA SUA SAÚDE
E MOCIDADE PERENE DA SUA
MUSA ABSTRATO-CONCRETA:
GEOMETRIA HUMANIZADA
ROMA 18.1.1963

Mensagem de Murilo Mendes e Maria da Saudade Cortesão, enviada de Roma a Jorge Guillén, 18 de janeiro de 1963.

"Patente, pois, evidente, o 'intelectualismo' de Guillén! Patente também que sua poesia brota muitas vezes das sensações mais elementares do homem, de impulsos e gozos comuns. Do Guillén exacerbador do intelectual, do Guillén artista perfeito, se falou muitas vezes — e ainda será necessário que se fale muito mais. Mas pouco ou nada se tinha dito do Guillén humaníssimo, e quase 'animalíssimo', primário, potencializador dos instintos elementares."[72]

João Cabral, outro admirador brasileiro de Guillén, como vimos, valorizava apenas a faceta de poeta que domina seu ofício. Já Murilo, interessou-se por um poeta que encontrara uma possível solução para as tensões entre impulsos vitais e organização formal que experimentava desde o início de sua obra, e que no artigo "A poesia e o nosso tempo", de 1959, não entende como antagônicos: "Não creio que a preocupação com as pesquisas da linguagem se oponha à 'iluminação', não creio que o 'fazer' se oponha ao sentir, ao amar, ao se entusiasmar. Em outras palavras, não creio que a afetividade possa desaparecer da poesia". E assim resolve o conflito: "Resumindo, pode-se dizer que a operação poética é baseada em linguagem, afetividade e engenho construtivo".[73]

A passagem do ensaio de Dámaso seria utilizada em um texto de Murilo intitulado "Jorge Guillén", que permaneceu inédito.[74] Segundo carta de 6 de fevereiro de 1967 a Guillén, inicialmente fora pensado para fazer parte do livro *Figuras*, primeiro nome para os *Retratos-relâmpago*. Anos depois, em 20 de outubro de 1974, enviou um manuscrito de 5 folhas como "modesta homenagem", justificando que ultrapassara os limites da obra publicada no ano anterior. Como em vários momentos da correspondência, sintetiza a principal confluência entre as poéticas de ambos: "Espírito

[72] *Op. cit.*, p. 242.

[73] *Op. cit.*, p. 55.

[74] Arquivo Jorge Guillén, Biblioteca Nacional, Madri.

dialético por inclinação e cultura, diria que reúne pontos inconciliáveis: subjetividade e objetividade, abstrato e concreto, imanência e transcendência".

A concisão foi outro aspecto da obra de Guillén que agradou a Murilo, valorizada a partir da leitura de *Según las horas*, incluído posteriormente em *Homenaje*. Em carta de fevereiro de 1963, elogia a "poesia em cápsulas, revelação moderna do *haikai*", mencionando nove poemas. Identifica também neles uma "aceitação do mundo em fórmulas rápidas, lapidares, mesmo quando as envolve um pouco de sombra. Resumo e conclusão feliz: [...]", citando o último verso do poema "A la recíproca" que encerra a coletânea:

> Heme aquí. Desperté. Me ciñe el mundo
> Con el sosiego amable que le impongo,
> Sosiego tan infuso en la materia
> Que impersonal irradia y se me impone.
> Es grato ser objeto para el mundo.[75]

Sintomaticamente, nesse 1963, Murilo deu início aos poemas de *Convergência*, obra decisiva no processo de "lapidação" buscado em *Tempo espanhol*. Os dois poetas também coincidiram na eleição de escritores e artistas como tema para a poesia: as séries dos "Grafitos" e "Murilogramas" de *Convergência*, e a série "Al margen" de *Homenaje*.

Por outro lado, Guillén não deixou de se manifestar em relação à poesia de Murilo. Em sua última obra publicada, *Final* (1981), escolhe para epígrafe do poema "La materia" os versos "A matéria é forte e absoluta/ Sem ela não há poesia", de Murilo:

> Poesía, espiritual conato.
> Por entre las palabras y el espíritu,
> Intuiciones, visiones, sentimientos,

---

[75] *Homenaje: reunión de vidas*, edição fac-símile, Madri, Visor Libros, 2003, p. 553.

Jamás pura abstracción. Se apoya siempre
Sobre eso que está ahí, total materia
Compacta de elementos muy concretos
Que nos salvan: rehúsan el vacío.[76]

O poema integra a quarta parte da obra, "Tiempo fechado" (Tempo datado), cujos versos de abertura da seção inicial anunciam: "Si bien lo dices,/ Si es justa la expresión, nos pacifica./ Justa correspondencia:/ Realidad y palabra".

Quanto aos versos de Murilo, corroboram a posição de Guillén, explorada desde *Cántico*, de que a poesia, ainda que tente atingir uma esfera "espiritual", depende da "matéria" para se constituir. Assim, eles parecem ser uma divisa para o Murilo que experimentava uma poesia a partir de um "objeto", de um "tema", usando os termos de Cabral na carta de 1959. Mas curiosamente trata-se dos versos finais de "Poema espiritual", de *A poesia em pânico*, obra escrita entre 1936 e 1937, em plena fase da conversão católica de Murilo (PCP, 296-7):

Eu me sinto um fragmento de Deus
Como sou um resto de raiz
Um pouco de água dos mares
O braço desgarrado de uma constelação.

A matéria pensa por ordem de Deus,
Transforma-se e evolui por ordem de Deus.
A matéria variada e bela
É uma das formas visíveis do invisível.
Cristo, dos filhos do homem és o perfeito.

Na Igreja há pernas, seios, ventres e cabelos
Em toda parte, até nos altares.

[76] *Final*, Antonio Piedra (org.), Madri, Castalia, 1989, p. 279.

Há grandes forças de matéria na terra no mar e no ar
Que se entrelaçam e se casam reproduzindo
Mil versões dos pensamentos divinos.
A matéria é forte e absoluta
Sem ela não há poesia.

"Poema espiritual" fora escolhido para a seleção de Dámaso em 1962, cuja experiência com uma poesia religiosa — escrevera a coletânea *Hombre y Dios* — talvez tivesse direcionado a escolha desse poema e de "O fogo", de *Os quatro elementos*. Contudo, "Poema espiritual" apresenta os "versos inúteis", as "banalidades ineficazes" de que falara Mário na crítica à coletânea que mencionamos. Os versos finais sobressaem do conjunto, sinalizando que a preocupação com o "objeto" estaria ao longo da obra muriliana e atingiria os pontos cruciais em *Tempo espanhol* e *Convergência*. Guillén justamente "recortou" os contundentes versos que lhe interessavam, sem a mensagem católica.

Entre os novos:
Ángel Crespo e Gabino-Alejandro Carriedo

Por volta de 1960, quando ocupava o cargo de primeiro secretário da embaixada brasileira em Madri, Cabral estabeleceu amizade com os poetas Ángel Crespo (1926-1995) e Gabino-Alejandro Carriedo (1923-1981), os quais se tornaram tradutores tanto da obra dele quanto de outros poetas brasileiros, principalmente nas páginas da *Revista de Cultura Brasileña*. Além de estimularem as relações literárias entre Brasil e Espanha, os três poetas mantiveram um importante diálogo a partir de suas obras.

Carriedo e Crespo, em 1945, formaram parte do grupo de vanguarda denominado Postismo, que se promovia como sucessor dos movimentos das décadas de 20 e 30, como o surrealismo. Mais tarde, entre 1960 e 1963, dirigiram a revista *Poesía de España*, cujo suplemento "Poesía del mundo" ofereceu traduções e notas bio-bibliográficas de Drummond e Cabral, entre outros. Nesse mo-

Leituras e leitores espanhóis de Cabral e Murilo

mento, retomavam a tradição de uma poesia comprometida na Espanha, muitas vezes fundada na experiência da vida campesina. O *Poema de la condenación de Castilla* (1946), de Carriedo, é a primeira obra, depois da Guerra Civil, dedicada à terra e ao homem dessa região:

> Castilla excomulgada, estéril, seca
> como estatua de sal, como una madre
> sin fértil alentar, sin el espasmo
> doloroso y feliz de un parto nuevo
> de extraña madurez y fallecida
> ya en cada herida vieja, ya en el sordo
> recuerdo aterrador, miseria y luto.[77]

A contundência das imagens assemelham-se ao universo castelhano e pernambucano de *Paisagens com figuras*, indicando como se identificaram as propostas poéticas de Cabral e Carriedo. Contudo, os dois poetas espanhóis criticavam a poesia social que vinha sendo realizada, apenas voltada ao conteúdo, sem maiores cuidados estéticos. No texto "Poética", incluído na antologia *Poesía social* (1965), organizada por Leopoldo de Luis, Crespo esclarece seu ponto de vista:

> "Como pode ser facilitada uma mudança das circunstâncias sociais com uma técnica conformista? Em nossa poesia 'social' há muito 'Geração de 98', não há pesquisas formais sérias e atualizadas, sistemáticas. Se as nobres ideias que animam esta poesia são certamente universais, o primeiro que se impõe é uma abertura ao universo mundo da poesia, relacionar com ele e tomar lição de suas conquistas ou, mais simplesmente, de seu afã renovador. Levou-se em conta o que se diz, mas não a maneira de expressá-lo. Com isso, se empobreceu a lin-

---

[77] *Apud* J. Lechner, *op. cit.*, p. 581.

guagem e, assim, se produziu essa crise de expressão que conduziu à não menos triste crise de valores, de que também padecemos."[78]

Carriedo, em depoimento para a mesma antologia, defende a conciliação entre os movimentos "pós-vanguardistas" e a poesia social.[79] A união entre estética e comprometimento, ou vanguarda e comprometimento, denominam Crespo e Carriedo poesia "realista", considerando a obra cabralina como uma importante referência. Aliás, a noção "realista", sem a conotação estrita do termo, foi utilizada por Crespo no importante estudo *Realidad y forma en la poesía de Cabral de Melo* (1964): "[...] sem renunciar à pesquisa da realidade, mas sim procurando-a intensamente, mostra-se ao mesmo tempo como exemplo de exigência estética através de uma forma equilibrada e racional, e de nenhum modo alheia à experimentação".[80]

Em 1962, os dois poetas espanhóis recebiam de Cabral *Terceira feira*,[81] publicado no ano anterior e que reunia as três últimas coletâneas. Em *Quaderna*, por exemplo, consolidou os poemas dedicados à Espanha e ao Nordeste — iniciados em *Paisagens com figuras* — que se entrelaçam no "Poema(s) cabra". No aparte final à série de nove poemas, contrasta "duas paisagens", as "terras nobres" das margens do Mediterrâneo e a "piçarra" do Sertão, mas que podem ser aproximadas pela cabra que habita as duas re-

---

[78] *Apud* Ángel Crespo, *Antología poética*, Arturo Ramoneda (org.), Madri, Alianza Editorial, 1994, p. 17.

[79] *Apud* J. Lechner, *op. cit.*, p. 673.

[80] Ángel Crespo e Pilar Gómez Bedate, *Realidad y forma en la poesía de Cabral de Melo*, separata da *Revista de Cultura Brasileña*, nº 8, Madri, mar. 1964, p. 6.

[81] "Ao caro Ángel Crespo, com um abraço do João Cabral de Melo Neto, Madrid, 1962", *Terceira feira*, Rio de Janeiro, Editora do Autor, 1961, Biblioteca particular de Ángel Crespo; "Ao Carriedo com um abraço afetuoso e a admiração do Cabral, Madrid, 1962", *Terceira feira*, Rio de Janeiro, Editora do Autor, 1961, Biblioteca Pública de Valladolid.

giões: "Mas não minto o Mediterrâneo/ nem sua atmosfera maior/ descrevendo-lhe as cabras negras/ em termos das do Moxotó" (EPD, 245). A comparação vale-se do concreto, do prosaico, mais especificamente com o animal: se antes o cotejo era entre cão/ rio/ homem, passou a ser entre cabra/ homem. Consequentemente, a descrição da difícil condição de vida e da resistência da cabra remete-nos também ao ser humano. Logo no primeiro poema, a cor negra sugere uma situação de exclusão de uma etnia, familiar à sociedade brasileira: "O negro da cabra é o negro/ do preto, do pobre, do pouco [...]. É o negro da segunda classe,/ Do inferior (que é sempre opaco)" (EPD, 239-40). Do mesmo modo que a cabra aprendeu a sobreviver em um meio inóspito, o homem seguiu seu modelo: "O nordestino, convivendo-a,/ fez-se de sua *mesma casta*" (Poema 8, EPD, 244); "A cabra deu ao nordestino/ esse esqueleto mais de dentro:/ *o aço do osso*, que resiste/ quando o osso perde seu cimento" (Poema 9, EPD, 244).

Crespo interessou-se pelo "Poema(s) da cabra" ao traduzir, em 1963, os três primeiros na história literária que vinha apresentando na seção "Aspectos de la cultura brasileña" do periódico *Brasil*, do Serviço de Propaganda e Expressão Comercial da Embaixada Brasileira em Madri.[82] Por sua vez, também dera lugar a "La cabra", poema publicado em edição de bibliófilo em 1962:

> La vieja cabra que el cuchillo
> respetó. Se movía
> como la hierba cuando crece.
> De pronto, sus orejas
> ya estaban lacias, o su belfo
> entreabierto, o estaba
> el animal junto a la puerta
> del horno. El animal
> — o más bien bicho, fardo
> de piel y huesos, con las ubres

[82] Ano III, n° 10/11/12, Madri, out.-dez. 1963.

como viejas talegas que guardaron
cobre y, a veces, plata —,
el bicho melancólico
que se dormía al sol tocando tierra
con los hermosos cuernos.
Porque los cuernos eran su sonrisa,
su afirmación, su gesto de haber sido:
brillantes de mañana, por la siesta
mates de polvo y tedio, por la noche
oscuros de abandono, y humeantes
de bruma con la aurora.
        Vieja herencia
de algún día que el hambre se olvidó
de olisquear el filo del cuchillo,
de lamer el barreño en que la sangre
se cuaja, de mover
la artesa que presencia el sacrificio;
vieja cabra, durando
como la duración, como las hierbas
que cuelgan del tejado,
como la voz idéntica que llama
desde el fondo del patio cada día,
como el tiempo que aprieta los costados,
se va después, jadea
y, cuando va a morir, clava los cuernos
en el contemplado desprevenido.[83]

Diante da decrepitude da velhice, o único que resta de belo e
digno na cabra são os seus cornos, "seu gesto de ter sido". No
entanto, o que parecia apenas objeto de contemplação, no instante da morte, desperta em uma última reação. No "Poema(s) da

---

[83] Ángel Crespo, *En el medio del camino (1949-1970)*, *in Poesía*, vol. I,
Pilar Gómez Bedate e Antonio Piedra (orgs.), Valladolid, Fundación Jorge
Guillén, 1996, pp. 189-90.

cabra" não são os cornos, mas justamente a cor negra que ocupa os três primeiros poemas traduzidos por Crespo. No terceiro, refere-se à "alma córnea", imagem que concretiza, a partir de seu principal atributo, a força "interior" da cabra. O nordestino, da "mesma casta", possui o "aço do osso". Quanto a "La cabra", essa "alma córnea" não a abandona nem mesmo na hora do sacrifício.

Carriedo deixou traços mais explícitos da obra cabralina em sua poesia. Antonio Martínez Sarrión, no prólogo ao *Nuevo compuesto descompuesto viejo (Poesía 1948-1978)*, assinalou a presença marcante do brasileiro:

> "Sobre todos os poetas de expressão portuguesa, influi-lhe poderosamente a voz do grande João Cabral de Melo Neto [...] a inteligente simbiose de pós-simbolismo e realismo, unida a sua obsessão pelas possibilidades aleatórias do poema, concebido dentro de cânones quase matemáticos, puramente econômicos e essenciais, fazem da poesia cabralina uma experiência única, sem nada a ver com qualquer tendência da poesia espanhola das últimas décadas.
>
> Pois bem, a influência, não única, mas predominante do brasileiro, uniu-se em Carriedo, por paixão e dedicação profissional [...]."[84]

Escolheu como epígrafe ao poema "Teoría de la minería", de *El corazón en el puño* (1961), os versos "que é a morte de que se morre/ de velhice antes dos trinta" de *Morte e vida severina*, traduzido por ele e Crespo em 1966. Trata-se de uma pungente visão do árduo trabalho dos mineiros; assim como a miséria do Nordeste brasileiro, conduz à morte: "*Cien mil familias crecen a la sombra,/ mas todos mueren a los treinta*".[85]

---

[84] Gabino-Alejandro Carriedo, *Nuevo compuesto descompuesto viejo (Poesía 1948-1978)*, Madri, Peralta, 1980, p. 19.

[85] *Idem, ibidem*, pp. 99-100.

Posteriormente, seguiu em alguns poemas a estrutura binária de *A educação pela pedra* — no qual lhe é dedicado "Rios sem discursos" —, aproximando-se muito do estilo cabralino. Em "Cuenca y sus hoces", além de reunir as significativas imagens da *pedra* e do *rio* — presentes no título do estudo de Lauro Escorel de 1973 —, pratica a assonância: *"Para entender la escultura hay que hablar/ un lenguaje de piedra entre dos ríos;/ no basta la cultura de lo estudiado/ si falla el conocimiento de lo vivido"*.[86]

Mas o comprometimento não foi abandonado, como verificamos nos dois poemas que denunciam a poluição dos rios madrilenhos:

LOS RÍOS DE MADRID

Los ríos de Madrid son ríos raquíticos
de albúmia y petroleo, ríos por dentro,
pero arroyos cuando sobre la superficie
apenas se desplaza su líquido esqueleto.
Los ríos de Madrid no son más que cloacas
con numerosos puntos de desagüe;
cursos pequeños de aguas negras
que es igual que decir aguas fecales.
Por eso son los ríos de Madrid no existentes:
ríos para cantados mas con benevolencia
el cercano Jarama, ocre de tierra y grava,
y el Manzanares, que apenas agua lleva.

2

Pero no para cantados con sentido crítico:
los ríos de Madrid son un cuadro mal hecho,
un proyecto de ingeniero sin experiencia
o un poema que no llega a soneto.

---

[86] *Idem, ibidem*, p. 179.

Por eso son, los ríos, granos moleculares
y es su agua gorda y espesa como limo,
mas llena de organismos vivos que son los que hacen
que las aguas se mueran, aunque con paso mínimo.[87]

DE NUEVO LOS RÍOS DE MADRID

Si los ríos de Madrid son sólo gránulos
de todo material en su seno prolífico,
las orillas de los ríos son vertederos
donde se vuelcan a diario los detritus.
No conocen el murmullo del agua
ni en su curso-vida han visto lo verde;
no son espejo de nada y en su seno
jamás han quebrado su rumbo peces.

2

Por eso no figuran en todos los mapas
los ríos de Madrid, de grasa y cieno;
se les suprime como no existentes
en la toponimia de lo madrileño.
O no se les suprime y entonces son vehículo
el Jarama de sus gravas y tierras
ocres — color pardo del pájaro —,
y el Manzanares de sus aguas fétidas.
De ahí que estos ríos sifilíticos
apenas conozcan a los médicos:
ríos de pus de herida infectada,
ríos enfermedad y no ríos remedio.[88]

[87] *Idem, ibidem*, p. 183.
[88] *Idem, ibidem*, p. 187.

No segundo poema, a contraposição "não conhecem a vida" e "conhecem o doentio", prossegue o curso d'*O cão sem plumas* (SA, 73-4):

> Aquele rio
> era como um cão sem plumas.
> Nada sabia da chuva azul,
> da fonte cor-de-rosa,
> da água do copo de água,
> da água do cântaro,
> dos peixes de água,
> da brisa na água.
>
> Sabia dos caranguejos
> de lodo e ferrugem.
> Sabia da lama
> como de uma mucosa.
> Devia saber dos polvos.
> Sabia seguramente
> da mulher febril que habita as ostras.
>
> Aquele rio
> jamais se abre aos peixes,
> ao brilho,
> à inquietação de faca
> que há nos peixes.
> Jamais se abre em peixes.
>
> Abre-se em flores
> pobres e negras
> como negros.
> Abre-se numa flora
> suja e mais mendiga
> como são os mendigos negros.
> Abre-se em mangues

de folhas duras e crespos
como um negro.

Carriedo dialogou com o primeiro poema de Cabral escrito na Espanha, entre 1949 e 1950, momento, como vimos, de fértil discussão, em Barcelona, de uma arte comprometida, sem perder de vista a envergadura estética. Sintomaticamente, na última estrofe citada d'*O cão sem plumas*, o poeta valeu-se dos mesmos "mangues crespos e de folhas duras" do monólogo de Joaquim d'*Os três mal-amados*, no qual se atormentava com aquilo que não sabia falar em verso. Pois na coletânea de 1950, a direta e prosaica comparação lança o poema na vida dos homens, a exemplo da tradição da literatura espanhola.

Já entre Murilo e Ángel Crespo, uma dedicatória em exemplar de *Tempo espanhol* marca o "primeiro contato pessoal" em 16 de novembro de 1960.[89] O poeta brasileiro de 59 anos, que escrevera praticamente toda a sua obra poética e se enveredava pela prosa, encontrava-se com o poeta espanhol de 34 anos em plena atividade, contando já com oito livros de poesia[90] e dois volumes de traduções de poesia portuguesa publicados.[91] Apesar dessa intensa produção, à qual se somariam novos títulos nos anos seguintes, na biblioteca de Murilo apenas resta a seleção e prólogo de Crespo a *Algunos poemas* (1966), de Eduardo Chicharro. Mas pelo menos lera vários poemas de Crespo nas antologias citadas de Cano e Castellet. Nas estantes de Crespo, além de *Tempo espanhol*, permanecem *Poesias 1925-1955* (1955) e as edições italianas que também foram enviadas a Alberti, Dámaso e Guillén: *Finestra del*

---

[89] "A Ángel Crespo, para assinalar nosso primeiro contato pessoal, com grande simpatia oferece Murilo Mendes, Madrid, 16-IX-1960", *Tempo espanhol*, Lisboa, Morais Editora, 1959, Biblioteca particular de Ángel Crespo.

[90] *Primera antología de mis versos* (1949), *Una lengua emerge* (1950), *Quedan señales* (1952), *La pintura* (1955), *Todo está vivo* (1956), *La cesta y el río (1954-1957)* (1957), *Junio feliz* (1959) e *Oda a Nanda Papiri* (1958).

[91] *Poemas de Alberto Caeiro* (1957) e *Pliego de poesía portuguesa* (1960).

caos (1961), a antologia de Ruggero Jacobbi (1961) e *Italianissima: 7 Murilogrammi* (1965).[92] Conservam-se apenas duas cartas de Murilo a Crespo, de 14 de julho de 1968 e 5 de julho de 1970,[93] período em que o espanhol mudou-se para Porto Rico como professor do Recinto Universitário de Mayagüez. Na carta de 1970, comenta que guardava todos os números da *Revista de Cultura Brasileña*, "bom instrumento de trabalho". Vale lembrar que ele próprio ocupou as primeiras páginas do número inaugural de 1962 na tradução de Dámaso. Ao atingir o trigésimo, em março de 1970, Crespo renunciara à direção da revista.

Ao longo desses nove anos, a *Revista de Cultura Brasileña* tornou-se um veículo fundamental para que Murilo, distante do Brasil, acompanhasse as experiências mais recentes da poesia de seu país. Crespo preocupava-se em atualizar o público espanhol a partir da produção brasileira:

> "Sem esquecer a história nem os principais aspectos da rica e contraditória atualidade literária do Brasil, dei um lugar destacado nas páginas daquela publicação às correntes de caráter experimental, porque pensava que, sendo como eram internacionais, ou seja, muito relacionadas com as de outros países, valia a pena informar sobre elas aos leitores espanhóis. É que continuáva-

---

[92] Constam na biblioteca particular de Ángel Crespo: "Para Ángel Crespo e María Luisa, esta pequena lembrança com o sincero afeto e as saudades do amigo e admirador Murilo Mendes, Roma, janeiro 1961", *Poesias 1925--1955*, Rio de Janeiro, José Olympio, 1959; "Aos queridos Ángel Crespo e María Luisa, lembrança afetuosa de Murilo Mendes, Roma 1962", *Murilo Mendes*, Ruggero Jacobbi (org.), tradução Anton Angelo Chiocchio, Ruggero Jacobbi, Luciana Stegagno Picchio e Giuseppe Ungaretti, Milão, Nuova Accademia Editrice, 1961; "Para Ángel e María Luisa, com muito afeto, MM, Roma, 1966", *Sette poesie inedite di Murilo Mendes, Italianissima: 7 Murilogrammi*, Milão, Strenna per gli Amici, 1965.

[93] Arquivo Ángel Crespo.

Leituras e leitores espanhóis de Cabral e Murilo

mos tendo uma arte de vanguarda e, paradoxalmente, uma literatura bastante conservadora."[94]

Além da proliferação da vertente social, os novos nomes da poesia espanhola na década de 60 — Ángel González, José María Valverde, José Ángel Valente, Francisco Brines, Jaime Gil de Biedma, Claudio Rodríguez, entre outros — mantinham-se distantes das vanguardas, constituindo dicções próprias e variadas. A tendência concretista, por exemplo, apenas vingaria na década seguinte. Por isso, Crespo dedicou uma série de longos ensaios, bem documentados, sobre o concretismo, a poesia-práxis e outros grupos. O primeiro deles, "Situación de la poesía concreta", escrito por ele e Pilar Gómez Bedate, saiu no número de 5 de junho de 1963, justamente quando Murilo retomava a poesia estimulado pelas palavras de Haroldo de Campos em relação a *Tempo espanhol*. Depois de detalharem as principais características e representantes, concluem que o movimento foi benéfico à poesia brasileira na medida em que houve o abandono da "exuberância verbal e de um subjetivismo de estirpe romântica".[95] João Cabral é citado mais de uma vez como um dos mais importantes antecessores.

Em número extraordinário de dezembro de 1964, Crespo e Pilar divulgaram uma série de depoimentos de escritores e críticos brasileiros a respeito da literatura de vanguarda. No texto introdutório, "Planteamiento de una encuesta sobre la literatura brasileña de vanguardia", explicam que a literatura na Europa e na América — mais especificamente no Brasil — vivem tempos históricos diferentes: enquanto os europeus, depois das vanguarda, voltam-se ao "realismo", os brasileiros iniciam as experimentações. Murilo enviou uma sintética carta em 23 de julho desse ano, publicada em espanhol no periódico:

[94] "Mis caminos convergentes", *in Ángel Crespo: con el tiempo, contra el tiempo*, Antonio Piedra e Carlos Martín Aires (orgs.), Valladolid, Fundación Jorge Guillén *et alii.*, 2005, p. 36.

[95] *Revista de Cultura Brasileña*, nº 5, Madri, jun. 1963, p. 127.

"Roma, 23 de julho de 1964

Queridos Ángel Crespo e Pilar Gómez Bedate:

Infelizmente não disponho de tempo para responder longamente, como desejaria, à enquete sobre a literatura de vanguarda no Brasil, para a excelente revista que publicam em Madri.

No entanto, não querendo deixar sem resposta o interessante questionário, resumo aqui, em duas palavras, o que penso a respeito do assunto.

Todas as formas e expressões de literatura de vanguarda devem ser estimuladas e reconhecidas. Em nossa época, no Brasil, a literatura de vanguarda começa em 1922. Deu obras importantíssimas, e mais que tudo, deu o grande impulso em direção à renovação da literatura brasileira. Desde 1922 até hoje assistimos a magníficas manifestações da vanguarda literária. Nos últimos anos, a poesia concreta, a poesia-práxis, tem apresentado, tanto na parte teórica, quanto na parte prática, documentos de primeira ordem.

Em nossa época, a vanguarda constitui já *uma tradição*. Além disso, nunca se é suficientemente vanguardista. Não oponho a vanguarda à tradição; oponho-a, isso sim, ao academicismo.

Nosso tempo — afortunadamente — é um tempo de transformações constantes, diárias. A literatura não é, sem dúvida, a ciência, mas deve refletir também as formidáveis mutações da ciência. O que acima de tudo caracteriza o espírito de nossa época é a *vanguarda* em tantos e tão variados setores. A literatura de vanguarda no Brasil tem que procurar corresponder, no plano estético e de pesquisa de uma nova dimensão da palavra, a alguns dos anseios mais válidos e autênticos do homem de hoje.

M.M."[96]

[96] *Revista de Cultura Brasileña*, nº 11, Madri, dez. 1964, p. 356.

Leituras e leitores espanhóis de Cabral e Murilo

Deve-se notar que Murilo mostrou-se atento ao concretismo, procurando acompanhá-lo. Por ocasião do V Salão de Arte Moderna, em 1956, ao comentar os concretistas expostos, chega à literatura:

> "Devo dizer que o concretismo ainda não me conquistou totalmente, pois acho fria toda obra de arte desligada de conteúdo afetivo. [...] Eles procuram uma linguagem plástica nova, assim como os músicos que pesquisam relações de som baseadas na escritura atonal, ou como os poetas que buscam a representação da poesia fora ou além do sistema de ordenação da palavra que prevaleceu até agora, dentro duma tradição de lógica e rigor. (Também os poetas de hoje poderiam ser divididos em figurativos, abstracionistas e concretistas.)"[97]

Ainda sob o efeito de *Tempo espanhol*, perguntavam a Murilo se ele se sentia "influenciado" pelo concretismo. Assim como ele mesmo afirmava que não era um surrealista, negava uma adesão ao grupo, embora concordasse com a "crise da poesia, por esgotamento dos esquemas".[98] Talvez essa constatação justifique a sua opção pela prosa, chegando a produzir oito livros entre 1965 e 1974. No entanto, não se pode esquecer o contato que estabeleceu com os principais nomes e veículos do movimento, a começar por Haroldo de Campos.[99]

Voltando à *Revista de Cultura Brasileña*, no número 12, de março de 1965, Crespo, juntamente com Dámaso, publicaram sete poemas inéditos de Murilo, no original em português e na tradu-

---

[97] "V Salão Nacional de Arte Moderna: Pintura", *in* Júlio Castañon Guimarães, *op. cit.*, p. 79.

[98] Entrevista de 1961, *in idem, ibidem*, p. 116.

[99] Além da carta citada de 2/5/1963, ver a de julho de 1967, *in idem, ibidem*, pp. 137-8.

ção em espanhol. Com exceção de um poema de 1959 e um de 1961, o restante data de 1963, ano decisivo para a última produção poética de Murilo. Assinam juntos a nota preliminar, na qual se mantém em consonância com uma tradição crítica que separa a obra muriliana em dois momentos formais distintos:

"O contato com a realidade espanhola, que tanto influiu em seu compatriota João Cabral, parece ter atuado em análogo sentido em relação ao grande poeta mineiro: um desejo de concreção, de sobriedade expressiva, de plasticidade não isenta de inquietudes metafísicas, se descobre nestes inéditos de Murilo Mendes. Tanto o ar surrealista de seus primeiros livros quanto o barroquismo dos versos em que cantou a antiga capital de Minas Gerais, cedem, agora, diante da sobriedade expressiva e o rigor da construção; uma construção que quer (e consegue) ser nova, não por um mero desejo de originalidade, mas pelo fato de não se poder verter um pensamento original em uma forma que não o seja. A fronteira entre a prosa e o verso, segundo os conceitos tradicionais, é aqui bastante imprecisa. A busca de uma expressão 'totalmente poética' parece prescindir do quanto possa lembrar a preconceito. [...]
Todos estes poemas, entre os quais certamente sobressai 'Murilograma à filha de Miguel Torga', mostram a recente evolução do poeta em direção a uma condensação de palavra e de pensamento: os problemas filosóficos ('Que é um ser?') tomam agora uma posição central em sua poesia. A expressão pode alcançar intensa concentração:

O pintor constrói o signo
O signo mede o pintor

Fundo e forma caminham em direção a uma síntese reveladora da constante capacidade de Murilo Mendes para tomar o pulso a sua época e nos oferecê-la transcendida em exemplos da melhor poesia."[100]

Crespo retomou o momento final da poesia de Murilo em nota bibliográfica, estampada no número de 16 de março de 1966, sobre *Italianissima: 7 Murilogrammi*, em edição de Strenna per gli Amici, de Milão, mencionando que o pequeno volume faz parte de *Contacto*, um dos títulos pensados para o livro que seria publicado em 1970:

"Nossa revista foi a primeira a publicar as composições que o poeta mineiro Murilo Mendes batizou com o título de *murilogramas*. Dos sete que compõem este breve livro, dois deles — os dedicados a Guido Cavalcanti e a Claudio Monteverdi — se contam entre as composições inéditas que oferecemos a nossos leitores, juntamente com outras, que por não estarem dedicadas a temas italianos ou por não serem murilogramas, não fazem parte da curta coleção que queremos comentar. Esta, por sua vez, é parte do livro inédito *Contacto*, cuja aparição há de surtir, sem dúvida, benéficos efeitos sobre a nova poesia do Brasil. Afirmamos isto porque estamos seguros de que a intensa corrente humanista que alimenta este livro — a julgar pelas mostras que dele conhecemos — há de fecundar e esclarecer os propósitos da mais avançada poesia brasileira contemporânea.

Nós que vimos seguindo, passo a passo, o desenvolvimento poético do Brasil, e admirando sua fecundidade formal e sua rica veia temática, temos a impressão de estar assistindo à fundação de um novo humanismo capaz das mais arriscadas sínteses. A atual poesia brasileira, sem renegar suas origens peninsulares nem sua longa aprendizagem ocidentalista, tem sabido incorporar-se (na medida do possível, sem violências desnaturali-

---

[100] *Revista de Cultura Brasileña*, n° 12, Madri, mar. 1965, pp. 5-7.

zadoras), além das conquistas de um americanismo lúcido e voltada ao futuro, aspectos fundamentais da melhor poesia oriental, tudo isso através de sínteses originais e abertas, ou seja, absolutamente antidogmáticas, embora o calor de algumas polêmicas possa fazer, por enquanto, que pensemos o contrário. Imaginemos o que será para esta nova poesia a incorporação, através da última obra de Murilo Mendes, da mais viva tradição italiana, vigorada — mediante uma inteligentíssima compreensão — pelo gênio do extraordinário poeta mineiro.

A opção do escritor que vive durante longos anos fora de sua terra costuma ser a saudade, se não acabar aquele por integrar-se, nunca completamente, à cultura do país que reside, esquecendo, ou deixando longe, as origens geográficas de sua própria obra. Não é este o caso de Murilo Mendes, que, se por um lado cedeu ao atrativo da impressionante cultura italiana, soube por outro unir suas experiências com as preocupações das letras de seu país.

A montagem de seus poemas italianos reflete uma profunda preocupação por evitar a discursividade, por conter qualquer desbordamento em benefício da expressão ajustada, sóbria, mas, ao mesmo tempo, sugestiva ou, melhor dizendo, capaz de profundas e prolongadas ressonâncias. Assim, estes poemas são faces de lâminas móveis — não saberíamos defini-los de outra maneira — cujas vibrações, à medida que vamos tocando-as uma a uma, acabam por confundir-se harmonicamente. Isto quer dizer que semelhantes poemas participam de valores ideográficos e musicais e apontam em direção a soluções que vêm preocupando aos poetas mais conscientes do Brasil.

> Em que medida / Leopardi
> Será tua linguagem
> Tangente à — rompida — nossa?

Leituras e leitores espanhóis de Cabral e Murilo

Não fui a Recanati: vou aos CANTI.

Assim começa um dos murilogramas, expressando a preocupação por fazer nossas as palavras dos grandes poetas italianos. E Mendes termina — no belíssimo poema a Cavalcanti — por incorporar as próprias palavras do italiano:

Explicas a automização:

IO VO COME COULI CH'È FUOR DI VITA,
CHE PARE, A CHI LO SGUARDA, COME SIA
FATTO DI RAME O DI PIETRA O DI LEGNO,

CHE SE / CONDUCA SOL PER MAÏSTRIA,

intervindo, inclusive, no texto de Guido com um signo de pontuação (/) que sublinha a intenção da citação.

Valham estas duas mostras para dar uma ideia da riqueza de procedimentos da recente poesia de Murilo Mendes; nova, ademais, porque a matéria poética, que em outros livros deste autor permanecia em certo estado de fluidez, se ordena nela de acordo com cânones abertos — no sentido em que é aberto um ideograma —, sem abandonar, graças ao profundo impulso musical que a conforma, um tom melancólico muito ocidental e, por consequência, muito brasileiro.

Esperemos que a aparição de *Contacto* nos permita calibrar o alcance da mensagem que Murilo Mendes há de dirigir, através da brasileira, a toda a poesia de nosso tempo."

Crespo, assim, integrava Murilo ao projeto da *Revista de Cultura Brasileña* de divulgar a poesia de vanguarda brasileira na Espanha.

As dedicatórias ou correspondência não aludem ao encontro inicial entre Murilo e Carriedo, mas provavelmente tenha sido contemporâneo ao de Crespo, por volta de 1960. O escasso envio de cartas deu-se de 10 de julho de 1964 à passagem de ano de 1974-1975.[101] Por elas, sabemos que Murilo leu *Política agraria* (1963)[102] e *Los animales vivos* (1965),[103] embora os exemplares não estejam na biblioteca dele. Já Carriedo guardou *Tempo espanhol*, a tradução italiana de *Poesia liberdade*, *Convergência* e *Poliedro*.[104]

Em carta de fevereiro de 1971, Murilo comunica a Carriedo o envio de seu livro de poesia publicado no ano anterior no Brasil: "Breve receberá meu último — *Convergência* — um dos mais importantes, creio que o mais moderno, dos meus livros. Gostaria muito de — em tempo devido — saber sua opinião". Ainda insiste no PS: "O livro saiu em S. Paulo, e você deverá recebê-lo do editor. Talvez demore um pouco. M.".[105]

[101] Arquivo Gabino-Alejandro Carriedo, Fundación Jorge Guillén, Valladolid.

[102] Carta de 10/7/1964, Arquivo Gabino-Alejandro Carriedo, Fundación Jorge Guillén, Valladolid.

[103] Carta de 28/5/1967, Arquivo Gabino-Alejandro Carriedo, Fundación Jorge Guillén, Valladolid.

[104] Os exemplares encontram-se na Biblioteca Pública de Valladolid: "Para Andrea e Carriedo com admiração e afeto, Murilo Mendes, Madri 2/9/ 1968", *Tempo espanhol*, Lisboa, Morais Editora, 1959; "A Carriedo e Andrea, duas flores da minha amada Espanha, com a afetuosa amizade do Murilo Mendes, Roma 1972", *Poesia libertà*, Ruggero Jacobbi (org.), Milão, Accademia--Sansoni, 1971; "Aos queridos Gabino-Alejandro Carriedo e Andrea, lembrança afetuosa de M. M., Roma 1972", *Poliedro*, Rio de Janeiro, José Olympio, 1972.

[105] Arquivo Gabino-Alejandro Carriedo, Fundación Jorge Guillén, Valladolid. Em outras correspondências de Murilo, verificamos a importância atribuída a *Convergência*, como em carta de 10/2/1966 a Drummond, quando ainda se tratava de dois livros, *Contacto* e *Exercícios*, "tentativas de reformulação da minha linguagem poética". Ver Júlio Castañon Guimarães, *Distribuição de papéis: Murilo Mendes escreve a Carlos Drummond de Andrade e a Lúcio Cardoso*, Rio de Janeiro, Fundação Casa de Rui Barbosa, 1996, p. 22.

A ausência de dedicatória no exemplar de Carriedo confirma que ele o recebeu da Livraria Duas Cidades. O pedido de Murilo surtiu efeito em uma leitura atenta, que deixou vários poemas e versos anotados a caneta vermelha; encontramos, solto no meio das páginas, um pequeno cartão impresso "Homenagem do Autor/ Ausente do Brasil". Em letra pequena para aproveitar o espaço restrito, com a mesma caneta, o poeta espanhol esboçou o comentário que talvez tenha mandado, mais elaborado, ao brasileiro:

> "Aqui, acaba finalmente com os últimos vestígios da retórica e, portanto, alcança a mais ampla, pura e viva expressão. A pura estrutura genética, a pura criação (Neste livro alcança...) Veja-se (p. 197 e seguintes) a continuidade com Cassiano, Drummond, Cabral, Braga... A influência, se nota também de V. Huidobro? // — pp. 199 e 202, influência dos mais jovens: Praxis, Noigandres... // surrealismo (palavras inventadas)"

A observação aproxima-se dos estudos de Crespo na *Revista de Cultura Brasileña*, que acompanhamos anteriormente. Em "Situación de la poesía concreta", por exemplo, comparecem os poetas citados por Carriedo como pertencentes das "gerações modernistas" que estabelecem um laço de união com o concretismo: os poemas "Gagarin" de Cassiano Ricardo; "Paz", de Edgar Braga; "Isso é aquilo", em *Lição de coisas*, de Drummond.[106]

As páginas mencionadas por Carriedo correspondem à última seção de *Convergência*, denominada "Sintaxe", a mais anotada. Mais especificamente, destaca a série de onze poemas intitulados "Metamorfoses", termo caro ao Murilo — em constante metamorfose —, que o usou para título da coletânea de 1944; da página 199, Carriedo se refere às "Metamorfoses" de número 11:

---

[106] *Op. cit.*, pp. 122-3.

Astronave
Astroneve
Astronive
Astronovo
Astronuvem
Astronável

.

Pesca submarina
Pesca sub Marina

.

Vaidade
Vai dado
Vai dedo
Vai Dido
Vai tudo
Vãidade
Vaidar

.

Paul Klee
Paul clé

A partir da década de 70, em sua produção poética, Carriedo incorporou processos morfossintáticos da poesia concreta. Em "Castilla", dedicado a Jorge Guillén, um tema recorrente na obra de Carriedo, sobretudo no período da poesia comprometida, é explorado a partir da semelhança fônica de reduzidas palavras distribuídas no espaço:

Castilla astilla   Castilla
        amarilla
        amor de arcilla

Llana dura   llanura
        andadura
        honda y dura

Leituras e leitores espanhóis de Cabral e Murilo   111

Castilla   amarilla
          mar de arcilla

Si hembra
          siembra

Si cosecha
          cosa hecha

Mar de arcilla   amarilla
          Castilla
          casta astilla

Honda y dura   andadura
          llanura
          llana y dura

Amor de arcilla   Castilla
          si hembra
          siembra

Si siega dura   asegura
          cosecha
          cosa hecha[107]

Além do convívio da poesia concreta nas páginas da *Revista de Cultura Brasileña*, a poesia de Carriedo, em *Los lados del cubo* (1973), parece ter encontrado na obra final de Murilo profícuos estímulos. Um dos melhores elogios que *Convergência* poderia receber.

[107] *Op. cit.*, p. 163.

2.

Cabral em Barcelona

A POESIA CATALÃ

Em carta de 30 de julho de 1947, Bandeira pergunta a Cabral sobre os "poetas da terra", pois na última edição de 1946 de sua obra *Noções de história das literaturas* incluíra algumas informações sobre a literatura catalã. Na resposta, em 4 de setembro, Cabral comentou que estava imerso na poesia espanhola, só que em castelhano. No entanto, não se mostrou indiferente à questão do amigo. Já em carta de 17 de fevereiro de 1948, confessou que ela o fizera "criar vergonha": "Comecei a ler e a aprender a língua do país e em sua literatura descobri enormes coisas".[1] Frequentou a poesia catalã desde o século XIX, com Verdaguer e Costa i Llobera, chegando ao século XX com Alcober, Maragall, Carner, Guerau de Liost e López-Picó. Vinha dedicando-se à tradução, principalmente dos *tankas*, forma clássica da poesia japonesa cultivada na obra *Del joc i del foc* [Do jogo e do fogo] (1946), de Carles Riba (1893-1959). Considerado por Cabral o "melhor poeta catalão vivo", Riba, ofereceu-lhe nesse 1948 um exemplar dedicado de *Psicologia da composição*.[2] Três de suas traduções foram divulgadas no número 16 de *Ariel: Revista de les Arts*, de abril de 1948. O poeta Joan Triadú assinou uma nota intitulada "Brasil i Catalunya":

---

[1] Flora Süssekind (org.), *op. cit.*, p. 61.

[2] "A Carles Riba, homenagem de admiração de João Cabral de Melo Neto, Barcelona, 1948", *Psicologia da composição com a Fábula de Anfion e Antíode*, Barcelona, O Livro Inconsútil, 1947, Biblioteca de Catalunya, Barcelona.

"João Cabral de Melo Neto, poeta e diplomata brasileiro que reside aqui ao serviço do seu país, assimilou em pouco tempo numerosos elementos da nossa cultura para nos dar, com as suas traduções de alguns *tankas* de Carles Riba, uma mostra da sua sensibilidade singular e amiga. Eis aqui uns exemplos de como, de poeta a poeta, não há segredos em idiomas irmãos:

Tannka XIII

Direi limões,
maçãs rosadas, rosas,
sal e conchas,
e pensarão que passas
entre os jardins e a onda.[3]

Corresponde a:

Diré llimones,
pomes rosades, roses,
sal i petxines,
i es pensaran que passes
entre els jardins i l'ona.

Tannka XXXVI

Tristes bandeiras
do crepúsculo! Contra elas
sou púrpura viva.
Um coração serei, na escuridade;
de novo púrpura, com a alba.[4]

---

[3] Um dos "Tannkas de les quatre estacions", intitulado "Eugenia".

[4] A tradução enviada por Cabral a Bandeira, em carta de 20/7/1948, além de apresentar o título — "Inscrição sobre um retrato oferecido em tempos de guerra" — revela variações: "Tristes bandeiras/ do crepúsculo! Contra elas sou/ púrpura viva./ Um coração serei, na escuridade;/ de novo púrpura, com a aurora", Flora Süssekind (org.), *op. cit.*, p. 91.

No original:

> Tristes banderes
> del crepuscle! Contra elles
> sóc porpra viva.
> Seré un cor dins la fosca;
> porpra de nou amb l'alba.[5]

Tannka XXXVIII

> Como quem repousa
> no amor ou na onda,
> dormes, filho
> da guerra, no inumerável
> regaço ausente da fuga.[6]

Tradução de:

> Com qui reposa
> en l'amor o en l'onada,
> fill de la guerra,
> dorms en la innumerable
> falda absent de la fuga.[7]

João Cabral imprimiu, pessoalmente e em sua casa, o seu livro de versos *Psicologia da composição*, no qual aprofunda rumo à personalidade do poeta com uma nítida austeridade de expressão e um lirismo que se mantém na linha das proximidades Guillén-Riba e, de certa maneira, Valéry."[8]

---

[5] O título original é "Inscripció sobre un retrat ofert a J. i A. En temps de guerra".

[6] A tradução enviada por Cabral a Bandeira, em carta de 20/7/1948, intitula-se "Criança refugiada adormecida", Flora Süssekind (org.), *op. cit.*, p. 91.

[7] O título original é "Infant refugiat adormit".

[8] *Ariel: Revista de les Arts*, ano III, n° 16, Barcelona, abr. 1948, p. 40.

Triadú sugere, assim, uma linhagem de poetas conscientes de seu ofício, dos quais Cabral procurava se aproximar. No caso específico dos *tankas* de Riba, a estrutura fechada de 31 sílabas e sua brevidade revelam-se como exemplo do *"riguroso horizonte"* almejado.

Por outro lado, Cabral não se limitou aos autores mais consagrados, interessando-se também pela obra dos mais jovens. Muitos deles tinham Riba como mestre e estavam aglutinados em torno da mencionada revista *Ariel*, veículo de 1946 a 1951 da nova geração que queria retomar a tradição cultural catalã sufocada pela repressão do pós-guerra. Provavelmente Cabral acompanhava a produção recente pelas páginas de *Ariel* e pelo contato com os próprios poetas, como Joan Triadú.

A fim de divulgar a poesia catalã no Brasil, planejou uma antologia de quinze poetas, como informou Rosa Leveroni a Josep Palau i Fabre, dois poetas vertidos ao português por Cabral, em carta de 19 de novembro de 1948:

> "Pergunta-me notícias sobre a Antologia que prepara o Sr. João Cabral de Melo. Eu apenas posso dizer-lhe que o pouco que sei disso, vai me informar um dia por telefone Joan Perucho, que me disse que este senhor preparava a edição no Brasil — eu acho — de suas traduções de quinze poetas nossos, e que entre eles ali estavam você e eu (é uma antologia de poesia jovem, embora creio que inclui também Manén e Garcés) e que perguntava com urgência dados biográficos [...] Quem poderia informar-lhe melhor, suponho, é Perucho mesmo. Eu, de todas as maneiras, quando o vir, pedir-lhe-ei mais informação, que terei muito prazer em mandar-lhe."[9]

A antologia foi publicada sob o título de *Quinze poetas catalães*, em fevereiro de 1949, na *Revista Brasileira de Poesia*, pe-

---

[9] Natàlia Barenys (org.), *Epistolari: Rosa Leveroni-Josep Palau i Fabre*, Barcelona, Publicacions de L'Abadia de Montserrat, 1998, p. 45.

riódico que divulgava, entre outros, os poetas da Geração de 45. Além de dados biográficos sumários, consta o poema original e a tradução em português.[10] A ordem dos poetas obedece à cronologia do nascimento:

"1) Marià Manent: Nasceu em Barcelona em 1898.[11] Viagens por quase toda a Europa. Fundador da *Revista de Poesia* e de *Quaderns de Poesia*. Livros publicados: *La branca*, 1918; *La collita de la boira*, 1920; *L'aire daurat*, 1928; *L'ombra*, 1931.[12] É autor ainda de uma grande antologia da poesia inglesa contemporânea, traduzida por ele mesmo para o catalão e castelhano.

2) Joan Oliver: Nasceu em Sabadell, cidade da província de Barcelona, em 1899.[13] Publicou alguns livros com o pseudônimo de PEDRO QUARTO. Exilado de Espanha desde a Guerra Civil. Publicou: *Una tragèdia a Lilliput*, 1928; *Les decapitacions*, 1934; *Cataclisme*, 1935; *Allò que tal vegada s'esdevingué*, 1936; *Oda a Barcelona*, 1936; *Bestiari*, 1936; *Contraban*, 1937. Obteve o Prêmio Folguera no ano de 1936.

3) Tomás Garcés: Nasceu em Barcelona em 1901. Bacharel em Direito e Licenciado em Filosofia. Livros publicados: *Vint cançons*, 1922; *L'ombra del lledoner*, 1924; *El somni*, 1927; *Paradis*, 1931; *Notes sobre poesia*, 1933; *El senyal*, 1935; *El caçador*, 1947.

4) Rosa Leveroni: Nasceu em Barcelona, em 1910. Bibliotecária da Biblioteca da Universidade de Barcelona. Livro publicado: *Epigrames i cançons*, 1938.

---

[10] Publicados nos "Anexos" do livro *Correspondência de Cabral com Bandeira e Drummond*, *op. cit.*, pp. 277-309, exceto as pequenas biografias da seção "Os poetas deste número", provavelmente redigidas pelo próprio João Cabral.

[11] No periódico consta "1900".

[12] No periódico consta "1930".

[13] No periódico consta "1900".

5) Bartomeu Rosselló-Pòrcel: Nasceu em Ciutat de Mallorca, Maiorca, em 1913. Estudos universitários em Barcelona e Madri, na célebre Residência de Estudantes onde viveram Lorca, Alberti e outros poetas antes da Guerra Civil. Faleceu em 1938.[14] Livros publicados: *Nou poemes*; *Quadern de sonets*; *Imitació del foc* (póstumo).

6) Joan Teixidor: Nasceu em Olot, província de Gerona, em 1913. Licenciado em Filosofia. Jornalista profissional, crítico literário e artístico. Livros publicados: *Poemes*; *Joc partiti*; *L'aventura fràgil*; *Camí dels dies*, 1948.

7) Salvador Espriu: Nasceu em 1913, na cidade de Santa Coloma de Farners, província de Gerona. Autor de livros de contos, novelas e peças de teatro. Sua obra poética se compõe de diversos livros, entre os quais *Cementeri de Sinera*, talvez o mais importante.

8) Joan Vinyoli: Nasceu em Barcelona em 1914. Formação autodidata. Perfeito conhecedor da literatura alemã. Tradutor de Rilke, Hölderlin, Nietzsche e Hofmann. Publicou: *El primer desenllaç*, 1937.

9) Josep Romeu i Figueras: Nasceu em Ódena, província de Barcelona, em 1917. Licenciado em Línguas Românicas pela Universidade de Barcelona. Primeiro Prêmio do Concurso Montserratino, em 1942.

10) Josep Palau i Fabre: Nasceu em Barcelona, em 1917. Estudos de Letras na Universidade desta cidade. Atualmente vive na França, onde se incorporou ao movimento existencialista. Livros publicados: *L'aprenent de poeta*; *Imitació de Rosselló-Pòrcel*; *Càncer*.

11) Joan Barat i Creus: Nasceu em Barcelona, em 1918. Formação autodidata. Publicou *Poemes*, 1947.

12) Joan Perucho: Nasceu em Barcelona em 1920. Magistrado. Publicou *Sota la sang*, 1947.

---

[14] No periódico consta "1937".

13) Joan Triadú: Nasceu em Ribes de Freser, província de Gerona, em 1921. Licenciado em línguas clássicas. Tradutor de Píndaro. Atualmente vive em Liverpool, de cuja Universidade é leitor de catalão. Publicou *Endimió*, em 1948.

14) Jordi Sarsanedas: Nasceu em Barcelona, em 1924. Realizou estudos universitários em sua cidade natal e em Paris. Sem livro publicado.

15) Jordi Cots: Nasceu em Barcelona, 1927.[15] Estudante de Direito. Não tem livro publicado."

Mais da metade eram jovens poetas como Cabral. A maioria dos poemas foi divulgada ou pertence a obras da década de 40, com exceção de *La branca* (1918), de Manent, *Les decapitacions* (1934), de Joan Oliver, e *Imitació del foc* (1938), de Rosselló-Pòrcel. As resenhas de algumas obras desses autores, publicadas em *Ariel* ao longo de 1947, demarcam sua diversidade e possíveis pontos de interesse para Cabral: *El Caçador*, de Tomás Garcés, "se enlaça com linhas muito diversas da lírica antiga ou contemporânea. Veia folclórica; ressonâncias dos poetas franceses que exaltaram o subúrbio, as coisas humildes, a 'presença humana'";[16] em *Poemes*, de Joan Barat, "uma notável e nobre gravidade impulsa os versos a desenvolver-se lentamente, às vezes majestosamente, e parece como se ao autor lhe preocupasse mais a maneira como dirá aquilo que sente ou aquilo que pensa do que aquilo que sentiu e pensou";[17] e em *Cáncer*, de Josep Palau Fabre, as "coisas são ditas de uma maneira exata, matemática, com uma clarividência fulminante".[18]

[15] No periódico consta "1924".

[16] Marià Manent, "Notes sobre libres", *Ariel*, ano II, nº 9, Barcelona, abr. 1947, p. 31.

[17] Josep Romeu i Figueras, "Joan Barat: *Poemes* — Barcelona, 1947", *Ariel*, ano II, nº 10, Barcelona, jun. 1947, p. 48.

[18] Joan Perucho, "Dos llibres de Josep Palau Fabre", *Ariel*, ano II, nº 14, Barcelona, dez. 1947, p. 117.

Cabral em Barcelona

Na introdução, Cabral aproxima os vários autores pela "posição de defesa, defesa tensa, da língua catalã". Alude à luta dos poetas catalães contra a repressão linguística imposta pelo governo de Franco, já que entende a poesia como, "primordialmente, um uso de linguagem". A poesia deles, portanto, seria "mais de professores e filólogos do que de jornalistas, de conscientes do que de inspirados". Mais do que uma imagem, trata-se de uma comprovação, a começar por Riba, que foi professor de grego e tradutor de Homero e Virgílio. Além dele, Joan Triadú exerceu o cargo de leitor de catalão na Universidade de Liverpool (1948-50), e Jordi Sarsanedas, o de leitor de castelhano e catalão na Universidade de Glasgow (1948-50).

Ao mesmo tempo que caracteriza a situação específica de criação dos poetas catalães, Cabral expõe os princípios de sua poética. Eles assumem uma "atitude de autodisciplina e lucidez" em oposição a uma "atitude romântica de abandono à pura espontaneidade e uma cega — ou, mais justamente, enceguecida — entrega ao impulso de criar". E finaliza o texto com um sutil recado aos seus compatriotas, preocupados com a "solenidade" e "nobreza" da poesia: "E, agora, se me é permitida uma parte de julgamento, eu diria que essa atual posição a que foram levados os escritores catalães — uma posição materialista diante da criação poética — talvez contenha uma sugestão digna de ser considerada por parte de poetas de outros idiomas não ameaçados".

Nesse 1949, as relações de Cabral com a poesia catalã começaram a ocupar um cenário diferente, passando do grupo da revista *Ariel* para o de *Dau al Set*. Como lembrou Tàpies, os projetos dos dois grupos diferenciavam-se: "Reconhecíamos o mérito deles de ter se atrevido a levar adiante aquela empresa cultural em catalão, mas nos parecia muito eclética, pouco combativa, e suas 'ilustrações' pouco radicais, e de certo modo antiquadas";[19] "[...] nos considerávamos os rebeldes, os 'negros', os malditos, o ramo es-

---

[19] Antoni Tàpies, *Memoria personal: fragmento para una autobiografía*, trad. de Javier Rubio Navarro e Pere Gimferrer, Barcelona, Seix Barral, 2003, p. 219.

querdo da cultura catalã. A maior parte dos de *Ariel*, por exemplo, então nos pareciam uns anjos, representantes típicos dos intelectuais conservadores catalães [...]".[20]

Joan Brossa era o poeta do *Dau al Set*. Cabral, em 1949, imprimiu na sua Minerva setenta exemplares de *Sonets de Caruixa*, primeira obra publicada de Brossa. Este, por sua vez, no número de julho-agosto-setembro desse ano de *Dau al Set*, publicou suas traduções ao catalão de três poemas de *O engenheiro*: "La ballarina" (A bailarina), "Els núvols" (As nuvens) e "El paisatge zero" (A paisagem zero). Em comum, ambos os poetas haviam incorporado elementos do surrealismo em suas obras iniciais.

Nas conversas com Brossa, que em 1950 receberia um exemplar de *O cão sem plumas*,[21] defendia um compromisso social na obra de arte, que deveria ser de "revolta", e não de "revolução", como ditava o realismo socialista, pois, caso contrário, seriam "destruídos" pela ditadura. Portanto, poderia continuar escrevendo poemas de orientação surrealista, porém oferecendo uma direção, um sinal ao leitor.[22]

Em 1951, Cabral ocupava seu novo posto em Londres, mas continuou mantendo contato com Brossa, cujos poemas registram o conteúdo das cartas enviadas pelo brasileiro. No poema "Antoni Tàpies", de *Coral* (1951), datado de "1-V-1951", menciona uma carta: "[...] Temos de mudar — me/ escreveu Cabral —, temos de ter a certeza/ que precisamos mudar. Este é o primeiro passo".[23] Em "Tots en el crit" (Todos no grito), da mesma coletânea, retoma mais uma carta:

[20] *Idem, ibidem*, p. 235.

[21] "A Joan Brossa, fraternalmente, João Cabral de Melo Neto, Barcelona, 16.8.1950", *O cão sem plumas*, Barcelona, O Livro Inconsútil, 1950, Fundació Vila Casals, Barcelona.

[22] Lluís Permanyer, *Brossa x Brossa: records*, Barcelona, Edicions La Campana, 1999, p. 88. Ver depoimento de Brossa em *Cadernos de Literatura Brasileira*, nº 1, João Cabral de Melo Neto, São Paulo, Instituto Moreira Salles, mar. 1996, pp. 16-7.

[23] "[...] *Hem de canviar — m'ha/ escrit Cabral —, hem de tenir la certesa/ que ens cal canviar. Aquest és el primer pas*", Joan Brossa, *op. cit.*, p. 317.

[...] Hoje
tive notícias de Londres,
de Cabral, e com a carta caiarei este estábulo
desde a porta até o último recanto: Nós
temos que compreender — me escreve — o que há de
      [moribundo e de novo no mundo atual
Depois de saber o que nasce, somente
os suicidas podem preferir o gemido e a ruptura.
O nosso amigo
também procura em cada rocha a grande nação do
      [amanhã.
A árvore secreta dos velhos dias não está no nosso céu.
Ele, de Londres, entretece uma alta estátua verde com
plumagem de asas:
homem, mulher, trigo, vinho, terra, pão, figuras do
      [povo.[24]

Cabral enviava livros para que Brossa pudesse encontrar exemplos para redirecionar sua obra. Um deles, anunciado em carta de 16 de maio de 1951,[25] foi *Poèmes de Nazim Hikmet*, que se conserva na biblioteca particular do poeta catalão.[26] No prefácio, assinado por Tristan Tzara, Brossa destacou a lápis a seguinte passagem: "[...] Nesse sentido, a poesia de Nazim pertence ao domínio cultural do homem de hoje e, pela amplitude de sua autenticidade histórica, ela possui o valor de uma verdade permanente". Os

[24] "*Avui/ he tingut notícies de Londres,/ d'en Cabral, i amb la carta emblanquinaré aquest estable,/ des de la porta fins a l'últim racó: Nosaltres/ hem de comprendre — m'escriu — el que hi ha de moribund i de nou al món actual./ Després de saber el que neix, només/ els suïcides poden preferir el gemec i la ruptura./ El nostre amic/ també busca a cada roca la gran nació del demà./ L'arbre secret dels vells dies no és al cel nostre./ Ell, des de Londres, entreteixeix una alta estàtua verda amb plomatge d'ales:/ home, dona, blat, vi, terra, pa, figures del poble*", idem, ibidem, p. 311.

[25] Fundació Joan Brossa, Barcelona.

[26] Paris, Les Editeurs Français Réunis, 1951, Fundação Vila Casals, Barcelona.

versos do turco Nazim Hikmet, com referências à história e cultura de seu país, serviram mais de uma vez a Brossa de epígrafe, como a do já citado *Coral*, *"Jo vaig amb la claredat que avança..."*, primeiro verso do poema "Voilá", à página 136 da edição presenteada por Cabral (*"Je suis dans la clarté qui s'avance"*).

A partir desse intercâmbio, surgiu a coletânea *Em va fer Joan Brossa* (1951),[27] "os primeiros passos do autor no sentido de realizar uma poesia mais amplamente humana", nas palavras do prólogo de Cabral, no qual expõe pela primeira vez uma nova concepção de poesia. Segundo ele, a superação do formalismo da arte estaria na retomada do tema dos homens. No caso de Brossa, em lugar de encontrar uma forma "realista", como muitos experimentavam fazer naquele momento, estava seguindo o caminho oposto ao escrever poemas que levavam em conta seu repertório de elementos cotidianos e populares.

Cabral já não mais apoia incondicionalmente Carles Riba e os poetas da geração da revista *Ariel*, contrapondo-os a Brossa: enquanto aquela poesia preocupava-se com o "vocábulo nobre, pouco corrente, erudito ou arcaico", o autor de *Sonets de Caruixa* buscava o material para sua obra "na realidade mais humilde, no léxico da cozinha, da feira de praça e de fundo de oficina". Dessa maneira, com o objetivo de "comunicar-se com os outros homens", escreveu os poemas esquemáticos e prosaicos de *Em va fer Joan Brossa*.

Mais tarde, incluiu em *Paisagens com figuras* o poema "Fábula de Joan Brossa", que de certa forma recupera as ideias do prefácio a *Em va fer Joan Brossa* (SA, 124-5):

> Joan Brossa, poeta frugal,
> que só come tomate e pão,
> que sobre papel de estiva
> compõe versos a carvão,

---

[27] Barcelona, Cobalto, 1951, pp. 9-13. A tradução ao catalão é de Rafael Santos Torroella.

nas feiras de Barcelona,
Joan Brossa, poeta buscão,
as sete caras do dado,
as cinco patas do cão
antes buscava, Joan Brossa,
místico da aberração,
buscava encontrar nas feiras
sua poética sem-razão.
Mas porém como buscava
onde é o sol mais temporão,
pelo Clot, Hospitalet,
onde as vidas de artesão,
por bairros onde as semanas
sobram da vara do pão
e o horário é mais comprido
que fio de tecelão,
acabou vendo, Joan Brossa,
que os verbos do catalão
tinham coisas por detrás,
eram só palavras, não.
Agora os olhos, Joan Brossa
(sua trocada instalação),
voltou às coisas espessas
que a gravidez pesa ao chão
e escreveu um *Dragãozinho*
denso, de copa e fogão,
que combate as mercearias
com ênfase de dragão.

Como em "Fábula de Rafael Alberti", apresenta-se a trajetória de um poeta que parte da experiência surrealista — "poética sem-razão" — para a conquista de uma poesia com mais referências empíricas. Em um primeiro momento, Brossa procurou a fonte de sua obra no variado e popular mundo das feiras, resultando, por exemplo, em *Romancets del dragolí* (*Romancetes do dragãozinho*), escrita em 1948. Porém, em seu itinerário chegou aos bairros dos artesãos, onde não se estimula a imaginação e os sentidos, mas se assiste ao trabalho demorado e às dificuldades cotidianas. Após esse encontro, muda a concepção da linguagem, de "só palavras" a "coisas", o "caminho inverso" de "Fábula de Rafael Alberti". Aliás, este poema e "Fábula de Joan Brossa", além de se aproximarem pelo título, compartilham a imagem da palavra como *coisa*, cujo peso a impele ao "chão". Em lugar de mencionar *Em va fer Joan Brossa*, no qual definitivamente se impõe a nova etapa, Cabral prefere retomar o emblemático *Dragãozinho*, como se ele também tivesse se transformado, ao se mostrar mais prosaico e combativo.

AS ARTES DE BARCELONA

Em sua estada em Barcelona de 1947 a 1950, Cabral envolveu-se intensamente com o ambiente artístico, que vivia um período decisivo de renovação. O florescente mercado de arte atraiu o diplomata, que passou a adquirir quadros.[28]

Uma das figuras centrais foi o crítico e historiador de arte Rafael Santos Torroella, para quem Cabral apresentou a poesia brasileira, possibilitando-lhe a tradução dos modernistas e de Drummond ao espanhol.[29] Ele esteve à frente da editora Cobalto, que publicou uma revista especializada em arte, *Cobalto: Arte Antiguo y Moderno*. Também lançou estudos sobre Salvador Dalí, de Oriol Anguera (1948), e Joan Miró, de Juan Eduardo Cirlot (1949). Sob o selo *Cobalto 49*, organizou duas importantes exposições em 1949: uma de Miró e outra que se chamou *Un aspecto de la joven pintura: Tàpies, Cuixart, Ponç*.

[28] Ver carta a Manuel Bandeira sem data: "Aqui, tenho tido oportunidades fabulosas de comprar algumas pinturinhas", *in* Flora Süssekind (org.), *op. cit.*, p. 70.

[29] Carlos Drummond de Andrade, *Poemas*, Madri, Rialp, 1951; *Antología de la poesía brasileña*, Renato de Mendonça (org.), Madri, Ediciones Cultura Hispánica, 1952.

Entre várias tendências, irrompia um grande interesse pelo surrealismo. Cabral, depois de seu contato inicial com o movimento nas reproduções trazidas por Vicente do Rego Monteiro no Recife, via-o florescer sob seus olhos, levando-o a novas reflexões. Um exemplo do foco de atenção em Barcelona está no fascículo dedicado ao surrealismo na revista *Cobalto: Arte Antiguo y Moderno*, de 1948. Cabral também conheceu Juan Eduardo Cirlot (1916--1973), poeta e crítico de arte muito interessado no surrealismo, que logo integraria *Dau al Set*, grupo herdeiro, entre outros, da vanguarda francesa.

Além da tipografia, auxiliado por Enric Tormo, conviveu tanto com um pintor já consagrado, Joan Miró, quanto com os pintores em início de carreira Francisco García Vilella, Antoni Tàpies, Modest Cuixart e Joan Ponç. Essa atividade e relações produziram-se em um momento crucial da obra dele, ocupando o intervalo entre *Psicologia da composição* e *O cão sem plumas*. E o Cabral parcimonioso em seus textos críticos realizou um que vale por muitos, o ensaio sobre Miró, cuja complexidade deve ser melhor estudada à luz desse contexto.

Pouco tempo depois de ter chegado a Barcelona, a tipografia invadia o cotidiano de Cabral. Em carta de 3 de junho de 1947 — aliás, as missivas aos amigos nesse período são o melhor testemunho de suas atividades tipográficas — pedia a Drummond algum texto para ser editado:

> "Um médico aqui, na verdade, me receitou qualquer ocupação desse tipo, e como não posso quebrar pedra — há uma dignidade consular mínima — a solução teve de ser esta.
>
> Apesar de ser minha estreia na arte, espero que seu livro não ficará feio. Tenho quem me assista e estou disposto a só aproveitar os exemplares perfeitos. [...]
>
> Não falo de outras coisas [...] porque a perspectiva desses trabalhos me está tomando toda a atenção."[30]

[30] Flora Süssekind (org.), *op. cit.*, p. 220.

O trecho citado contém informações importantes. A recomendação médica refere-se à constante dor de cabeça que atormentava Cabral, que se submeteu a vários tratamentos. A tipografia, antes de mais nada, teria um efeito terapêutico. Mas não para por aí. O poeta refere-se à arte, de antiga tradição, que inclusive tomaria, por um momento, o espaço da poesia. A assistência — providencial, diga-se de passagem — veio de Enric Tormo i Freixas. Talvez tenham se conhecido por intermédio de Joan Brossa. Com trabalhos de edição desde o início da década de 40, Tormo colaborava com o grupo *Dau al Set*, como no número extraordinário — e belíssimo — de dezembro de 1949: texto de Brossa e ilustrações de Cuixart, Ponç e Tàpies sobre as fotos dos quatro realizadas por Tormo.

Ele ajudou Cabral a comprar as prensas, uma Minerva e uma Boston, e os instrumentos necessários, instalados em um cômodo do apartamento da rua Muntaner. O reconhecimento chegou com a dedicatória no primeiro livro editado de sua autoria, *Psicologia da composição*: "A Enric Tormo, Maestro, esta primeira incursão a seus domínios, J. Cabral de Melo, Barcelona, 23/11/48".

A entrega à confecção dos livros indica os impasses enfrentados na poesia, como desabafa a Clarice Lispector em carta de 8 de dezembro de 1948: "A tipografia continua me absorvendo. Gosto por ela ou fuga do desagradável ato de escrever? Os livros me encantam como objetos e me amedrontam como coisa a escrever".[31] Contudo, embora não escrevesse versos, é difícil pensar que o poeta, que vinha pautando sua produção sob o exemplo do engenheiro, da construção, transformado em artesão, não vinculasse a tipografia à poesia. Assim, o cuidado na escolha dos tipos e da sua disposição colocam-no materialmente na situação oposta à da criação aleatória, livre de qualquer rigor. Exigente, chegou inclusive a confessar que, nas primeiras tentativas, estragou "não sei quantas folhas sem obter a perfeição desejada".[32]

[31] *Correspondências: Clarice Lispector, op. cit.*, p. 184.

[32] Carta sem data a Manuel Bandeira, *in* Flora Süssekind (org.), *op. cit.*, p. 52.

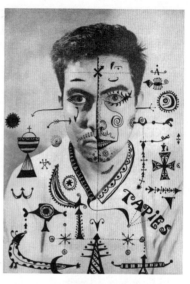
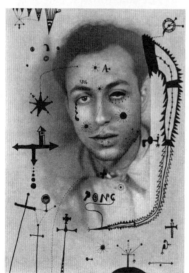
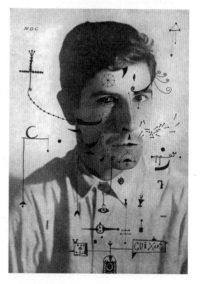

Joan Brossa, Antoni Tàpies, Joan Ponç e Modest Cuixart
em retratos realizados por Enric Tormo, com intervenções gráficas de
Tàpies, Ponç e Cuixart, para a revista *Dau al Set*, dezembro de 1949.

Por outro lado, a perfeição não implica sofisticação, pois suas impressões caracterizaram-se pela simplicidade. Embora desse o nome de "O Livro Inconsútil" ao selo, esclareceu que essa "palavra luxuosa esta aí tomada em seu sentido mais material: sem costura".[33] Avesso à ornamentação, manifestou-se "contra livros e capas ilustrados e, tanto quanto possível, pelo 'livro puro'".[34] No poema dedicado a Tormo, "Paisagem tipográfica", inserido em *Paisagens com figuras*, desenvolveu as qualidades de uma boa impressão (SA, 133):

> Nem como sabe ser seca
> Catalunha no Montblanc;
> nem é Catalunha Velha
> sóbria assim em Camprodón.
>
> A paisagem tipográfica
> de Enric Tormo, artesão,
> é ainda bem mais simples
> que a horizontal do Ampurdán:
>
> é ainda mais despojada
> do que a vila de Cervera,
> compacta, delimitada
> como bloco na galera.

A relação explícita entre tipografia e paisagem pode ainda comportar um terceiro termo, a poesia, cuja comparação com ações diversas está presente em outros poemas do mesmo *Paisagens com figuras* ("Alguns toureiros"). *Simples*, *despojada*, *compacta* e *delimitada* são atributos também trabalhados na poesia cabralina. Além disso, a identificação com o popular buscada na

---

[33] Carta a Vinicius de Moraes de 16/9/1949, Arquivo Museu de Literatura Brasileira, Fundação Casa Rui Barbosa, Rio de Janeiro.

[34] Carta a Manuel Bandeira de 5/11/1947, *in* Flora Süssekind (org.), *op. cit.*, p. 44.

Cabral em Barcelona

nova poesia encontraria sua correspondência com a origem humilde da tipografia (SA, 133-4):

> A paisagem tipográfica
> de Enric Tormo, impressor,
> é melhor localizada
> em vistas de arte menor:
>
> na pobre paginação
> de Terrasa e Sabadell,
> nas interlinhas estreitas
> das cidades do Vallés,
>
> nos bairros industriais
> com poucas margens em branco
> da Catalunha fabril
> composta em negro normando.
>
> Nas vilas em linhas retas
> feitas a componedor,
> nas vilas de vida estrita
> e impressas numa só cor
>
> (e onde às vezes se surpreende
> igreja fresca e românica,
> capitular que não quebra,
> o branco e preto da página)
>
> foi que achei a qualidade
> dos livros deste impressor
> e seu grave ascetismo
> de operário (não de Dom).

No verso final, cruzam-se os significados das palavras em relação à tipografia e, por extensão, da poesia: enquanto posição social, o trabalhador manual diferencia-se do tratamento dispen-

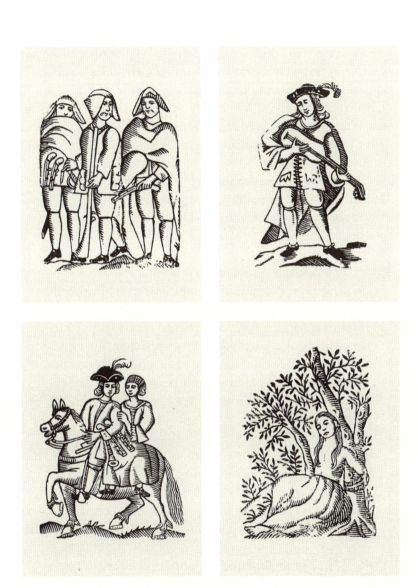

Estampas anônimas reproduzidas por Enric Tormo no artigo "Xilografia popular na Catalunha". João Cabral usou uma dessas gravuras na capa do livro *Sonets de Caruixa*, de Joan Brossa.

sado a reis e príncipes; se pensamos na tarefa em si, o esforço do artífice opõe-se ao presente da dádiva.

A perspectiva social da tipografia foi explorada por Tormo no pequeno texto "Xilografia popular na Catalunha", publicado no primeiro e único número da revista O *Cavalo de Todas as Cores*, em janeiro de 1950. A xilografia pertence a um momento anterior à tipografia, quando as imagens e textos reproduziam-se a partir de pranchas de madeira gravadas em relevo. Tormo identifica, por volta do século XV, um "problema na criação" devido à falta de artistas que produzam originais e à presença estrangeira (Alemanha e Itália), impondo que os gravadores copiem ou se inspirem nas xilogravuras importadas. Dois séculos mais tarde, no entanto, houve uma volta à gravura popular:

> "É nela que o verdadeiro gravador se livra do jugo do artista e se converte em seu próprio criador, simplifica sua gramática plástica e com o mínimo de recursos técnicos consegue expressar o poético sentido popular da arte. Há quem, equivocadamente, a tem chamado primitiva. Na verdade é um retorno; as experiências eram demasiado eruditas para resistir à perenidade de sua expressão, para chegar triunfante a este sentido primário e popular da arte."

Posteriormente, em 1963, depois das experiências de uma poesia mais comunicativa com O *rio* e *Morte e vida severina*, Cabral retomou o contato com as gravuras populares que acompanham folhetos de poesia popular ao apresentar o catálogo da exposição "Grabados populares del nordeste brasileño", em Madri:

> "[...] têm muito que ver tanto os interessados pela arte popular quanto os apreciadores da xilogravura: os primeiros, porque podem analisar a manifestação contemporânea de um gênero de arte popular que estavam obrigados a estudar em obras dos primeiros séculos da imprensa; e os segundos porque poderão apreciar, em

um gênero que parece ter chegado a extremos de gratuidade formalista, como aborda a madeira e resolve seus problemas o artista não refinado, o gravador direto do povo. E também têm muito o que ver nestas gravuras as pessoas que, não estando especialmente interessadas pela arte popular ou pela gravura em madeira, estão, simplesmente, pelo problema da expressão."[35]

Cabral considerava os livros impressos como "objetos" de fruição plástica, que caíram nas graças de Joan Miró: "[...] o que diz respeito ao lado plástico da coisa não me desagrada de todo (falo da paginação, da cortada, etc.; coisas que até agradaram francamente o Joan Miró. Aliás, o Miró está entusiasmado com o que se pode fazer em tipografia, e, quando, volte da França, onde foi por um mês, realizaremos alguns trabalhos juntos)".[36] O interesse de Miró pela impressão acompanhou-o durante sua carreira. Para um catálogo seu que seria impresso na França, sugeriu o "máximo de simplicidade e o *mínimo de espírito artístico*",[37] características que encontraria nos livros impressos por Cabral. Trabalhou a maquete de um livro de poemas seus "como se fosse um objeto plástico, pois assim será plástica poética ou poesia plástica".[38] Ao sonhar com um grande estúdio, revelou que "queria provar a escultura, a cerâmica, ter uma prensa".[39] Em 1944 realizou as litografias da série *Barcelona*, impressas por Tormo.

O editor suíço Gérard Cramer propôs em 1947 a Miró a ilustração de *À toute épreuve*, livro de poemas de Paul Éluard publicado em 1930. Nas cartas a Crémer, evidencia-se tanto a con-

---

[35] Zila Mamede, *op. cit.*, p. 124.

[36] Carta a Bandeira de 17/2/1948, *in* Flora Süssekind, *op. cit.*, p. 59.

[37] Carta a Pierre Matisse de 16/11/1936, *in* Joan Miró, *Escritos y conversaciones*, Margit Rowell (org.), Valência/Múrcia, Institut Valencià d'Art Modern/Colegio Oficial de Aparejadores y Arquitectos Técnicos de la Región de Murcia, 2002, p. 193.

[38] Carta a Pierre Matisse de 18/12/1936, *in idem, ibidem*, pp. 196-7.

[39] Texto de 1938, *in idem, ibidem*, p. 228.

fluência com as ideias do Cabral tipógrafo, quanto o fato de que tem como um dos prováveis modelos o "Livro Inconsútil" do amigo brasileiro: "[...] Fiz provas que me permitiram ver o que é *fazer* um livro, não ilustrá-lo, a ilustração sempre é algo secundário. O importante é que um livro tenha toda a dignidade de uma escultura talhada a mármore";[40] "Um livro deve se fazer com a exatidão e a precisão de uma máquina de relojoaria".[41]

Mais uma vez Tormo esteve ao lado de Miró, nas gravuras sobre madeira. A edição somente estaria finalizada em 1958. Durante o longo período de execução, ambos participaram da confecção do ensaio de Cabral sobre Miró. Metade do formato de *À toute épreuve* — aproveitando-se inclusive do mesmo papel —, a edição de 1950 contou com a realização tipográfica de Tormo e duas xilogravuras coloridas de Miró.[42]

Resta comentar como se posicionou Cabral na escolha dos títulos para sua prensa. Por um lado, optou pela divulgação da poesia moderna brasileira na Espanha: Manuel Bandeira, Joaquim Cardozo, Vinicius de Moraes, Murilo Mendes, Cecília Meireles e Carlos Drummond de Andrade. Por outro, o número de espanhóis foi mais reduzido. Além do amigo Brossa, que se tornaria um clássico da poesia catalã, imprimiu outros três poetas. Juan Ruiz Calonja, depois de sua estreia com *Alma a la luna* (1948), não prosseguiu na carreira literária. *El poeta conmemorativo: doce sonetos homenaje* é apenas um título da vasta obra de Juan Eduardo Cirlot. Vale a pena deter-se um pouco em Alfonso Pintó (1924). O "inconsútil" *Corazón en la tierra* (1948) é seu primeiro livro de poemas. Manteve laços com a poesia brasileira ao traduzir a *Antología de poetas brasileños de ahora* e *Cobra Norato e outros poemas* (1954), de Raul Bopp, este sob o selo *Dau al Set* e vinheta da capa de Miró.[43] Mereceu *Corazón en la tierra* uma nota de Jo-

[40] Carta de 10/6/1948, *in idem, ibidem*, p. 299.

[41] Carta de 2/10/1949, *in idem, ibidem*, p. 300.

[42] Entrevista com Enric Tormo em fevereiro de 2005.

[43] Como esclarece nota editorial a essa edição, Pintó ainda traduziu Ma-

João Cabral e Joan Prats (de cachimbo) acompanhando Miró na impressão da capa do livro *Joan Miró*, de 1950.

sé Luis Cano no prestigioso periódico *Ínsula*, em 15 de novembro de 1948:

> "Este poema de Alfonso Pintó — poema suficientemente extenso para formar um livrinho — tem um título muito de pós-guerra espanhola. Os dois termos que o integram — coração, terra — nos falam dessa volta aos conceitos poéticos elementares um tanto esquecidos pela poesia abstrata e desumanizada de outros tempos: a poesia chamada pura. Poderíamos dizer que este poema de Alfonso Pintó está mais próximo de uma poesia impura, tomando esta palavra no sentido que Neruda lhe deu em sua revista *Caballo Verde*, ou seja, uma poesia que arrasta materiais humanos de todo tipo, e que faz seu o dito de Terêncio: *Nada do que seja humano me é estranho*. Isto quanto ao fundo, pois quanto à forma, Pintó assimilou em seu poema as conquistas do surrealismo, e me parece evidente que sua técnica se assemelha à de um livro muito significativo de nossa melhor poesia surrealista. Aludo a *Espadas como labios*, de Vicente Aleixandre."

O parecer de Cano justifica as afinidades de Cabral com a obra, pois, nessa altura, defendia que a arte de vanguarda deveria ter um compromisso político ou social. O crítico encerra o seu texto chamando a atenção para o aspecto material do livro, na maioria das vezes não levado em consideração: "Digamos finalmente que a edição é bela, e demos as boas-vindas a estas edições de O Livro Inconsútil que dirige em Barcelona João Cabral de Melo, que deposita nelas fino gosto tipográfico e um sentido certeiro do que deve ser a edição poética".[44]

---

nuel Bandeira (*Manantial: Cuadernos de Poesía y Crítica*, entrega sexta, Melilla, 1951) e Jorge de Lima, Adalgisa Nery e Cassiano Ricardo (*Poesía Española*, nº 16, Madri, abr. 1953).

[44] *Ínsula*, ano III, nº 35, Madri, 15/11/1948, p. 5.

Ofuscado pela figura de Miró e pelos integrantes do *Dau al Set*, o pintor Francisco García Vilella (1922-2001) também faz parte do elenco das amizades de Cabral no mundo das artes plásticas em Barcelona. Embora não tenha deixado escritos a seu respeito, o diplomata brasileiro reconheceu nele um grande artista, incentivando-o com suas ideias e propostas.

Cabral e Vilella conheciam-se pelo menos desde 23 de outubro de 1947, data da dedicatória em exemplar de *O engenheiro*.[45] Provavelmente Cabral impressionou-se pelas cores vibrantes dos quadros ligados à tauromaquia, como *Torero* (1946) e *La corrida* (1947). Logo incumbiu Vilella de um trabalho. Ao que tudo indica, viu-se obrigado a imprimir as traduções de poemas de Baudelaire feitas por Osório Dutra (1889-1968), a fim de agradar o "chefe", o cônsul-geral de Barcelona. Dutra ainda cultivava versos ao estilo parnasiano, tendo obtido o prêmio de poesia da Academia Brasileira de Letras em 1929. Para acompanhar a edição, solicitou 11 desenhos a Vilella, como explica em carta a Bandeira de 20 de julho de 1948: "[...] quanto ao do Osório é um livro com ilustrações de um pintor daqui, o mais contrário à mentalidade bem-pensante do nosso homem. Foi essa uma molecagem que lhe armei. Como sabia que teria de publicar um livro dele, arranjei-lhe a camisa de onze varas dessas ilustrações, com as quais, por outro lado, fiz com que esse pintor meu amigo ganhasse algum dinheiro. Sou contra os livros ilustrados, mas o prazer da molecagem me fez esquecer o bom gosto".[46]

O formato de *Cores, perfumes e sons* é maior (28 x 21 cm) em comparação aos demais de O Livro Inconsútil (14 x 21 cm, em geral); cada ilustração ocupa uma folha solta, tornando-se independentes do texto: homens e mulheres de corpos alongados e distorcidos em uma atmosfera fantástica, como em outras composições do pintor, quase todos nus, expressando um erotismo latente.

---

[45] "A Garcia Vilella, cordialmente, 27/10/47 João Cabral de Melo Neto", *O engenheiro*, Rio de Janeiro, Amigos da Poesia, 1945, Acervo Francisco García Vilella.

[46] Flora Süssekind (org.), *op. cit.*, p. 87.

Cabral em Barcelona

O ano de 1949 foi movimentado para Vilella. Além de três exposições, estampou-se um desenho seu de feição surrealista no número de julho-agosto-setembro de *Dau al Set*, no qual também saíram as traduções dos poemas de Cabral por Brossa. Apesar dessa concessão ao grupo de vanguarda, a obra de Vilella mantinha características próprias, como ressaltou Sebastià Gasch por ocasião da presença do pintor no II Ciclo Experimental de Arte Nova, desse ano: "[...] após o cubismo que degenerou em decorativismo, após o surrealismo que caiu na ilustração, pertence à geração da angústia e da amargura, é um reflexo do clima desolado e amargo da pós-guerra".[47] Acrescenta que Vilella possui duas "qualidades ibéricas" que o impedem de entrar na abstração ou na literatura: a preferência pelo humano e o contato com a terra, mesmo que a fantasia e a imaginação tenham papel importante em sua obra. Tais características "ibéricas" impressionaram Cabral, que também as havia identificado na poesia espanhola.

Assim como fez com os participantes de *Dau al Set*, discutiu ideias marxistas com Vilella, que passou a se preocupar com a mensagem social de sua pintura. A leitura de *O cão sem plumas*, a ele oferecido por Cabral em agosto de 1950,[48] talvez tenha contribuído à reflexão de Vilella. Suas telas desse momento incorporam os protestos operários e a repressão franquista, como *La vaga de tramvies* [A greve dos bondes], de 1951, no qual, sem abandonar a técnica moderna, representa o dramático embate entre os manifestantes e a polícia ocorrido em Barcelona.

Cabral também pediu a colaboração de Vilella para ilustrar a capa do único número de *O Cavalo de Todas as Cores*, de 1950; o preto do cavalo oculta todas as cores, mas mostra um aspecto fantástico: asas, chifre, garras e uma espécie de labareda solta pela boca. Poeta e pintor ainda se cruzaram no volume *Em va fer Joan Brossa*, de 1951: Cabral assinou o prefácio e Vilella desenhou o

---

[47] Arnau Puig *et alii.*, *García Vilella*, Barcelona, Ámbit, 2004, p. 139.

[48] "Ao García Vilella, lembrança de João Cabral de Melo Neto Barcelona, VIII 1950", *O cão sem plumas*, Barcelona, O Livro Inconsútil, 1950, Acervo Francisco García Vilella.

Livro de Joan Brossa publicado pela prensa de João Cabral, O Livro Inconsútil, em 1949, e o selo do editor.

Ilustração de Francisco García Vilella encomendada por João Cabral para uma edição de poemas de Baudelaire traduzidas pelo cônsul-geral brasileiro na Espanha, Osório Dutra, em 1948.

símbolo da coleção de poesia "La calle desierta", dirigida por Rafael Santos Torroella.

Depois de nove meses em Nova York, Miró retornou a Barcelona em outubro de 1947, permanecendo ali até sua mudança a Palma de Mallorca em 1956. Segundo Cabral, o primeiro contato surgiu de uma encomenda de um quadro para um primo, José Carneiro Leão, por intermédio do pintor Ramón Rogent.[49] Logo se tornaram amigos: Miró, já reconhecido internacionalmente, no restrito círculo de apreciadores de arte moderna da Barcelona daquele momento, pôde identificar, no jovem poeta diplomata, um interlocutor. A poesia também foi um ponto em comum entre os dois. Além de ter convivido com poetas em suas estadas parisienses, Miró, assíduo leitor, foi "poeta bissexto".[50] Chegou a emprestar a Cabral *Paroles*, de Jacques Prévert.[51]

O encontro deu-se em etapas cruciais das trajetórias de Miró e de Cabral. O convulso período da Guerra Civil Espanhola e da Segunda Guerra Mundial interferira no trabalho de Miró. Nesses anos de intensa reflexão, não pintou quadros, mas praticou no desenho formas, traços e signos que constituiriam sua futura iconografia. Voltando a pintar em 1944, consolidou sua linguagem pictórica por volta de 1946. Realizou quinze pinturas do final de 1947 ao começo de 1948, quando Cabral seguramente frequentava seu ateliê. Entre 1949 e 1950, as atividades, além de mais de cinquenta pinturas, incluíam desenhos, esculturas, estampas, livros etc. Cabral teve o privilégio de acompanhar de perto essa efervescência da maturidade de Miró. Atraiu-se pelos variados objetos que o artista colecionava para aproveitar em suas obras: "Atualmente, esse problema da possibilidade de expressão pessoal numa seleção me obceca. Ainda há pouco tempo, reconheci toda a pintura de Miró, ou melhor, seu mundo, num pequeno museu que ele

[49] Entrevista de 1993, *in* Félix de Athayde (org.), *op. cit.*, p. 131.

[50] Ver "18. Un cuaderno de poemas, 1936-1939", "19. Poema, 1937", "41. Poema, 1960" e "49. Poemas, 1972 y 1976", *in* Joan Miró, *op. cit.*

[51] Carta a Bandeira de 3/12/1949, *in* Flora Süssekind (org.), *op. cit.*, p. 114.

tem em casa, e onde agrupa desde esculturas populares até pedras achadas ao acaso na praia, pedaços de ferro-velho com uma ferrugem especial etc. É impressionante como tudo aquilo é Miró".[52] Em sua obra posterior, promoveria uma apurada "seleção" de palavras, de temas, chegando mesmo a formar um *Museu de tudo.* Enquanto isso, terminara *Psicologia da composição*, atingindo um ponto extremo no processo de construção e reflexão da poesia, como detalhou em carta a Clarice Lispector:

"De certo modo é este o primeiro livro que consigo fazer com alguma honestidade para com minhas ideias sobre poesia. É um livro construidíssimo; não só no sentido comum, i. é, no sentido que trabalhei muitíssimo nele, como num outro sentido também, mais importante para mim: é um livro que nasceu de fora para dentro. Quero dizer: a construção não é nele a modelagem de uma substância que eu antes expeli, i. é, não é um trabalho posterior ao material, como correntemente; mas pelo contrário é a própria determinante do material. Quero dizer que primeiro o planejei, abstratamente, procurando depois, nos dicionários, aqui e ali, com que encher tal esboço. O que eu fiz me lembra aquela máquina que há nas ruas do Rio, que serve para fazer algodão de açúcar. Você a olha, no começo e só vê uma roda girando, depois, uma tênue nuvem de açúcar se vai concretizando em torno da roda e termina por ser algodão. A imagem me serve para dizer isso: que primeiro a roda, i. é, o trabalho de construção; o material — que é a inspiração, o soprado pelo Espírito Santo, o humano etc. — vem depois: é menos importante e apenas existe para que o outro não fique rodando no vazio (prazer individual, mas sem justificação social, imprescindível numa arte que lida com coisa essencialmente social, como a palavra)."[53]

[52] Carta a Bandeira de 17/2/1948, *in idem, ibidem*, p. 60.

[53] *Correspondências: Clarice Lispector, op. cit.*, p. 182.

Cabral em Barcelona

O intelectualismo de Cabral isolava-o em relação à tradição lírica luso-brasileira. Embora houvesse descoberto a poesia espanhola, seus efeitos mais diretos somente se fariam notar em sua obra a partir da década de 50, mais precisamente com *O rio*. Dessa maneira, experimentou o impasse em prosseguir uma poesia que privilegiasse o "construir" em lugar do "humano", ou ainda, da "justificação social", a qual, nesses anos, cada vez mais o preocuparia, levando a uma situação de comprometimento. Por outro lado, corria-se o risco de haver encontrado uma fórmula. Faltava-lhe, portanto, um referencial para questões que a literatura ainda não era capaz de solucionar integralmente. A pintura de Miró, ao trabalhar tanto com cores e formas quanto com os mais variados materiais, apresentou-se a Cabral como um campo ideal para refletir sua própria poesia. Nada melhor do que se voltar para um "tão unicamente pintor, ou pintor tão pouco literário" (P, 41).

Paralelamente à tipografia, Cabral interessava-se muito pelo processo de construção artística, não como algo espontâneo e gratuito ou sujeito a leis prévias, mas fruto de um árduo trabalho, identificando-o, mais de uma vez, com a figura do artesão. Na mesma carta que descreve a Bandeira o ateliê de Miró, sugere ao amigo uma confissão de seu modo de escrever poesia com o objetivo de "fazer nossos melhores poetas falarem de si mesmo em termos artesanais" para uma revista que não chegou a editar.[54] De todos os modos, testemunhou o processo de elaboração de uma obra de arte. Em lugar de colher um depoimento, ele resolveu compor um texto analisando como um pintor faz seus quadros. Sob esse ponto de vista, *Joan Miró* pode ser tomado como um desenvolvimento de *Psicologia da composição*, cuja discussão prosseguiria na palestra "Poesia e composição: a inspiração e o trabalho de arte", de 1952; inclusive um dos segmentos do livro de 1950 intitula-se "Psicologia da sua composição".

A própria execução foi árdua, verdadeira "gestação", consumindo nove meses, de outubro de 1948 a junho de 1949. Desde o começo enfrentou desafios: "Atualmente me preocupa mais um es-

---

[54] Flora Süssekind (org.), *op. cit.*, p. 61.

tudo sobre Miró, que estou escrevendo... com ódio. Com ódio pela prosa e pela técnica da crítica".[55] Em carta de 8 de dezembro de 1948 a Clarice Lispector, desabafa: "Há uns dois meses comecei como um leão um pequeno livro sobre o pintor Miró, hoje arrinconado num lugar qualquer e do qual procuro me esquecer".[56] Por fim, encerrou-o, esgotado: "Terminei, afinal!, o meu ensaio sobre Miró e ele me preocupou tanto que os dois meses que seguiram ao ponto final foram para mim meses de vazio. Sentia-me chupado".[57] Mas a opinião favorável de Miró compensou o esforço, pois o pintor recebeu com "absoluta indiferença" livros franceses e espanhóis publicados sobre ele naqueles anos, entre os quais o de Juan Eduardo Cirlot, de 1949.

Dividido em duas partes — "técnica" e "psicológica"[58] —, com um P.S. ao final, o texto é extremamente organizado e didático: cada parte encontra-se subdividida, respectivamente, em 21 e 17 segmentos, cujos títulos aparecem à margem, como as indicações de "Fábula de Anfion" e *O cão sem plumas*. A proximidade dos assuntos ainda propõe mais uma organização, ao se dar um espaço entre três séries de segmentos de cada parte. Assim, podemos apresentar a estrutura do livro:

I

"As pinturas pré-renascentistas", "A criação da pintura", "Terceira dimensão e estatismo", "Compor como equilibrar", "Mais sobre o equilíbrio", "O estatismo como estilo" (1ª série)

"Miró contra a pintura", "Miró e seus contemporâneos", "Sua história: abandono da terceira dimensão", "Sua história: uma composição descontínua", "Sua história: ainda o descontínuo",

---

[55] Carta a Drummond de 9/10/1948, *idem*, *ibidem*, p. 228.

[56] *Correspondências: Clarice Lispector*, *op. cit.*, p. 184.

[57] Carta a Bandeira de 15/9/1949, *in* Flora Süssekind (org.), *op. cit.*, p. 228.

[58] Termos de Cabral em carta a Bandeira de 15/9/1949, *idem*, *ibidem*, p. 104.

Cabral em Barcelona

"Sua história: o objeto e a moldura", "Sua história: o falso dinamismo" (2ª série)

"Miró não-gramatical", "Miró antigramatical", "Aparece o dinamismo", "O que é o dinamismo de Miró", "Importância da linha", "A linha na estrutura estática", "A linha na pintura de Miró", "O segredo de sua linha" (3ª série)

II

"Quando a estrutura foi pesquisa", "Quando a estrutura foi gramática", "Quando estrutura é instinto", "A estrutura inalterável", "Porquê da estrutura inalterável" (1ª série)

"Psicologia de sua composição", "O gosto pelo fazer", "O fazer como ponto de partida" (2ª série)

"Miró e o surrealismo", "Entendimento do surrealismo", "Ainda o surrealismo", "Continua a psicologia de sua composição", "Intelectualismo de Miró", "Ainda seu intelectualismo", "Um rigor sempre mais agudo", "Criar como inventar" (3ª série)

Apenas por esse roteiro, impressiona a precisão e a desenvoltura de um Cabral que praticamente não se expressou em textos de crítica de arte. Além disso, tirou proveito da convivência com Miró, pois aqui e ali podemos descobrir as ideias do pintor oportunamente incorporadas.

Na parte I, o que denominamos "1ª série" é uma introdução que contextualiza a obra de Miró na arte ocidental, cujo marco é o Renascimento, quando são estabelecidas as leis da pintura. Vale-se da pré-história e da arte românica para exemplificar que o objeto representado estava "solto no espaço", não limitado pela superfície. Miró, como será demonstrado no decorrer do ensaio, recuperou a liberdade da figura na tela, tendo reconhecido em várias ocasiões aquelas manifestações como ideais: "Minhas escolas de pintura favoritas são as mais distantes no tempo quanto for possível: os pintores rupestres, os primitivos. O Renascimento não tem o mesmo interesse para mim".[59] Um pouco mais tarde, será a vez

[59] Entrevista de 1947-48, *in* Joan Miró, *op. cit.*, p. 288.

de Cabral buscar na poesia espanhola anterior ao século XVI o redirecionamento de sua poética.

Como princípio norteador da pintura a partir do Renascimento, impõe-se a ilusão da profundidade do ambiente em que o objeto se localiza, a "terceira dimensão", condicionando o espectador a fixar seu olhar em um ponto. "Estatismo" e "dinamismo" são termos contrários que conduzem a tese da primeira parte do texto. Da situação de "estatismo" derivou a noção de "equilíbrio", que constitui a beleza da obra de arte. Cabral introduz a primeira menção à literatura com Baudelaire, poeta e também crítico de arte, o qual, dando início à modernidade na poesia, procurou subverter esse conceito de beleza. Como não podemos nos esquecer que antes de mais nada é um poeta que está escrevendo sobre pintura, é provável que em suas considerações estivesse pensando na poesia da Geração de 45, julgada posteriormente na série de artigos de 1952: "[...] marcada pelo desejo de construir um tipo de universo que, depurado da realidade, habitasse uma dimensão de serenidade e afastamento do ambiente. Ideia de beleza que ainda é nossa, embora já não seja *a nossa* (e por isso, à palavra beleza preferimos *poesia* — com seu sentido extraído não sei de que perturbadora atmosfera metafísica)" (P, 21).

Na 2ª série da Parte I, percorre-se a trajetória de Miró em busca do "dinamismo" perdido pela pintura, "sua história", ao realizar o caminho contrário feito até a conquista da terceira dimensão. Como primeiro passo, o abandono da ilusão da profundidade e da exigência do centro do quadro implica na perda da "hierarquização de elementos": "À ideia da subordinação de elementos a um ponto de interesse, ele substitui um tipo de composição em que todos os elementos merecem igual destaque. Nesse tipo de composição não há um elemento dominante, mas uma série de dominantes, que se propõem simultaneamente, pedindo do espectador uma série de *fixações* sucessivas, em cada uma das quais lhe é dado um setor do quadro" (P, 24). Se substituirmos as palavras "espectador" e "quadro" respectivamente por "leitor" e "poema", poderíamos transferir essa passagem para a fortuna crítica da obra cabralina. Interrompido pelo discurso narrativo de *O rio* e *Morte e vida severina*, desde "Psicologia da composição" e "Antiode" verificamos o predomínio de uma "série de dominantes", ou melhor, do longo poema dividido em "setores", identificados geralmente por números ou letras. A bailarina de flamenco ou a cabra, por exemplo, não são vistos em função de um "elemento dominante", mas sim por imagens a princípio desconexas do tema, o qual, para ser reconstituído, requer que o leitor as acompanhe. Assim como Miró conseguiu "quadros inscritos num quadro", Cabral obteve "poemas inscritos no poema"; ambos desintegraram a unidade do quadro e do poema, conquistando um "dinamismo" sem perder o controle da composição.[60]

Na Parte II de *Joan Miró*, Cabral explora a tese do artista consciente, "fabricante", que ia ao encontro das suas aspirações poéticas. Como realizara em *Psicologia da composição*, o pintor também "valorizava o fazer": "[...] o quadro, para Miró, é um pretexto para o fazer. Miró não pinta quadros. Miró pinta" (P, 39). No segmento já mencionado, "Psicologia da sua composição", ponto nevrálgico do ensaio, a atitude de Miró recusa uma prática artística rotineira, também receada por Cabral: "[...] luta permanente, no trabalho do pintor, para limpar seu olho do visto e sua mão do automático. Para colocar-se numa situação de pureza e liberdade diante do hábito e da habilidade" (P, 38).

Para reforçar ainda mais seu ponto de vista de que a liberdade não implica perda do controle da construção, dedica três segmentos (3ª série) para avaliar a posição de Miró frente ao surrealismo.

---

[60] Alfredo Bosi, no ensaio *"Fora sem dentro?* Em torno de um poema de João Cabral de Melo Neto" — uma pertinente análise das possíveis relações entre o texto crítico e a prática poética — ao se deter na figura do cassaco em "Na festa da casa-grande" de *Dois parlamentos*, apresenta um procedimento que o poeta pode ter aprendido do pintor: "O efeito de unidade figural, da Gestalt, na acepção de coerência dos significantes, será construído paulatinamente pelo olho do leitor atento às partes consecutivas, às vezes parecidas entre si, às vezes contrastantes, pois a estrutura da superfície não é dada como uma totalidade redonda que o olho possa abarcar de relance, do centro à margem. A razão interna do texto é serial, fabricante de microestruturas novas, pontuais. É assim que o dentro olha para fora", *Estudos Avançados*, vol. XVIII, nº 50, São Paulo, IEA, 2004, p. 202.

O próprio Miró se insurgiu contra uma etiqueta de "surrealista": "Mas eu, antes de tudo e sobretudo, quero conservar minha independência rigorosa, absoluta, total. Observo que o surrealismo é uma manifestação sumamente interessante do espírito, um valor positivo; mas não quero seguir suas rigorosas disciplinas".[61] Mesmo a pintura automática, ou seja, tudo o que se constituía um princípio artístico, parecia-lhe uma "rigorosa disciplina". Quanto a Cabral, a insistência no surrealismo — um dos segmentos intitula-se "Ainda o surrealismo" — não é meramente analítica; outra vez serve-se do pintor para poder falar do poeta. Como Miró, provavelmente reconhecia sua importância de revelar um "fundo existente no homem por debaixo da crosta de hábitos sociais adquiridos, onde eles localizavam o mais puro e pessoal da personalidade" (P, 40-1). Por outro lado, Miró e Cabral não se entregaram à pintura ou à escrita automática, totalmente divergentes em relação à lucidez da invenção. Cabral assim encerrava suas dívidas para com o surrealismo. Um de seus últimos vestígios viria em *O cão sem plumas*, onde aparece uma pictórica "mulher febril que habita as ostras", da qual "seguramente" sabia o rio.

A correlação pintura-poesia aflora no segmento "Um rigor sempre mais agudo", espécie de meta: "Não há, como no trabalho de certos poetas, o equivalente daquela primeira palavra, fecunda de associações e desenvolvimentos, que contém em si todo o poema. A luta, aqui, se dá na passagem de uma a outra palavra e se uma dessas palavras conduz a uma outra, em lugar de aceitá-la em nome do impulso que a trouxe, essa consciência lúcida a julga, e ainda com mais rigor, precisamente por sua origem obscura" (P, 45). Finalmente o poeta trai o crítico de arte: Cabral deixa por um momento Miró para defender sua poesia.

O texto termina com uma questão em aberto: "A descoberta desse território livre, onde a vida é instável e difícil, onde o direito de permanecer um minuto tem de ser duramente conseguido e essa permanência continuamente assegurada, não tem uma importância psicológica em si, independente do que no campo da arte

---

[61] Entrevista de 1931, *in* Joan Miró, *op. cit.*, p. 176.

ela pudesse ter produzido?" (P, 47). Para sua situação, Cabral logo responderia que não, já que lhe faltava também o "tema dos homens".

No P.S., conclusão que se revela como ponto de partida para os novos rumos da poesia cabralina, remonta à primeira fase da pintura mironiana, mais figurativa, cuja simplificação gradativa justificaria a luta do pintor por se libertar de todo um sistema: "Explica, por exemplo, por que este homem, em cujos começos se notava tão grande amor à realidade, e em quem se nota, ainda hoje, tão desmedido amor por esse outro tipo de realidade — os materiais humildes de sua arte, dos quais sempre parte — foi levado a um ponto extremo de estilização, de abstração" (P, 48). Procura, assim, descartar a vinculação de Miró com a arte abstrata: "De certa maneira, se pode dizer que o abstrato está nos dois polos do trabalho de representação da realidade. É abstrato o que apenas se balbucia, aquilo a que não se chega a dar forma, e abstrato o que se elabora ao infinito, aquilo a que se chega a elaborar tão absolutamente que a realidade que podia conter se faz transparente e desaparece. No primeiro caso, a figura é abstrata por ininteligível; no segundo, por disfarçada. No primeiro, se permanece aquém da realidade; no segundo, se nega a realidade" (P, 48).

A luta de Miró em resgatar uma nova dinâmica para o quadro salvaria sua obra de ser considerada um formalismo a mais. Ao compartilhar com o pintor a aversão ao automatismo surrealista e ao abstracionismo, Cabral estaria chegando ao cerne da sua poética da maturidade: o trabalho artístico aliado à perspectiva humana. A respeito de suas objeções em relação ao formalismo, é importante retomar o prólogo ao livro *Em va fer Joan Brossa* (1951), no qual se apoia nos paralelos entre literatura e pintura: "O fato primordial é saber que objeto vai ser pintado, que objeto é digno de ser pintado". Para explicar que o "tema dos homens" não é uma questão de forma mas de assunto, recorre ao exemplo de uma maçã em uma bandeja pintada academicamente, apresentando-o na mesma condição da pintura abstrata: "Da maçã aos simples círculos amarelos e vermelhos de um quadro abstrato, o ponto é mínimo. Vai ser o abandono da dignidade, ou seja, da importância huma-

João Cabral e Miró em Montjuïc, Barcelona, 1948.

na (para os homens) dos assuntos, o longo caminho que vai fazer desembocar os artistas em uma arte que nega radicalmente o assunto. De fato, a importância, para os homens, de um quadro com uma bandeja de maçãs e de um quadro com círculos de cor é absolutamente a mesma. Em certo sentido, quando a pintura vai descer até a natureza-morta, ao nu, à paisagem de tabique, vai começar a se tornar abstrata".

Ainda nesse 1951, em resposta a uma carta em que Bandeira queixava-se de estar velho para compreender o abstracionismo nas artes plásticas, manifestou-se contrário a essa corrente:

> "Mas você com sua autoridade podia muito bem tomar a frente de um movimento de denúncia do abstracionismo em pintura, de seu equivalente atonalismo em música e do neoparnasianismo-esteticismo da Geração de 45. Eu namorei essas coisas quando estive no Brasil. E quando vim para a Europa compreendi o que havia por debaixo de tudo isso e o trágico que é para nós brasileiros nos entregarmos a todos esses requintes intelectuais. Porque da Europa é que pude descobrir como o Brasil é pobre e miserável. Isto é: depois de ver o que é a miséria europeia — enorme na Espanha, Portugal, dura na França, na Inglaterra — acho que é preciso inventar outra palavra para a nossa, cem vezes mais forte. Por tudo isso ser abstrato é trágico e ridículo para um brasileiro."[62]

Em *Psicologia da composição*, atingira, usando as mesmas palavras ao se referir a Miró, um "ponto extremo de estilização, de abstração". Para Miró, "seguro de sua mecânica", não havia necessidade de retornar a um "assunto e uma pintura mais largamente humana". Mas Cabral ainda não estava totalmente "seguro de sua mecânica". Os ensinamentos do pintor chegariam por

---

[62] Flora Süssekind (org.), *op. cit.*, pp. 145-6.

outra perspectiva, não apenas a da pintura, mas também a da paisagem. Vale lembrar que os dois artistas se sentiam vinculados a determinadas regiões de seus países, Catalunha e Nordeste. Miró, da capital Barcelona, elegeu a paisagem rural de Montroig, na província de Tarragona, a qual pode ter sido o início da volta de Cabral à capital Recife e ao interior de Pernambuco.

Muitas vezes o pernambucano acompanhou o catalão em sua propriedade de Montroig. Nas notas de trabalho de 1940-41, o pintor descreve a mudança de sua pintura a partir do lugar do qual via a paisagem:

> "Ao vir de novo a Montroig e fazer uma revisão de minha obra, esta me pareceu uma coisa muito forte e filha deste lugar. Ao ver a paisagem da *masía*,[63] com estes planos tão grandiosamente simples, me dá a razão de muitos de meus trabalhos, simples, grandiosos e brutais; [...] Ao contrário, subindo à ermida de La Roca e ver as imensidades de terreno com oliveiras, árvores, charcos redondos e quadrados, a terra lavrada, toda esta riqueza de detalhes me coloca em cheio em minhas realizações atuais; o que faz vinte anos eu amava e previa sem chegar a plasmar, o faço agora."[64]

A simplificação da paisagem e dos objetos era obtida pela distância da qual a contemplava, com a perda dos detalhes. A experiência reveladora da altura seria retomada por Cabral no poema "Campo de Tarragona", de *Paisagens com figuras* (SA, 127):

> Do alto da torre quadrada
> da casa de En Joan Miró
> o campo de Tarragona
> é mapa de uma só cor.

[63] Casa de campo na Catalunha.

[64] Joan Miró, *op. cit.*, p. 260.

Cabral em Barcelona

É a terra de Catalunha
terra de verdes antigos,
penteada de avelã,
oliveiras, vinha, trigo.

No campo de Tarragona
dá-se sem guardar desvãos:
como planta de engenheiro
ou sala de cirurgião.

No campo de Tarragona
(campo ou mapa o que se vê?)
a face da Catalunha
é mais clássica de ler.

Podeis decifrar as vilas,
constelação matemática,
que o sol vai acendendo
por sobre o verde de mapa.

Podeis lê-las na planície
como em carta geográfica,
com seus volumes que ao sol,
têm agudeza de lâmina,

podeis vê-las, recortadas,
com as torres oitavadas
de suas igrejas pardas,
igrejas, mas calculadas.
[...]

Cabral investe por uma paisagem "cultivada", podendo ser lida à maneira de um mapa. Paisagem "sem mistérios", na qual as vilas mostram-se como "constelação matemática" e as igrejas, "calculadas", aproximando-se das pinturas detalhistas do primeiro Miró: *Montroig, a igreja e o povoado*, de 1919, pode ser um bom exemplo, ao revelar em um primeiro plano os campos lavrados — contando inclusive com um trabalhador — e, ao fundo, as construções.

Porém, quando se passa ao seu contraponto pernambucano, do "Alto do Trapuá" avista-se uma paisagem totalmente distinta, longe de ser "clássica" (SA, 134-5):

> [...]
> Se se olha para o oeste,
> onde começa o Agreste,
> se vê o algodão que exorbita
> sua cabeleira encardida,
> a mamona, de mais altura,
> que amadurece, feia e hirsuta,
> o abacaxi, entre sabres metálicos,
> o agave, às vezes fálico,
> a palmatória bem estruturada,
> e a mandioca sempre em parada
> na paisagem que o mato prolixo
> completa sem qualquer ritmo,
> e tudo entre cercas de avelós
> que mordem com leite feroz
> e ali estão, cão ou alcaide,
> para defesa da propriedade.

Enfim, o olhar se depara com o homem da região; o que na pintura de Miró se recortava nítido na força do trabalho, no poema de Cabral confunde-se com as outras espécies vegetais (SA, 135-6):

> Porém se a flora varia
> segundo o lado que se espia
> uma espécie há, sempre a mesma,
> de qualquer lado que esteja.
> É uma espécie bem estranha:
> tem algo de aparência humana,

mas seu torpor de vegetal
é mais da história natural.
[...]
Apesar do pouco que vinga,
não é uma espécie extinta
e multiplica-se até regularmente.
Mas é uma espécie indigente,
é a planta mais franzina
no ambiente de rapina,
e como o coqueiro, consuntivo,
é difícil na região seu cultivo.

O poeta, a essa altura, saíra da ameaça de um excesso de intelectualismo, tendo incorporado o drama da miséria humana.

Mas os olhares do pintor e do poeta abarcariam paragens mais altas. Em entrevista de 1959, Miró disse gostar do "mundo visto de um avião": "Devo uma das maiores emoções de minha vida ao sobrevoar Washington, de noite. Vista de um avião, de noite, a cidade é uma maravilha. E depois, de um avião se vê tudo. Um pequeno personagem, inclusive um cachorro muito pequeno, se vê. E isso adquire uma importância enorme, como uma ou duas luzes de camponeses numa escuridão absoluta, durante um voo noturno por cima do campo".[65] Para dois artistas que estiveram em grande sintonia são permitidas as coincidências. Nesse 1959, Cabral terminava *Quaderna*, que contém o poema "De um avião", de fortes sugestões pictóricas. Conforme ultrapassa os círculos da distância da terra, percebe-se a conhecida paisagem recifense como pintura de vanguarda (SA, 211):

Uma paisagem mais serena,
mais estruturada, se avista:
    todas, de um avião,
    são de mapa ou cubistas.

[65] Joan Miró, *op. cit.*, p. 335.

Em "O sim contra o sim" de *Serial*, a pintura cubista do espanhol Juan Gris também é vista pela distância de uma "lente avião" (SA, 290):

> *Juan Gris* levava uma luneta
> por debaixo do olho:
> uma lente de alcance
> que usava porém do lado outro.
>
> As lentes foram construídas
> para aproximar as coisas,
> mas a dele as recuava
> à altura de um avião que voa.
>
> Na lente avião, sobrevoava
> o atelier, a mesa,
> organizando as frutas
> irreconciliáveis na fruteira.
>
> Da lente avião é que podia
> pintar sua natureza:
> com o azul da distância
> que a faz mais simples e coesa.

Como em "Alto do Trapuá", somente a distância poderia dar a ilusão de aparência de homem, sem ver de perto sua degradante situação (SA, 211):

> Se daqui se visse seu homem,
> homem mesmo pareceria:
> mas ele é o primeiro
> que a distância eneblina
>
> para não corromper, decerto,
> o texto sempre mais idílico

que o avião dá a ler
de um a outro círculo.

Na "Festa da casa-grande" de *Dois parlamentos*, o recurso do "longe" e do "perto" para configurar o contraste à figura humana e sua condição social também comparece: "— O cassaco de engenho/ de longe é como gente:/ — De perto é que se vê/ o que há de diferente" (SA, 267).[66]

Mais alto ainda, a paisagem simplifica-se, aproximando-se das pinturas de Miró (SA, 212):

> Primeiro, a distância se põe
> a fazer mais simples as linhas;
> os recifes e a praia
> com régua pura risca.
>
> [...]
>
> Depois, a distância suprime
> por completo todas as linhas;
> restam somente cores
> justapostas sem fímbria:
>
> o amarelo da cana verde,
> o vermelho do ocre amarelo,
> verde do mar azul,
> roxo do chão vermelho.

---

[66] Alfredo Bosi aproxima esse procedimento à pintura de Miró: "Como um pintor que renunciou à perspectiva clássica, João Cabral olha e nomeia ora de longe, ora de perto, o seu cassaco de engenho. Vai dispondo no branco da página as figuras-palavras e as diz sucessivamente, exigindo do leitor o mesmo movimento dos olhos com que as luas e as estrelas do pintor catalão atraem o seu espectador", "*Fora sem dentro?* Em torno de um poema de João Cabral de Melo Neto", *op. cit.*, p. 201.

Ao se abordar as trajetórias de Antoni Tàpies, Modest Cuixart e Joan Ponç no final dos anos 40, é inevitável que estejam vinculadas ao nome de João Cabral de Melo Neto. Em diversas ocasiões, eles próprios e seus críticos assinalaram o fecundo encontro com o poeta diplomata. Mas antes disso, havia a forte ascendência de Brossa, que os "inclinava excessivamente em direção às imagens literárias",[67] chegando a atribuir títulos aos quadros deles.

Cabral escreveu um texto para o primeiro fascículo de *Cobalto 49*, por motivo da exposição *Un aspecto de la joven pintura: Tàpies, Cuixart, Ponç*, que teve lugar no Instituto Francês de Barcelona, de 17 de dezembro de 1949 a 3 de janeiro de 1950. No início, retoma o ensaio sobre Joan Miró, referência fundamental para esses pintores. Assim, eles coincidiam em compor independentemente do estatismo tradicional. No entanto, o "estado de espírito" na luta por essa liberdade é diferente para os três, a partir da relação que estabelecem com o limite da superfície do quadro. Aproveitando a expressão cara ao poeta nesse instante, estaríamos diante de três "psicologias da composição". Do "grande artesão" Miró, Cabral passou para os jovens artistas que como ele buscavam uma linguagem própria. Mais do que avaliar as obras de Tàpies, Cuixart e Ponç, desejava identificar determinadas posturas para realizar uma obra de arte. Como propusemos para a compreensão de *Joan Miró*, aqui a pintura novamente seria um campo metafórico para pensar a poesia.

O primeiro a ser abordado é Tàpies. Ao não pensar a respeito dos limites do quadro, representaria o artista instintivo, menos intelectual; daí Cabral preferir mencionar "sua pintura" em lugar de "o pintor". Provavelmente levava em consideração telas como *El fuego encantado de Farefa* (1949), na qual triângulos e cilindros se acham dispersos em um vermelho intenso, para expressar uma "ordem instável", uma "iminência de catástrofe": "Sua pintura tira proveito, mais de uma vez, de um raro estremecimento que parecem provocar certos volumes muito próximos à moldura, certos

---

[67] Antoni Tàpies, *op. cit.*, p. 220.

Cabral em Barcelona

pesos excessivamente poderosos que ele não se preocupou em neutralizar, buscando-lhes a distância ideal da moldura que os teria estabilizado". O próprio Tàpies reconheceria que o amigo havia apontado "aspectos latentes que foram muito característicos" de sua obra posterior.[68]

Se o texto se detém no aspecto formal, o ideológico ficou reservado às conversas. Tàpies, em sua *Memòria personal*, especialmente na parte "Raízes catalãs, psicanálise e marxismo", destacou o papel do amigo brasileiro na reflexão de uma arte comprometida:[69] "[...] se fazia porta-voz daquela corrente mais inteligente que então começava a estar na moda entre alguns marxistas e que defendia uma arte de compromisso, à maneira de Brecht, entre o vanguardismo e o realismo socialista". Contudo, Tàpies questionou o ataque que Cabral dirigia à arte abstrata: "[...] também fazia sua uma posição que vinha dos que seguiam a 'linha' defendida pelos soviéticos: acrescentava que a pintura chamada abstrata — que então era um dos movimentos da vanguarda artística — era inaceitável. E eu lhe perguntava: 'E se a forma de que dispõe um artista é abstrata? Então por acaso não está no mesmo caso de poder ter um compromisso?'. Nestas questões percebi que já começava a haver imposições inexplicáveis em muita daquela gente que, por outro lado, como disse, não deixava de ser a representante do melhor ramo da estética que se queria marxista".[70]

Em 1950, Tàpies, juntamente com seu primo Cuixart, encontrou Cabral em Paris, que os acompanhou às livrarias especializadas do Partido Comunista Francês e os presenteou com livros. Entre as leituras, surgiam Marx e Engels, "textos de Plekhanov sobre a arte e a vida social e outros autores mais panfletários, como Politzer, Kanapa, Lefèbvre..., todos publicados pelas Éditions Sociales".[71] Também abarcava os poetas comprometidos, como Ne-

[68] *Idem, ibidem*, p. 238.

[69] Tàpies também ofereceu um depoimento na seção "O amigo revisitado" dos *Cadernos de Literatura Brasileira, op. cit.*, pp. 15-6.

[70] Antoni Tàpies, *op. cit.*, p. 237.

[71] *Idem, ibidem*, p. 274.

ruda e Miguel Hernández.[72] Com um verdadeiro sentido de formação, indicou-lhes aulas abertas da Universidade Operária fundada por George Politzer com professores como Roger Garaudy e Lefèbvre.[73] Em carta a Brossa de 15 de dezembro desse ano, Tàpies comenta com entusiasmo tais revelações: "Ontem e hoje tive a alegria de poder abraçar Cabral, que esteve umas horas em Paris. Foi uma grande sorte vê-lo nestes momentos. Deu-me uma grande injeção de ânimo das suas e parece que graças a ele poderemos relacionar-nos com pessoas interessantes. Presenteou-nos com uma pilha de livros e nos incumbiu de os passarmos adiante uma vez que os tenhamos lido".[74] Brossa recebeu outra carta em 8 de janeiro de 1951, desta vez de Cabral: "Gostei muito do espírito de Tàpies e Cuixart em Paris. Eles haviam já sentido o choque da decepção, no seu primeiro contato com a arte formalista em seu próprio ninho. Eu, há tempos, havia previsto a coisa. E vê-la confirmada neles me alegrou".[75]

Toda essa carga de informação surtiu efeito na pintura de Tàpies, mas não durou muito tempo. Realizou obras com os sugestivos títulos *Asia unida*, *Los hombres*, *Homenaje a Lorca*, *El trabajo nocturno*, *Homenaje a Miguel Hernández*, *Los oficios*, *Ellos acusan*, considerando-as de "um período imaturo, de transição e com frequência simplistas de conteúdo".[76]

Voltando ao texto de 1949, Cuixart comparece como o artista "mais intelectual". Sua liberdade em compor estaria justamente em fugir do limite da tela, para o qual coloca muita distância entre a moldura e a coisa pintada, reduzida a pequenos grupos dentro de uma superfície mais vasta: "Procura criar para as coisas que pinta um meio infinito, a fim de impedir que os olhos do es-

---

[72] *Idem, ibidem*, p. 281.

[73] Mònica Pagès i Santacana, *Cuixart, biografia inacabada*, Barcelona, Parsifal Edicions, 2003, p. 106.

[74] *Idem, ibidem*, pp. 106-7.

[75] Arquivo Joan Brossa, Fundació Joan Brossa, Barcelona.

[76] Antoni Tàpies, *op. cit.*, p. 281.

pectador, ao contemplar a coisa pintada, tenham seu campo visual condicionado pela moldura. O olho espectador, então, poderá se entregar ao ritmo interno da coisa pintada, que se encontra solta no espaço, à maneira de constelações". Explicação certeira para um quadro como *Composició del càntir* [Composição do cântaro] (1949), em que pequenas e diáfanas figuras, distantes da moldura, "voam" em um vasto horizonte. Inclusive o cântaro do título não se encontra em lugar de destaque como em uma composição tradicional, devendo ser procurado pelo olho do espectador. Se o compararmos com a obra de Tàpies tomada aqui como exemplo, temos os dois primeiros pintores como exemplos contrários na percepção de Cabral: um "explosivo", aproveitando as sugestões do fogo do quadro, e o outro conscientemente "etéreo".

Por último, Ponç aparece como um tipo intermediário, menos instintivo que Tàpies e menos intelectual que Cuixart, ou seja, possui os atributos dos dois, mas não como princípio de sua composição. Como grande traço diferencial, sua preocupação está mais na figura e menos na moldura da tela: "Ele não pinta sua liberdade: se serve dela como de algo que lhe permite entregar-se mais completamente ao sentido do objeto que pinta. [...] Quer se entregar à figura e por isso atribui menos importância à mecânica da tela". Ao não investir nem se afastar da moldura, procura preencher o espaço da superfície e, consequentemente, intensifica os sentidos de suas perturbadoras figuras: "Mas a uma liberdade maior de sintaxe tem que corresponder, forçosamente, maior liberdade de metáfora. Em Ponç esta é bem visível na absoluta liberdade com que parece acometer o que mais mostra interessar-lhe: a figura, livre de qualquer sistema interno consequente, de qualquer estilização". Talvez Cabral, nesse momento, quisesse se identificar com o tipo de artista representado por Ponç: se por um lado nunca foi um "instintivo", por outro, o "intelectual" começaria a pesar-lhe. Por isso também investiria na "figura", compondo inclusive *Paisagens com figuras*, na qual cada uma — como nos quadros de Ponç — ramifica-se em várias metáforas.

Por outro lado, como fazia com os outros integrantes do *Dau al Set*, Cabral alertava Ponç de que deveria continuar pintando a seu modo, mas com alguma indicação social ou política, segundo lembrou Brossa: "Se eu te encomendo o retrato de um burguês, que fará você: um burguês bajulador como em Duracamps ou um monstro? No início, as pessoas dirão que você está doente, mas é suficiente, para denunciar, que coloque no monstro um chapéu de copa; e, além disso, não será perigoso para a censura".[77]

A predileção pelas figuras de Ponç motivou Cabral, juntamente com Tormo, a editar em dezembro de 1949 um álbum com dez litografias dele, realizadas entre novembro de 1948 a dezembro de 1949. Com esse trabalho, unindo edição e artes plásticas, Cabral encerrava sua intensa convivência com as artes e os artistas de Barcelona.

---

[77] Lluís Permanyer, *op. cit.*, p. 88. Também Cuixart evocou uma história parecida entre Ponç e Cabral: "Joan Ponç, seguindo as diretrizes de Cabral, quis pintar um quadro onde aparecem guardas civis. Evidentemente, não tinha nada a ver com o seu mundo. Por isso, Cabral lhe disse: 'Há de continuar pintando monstros, mas com tricórnio...!'", Mònica Pagès i Santacana, *op. cit.*, pp. 81-2.

Murilo Mendes, a dançarina sevilhana Trini España, Maria da Saudade Cortesão e João Cabral no cabaré Torres Bermejas, Madri, 1960.

3.

Paisagens e figuras da Espanha de Cabral

A Espanha de Cabral é mais a da "paisagem com figuras" — com toureiros, bailarinas e cantores de flamenco — do que a dos livros e das obras de arte. Nesse reduzido repertório de temas, os elementos de uma Espanha "exótica" ou "folclórica" passaram a ancorar firmemente um projeto poético. A partir de *Paisagens com figuras*, quase todas as coletâneas do poeta incorporaram a temática espanhola, recebendo sua síntese em *Sevilha andando* (1990). Essa constância estimulou seleções como a de Ángel Crespo e Pilar Gómez Bedate, *Poemas sobre España de João Cabral de Melo Neto* (1964), e a da editora Nova Fronteira, *Poemas sevilhanos* (1992).[1]

Propomos para este capítulo três eixos para a análise das imagens da Espanha na poesia cabralina. O primeiro deles versa sobre a paisagem, atravessando Castela, Catalunha, Andaluzia, e fixando-se em Sevilha. O apreço pela paisagem espanhola dialoga com a chamada Geração de 98 e seus sucessores, que colocaram em circulação na Espanha esse parâmetro. Depois, exploramos a poesia dedicada à tauromaquia e ao flamenco, conjuntos relevantes não apenas na lírica em língua portuguesa, mas mesmo em relação à espanhola. Por último, centramo-nos nos poemas que abordam a religiosidade espanhola nas três últimas coletâneas de Cabral, provocações tardias à sua confissão, na carta de 1959, de apenas tratar do aspecto material da Espanha.

---

[1] *Poemas sobre España*: separata de *Cuadernos Hispanoamericanos*, nº 177, Madri, set. 1964; *Poemas sevilhanos*: Rio de Janeiro/Brasília: Nova Fronteira/Itamaraty, 1992 (edição fora do comércio).

Paisagem de Espanha

Ao se deparar com a paisagem espanhola, Cabral redescobriu a nordestina: "O meu primeiro posto no exterior (e meu primeiro contato com o exterior) foi Barcelona, que está na Catalunha. Eu ia muitas vezes a Madri, isto é, atravessava Aragão e a Mancha. Aí encontrei a secura e a essencialidade do sertão nordestino".[2] A impressão deixada fez com que a Espanha ingressasse como tema na sua obra com um livro que chamou de *Paisagens com figuras*, escrito entre 1954 e 1955, sete anos depois do encontro inicial, quando teve que retornar ao Brasil. "Memórias" precoces, a distância motivou o poeta a recuperar nos versos os espaços percorridos.

O termo *paisagem* já aparecera nas duas primeiras partes de *O cão sem plumas*, denominadas "Paisagem do Capibaribe". Além de prestar contas à tradição do romance nordestino da década de 30, a partir de *Paisagens com figuras* Cabral estabelecia nexos com uma vertente inaugurada por escritores da literatura espanhola conhecidos como Geração de 98, Azorín, Miguel de Unamuno, Antonio Machado, entre outros. No começo do século XX, abalados pelo desastre da guerra com os Estados Unidos e pela perda das últimas colônias em 1898, promoveram a discussão de uma essência da Espanha. Para isso, voltaram-se à paisagem e ao homem que a habitava, especialmente a região de Castela, núcleo formador da nação, segundo a visão deles. A valorização do espaço levou Azorín a afirmar que "a base do patriotismo é a geografia".[3] Embasados pelo determinismo de Taine, consideravam que as condições físicas do lugar imprimiam traços no homem. Por isso, são sintomáticos títulos como *Paisajes* (1902), de Unamuno, e *España: hombres y paisajes* (1909), de Azorín. Tendência que prosseguiu, pois Gerardo Diego publicou um *Paisaje con figuras* no mesmo ano das *Duas águas* de Cabral (1956). Diego e Cabral, não

---

[2] Entrevista em *Veja*, 28/6/1972, p. 4.

[3] *Apud* Herbert Ramsden, "El problema de España", *in* Francisco Rico e José Carlos Mainer (orgs.), *Historia y crítica de la literatura española*, vol. VI, Modernismo y 98, Barcelona, Crítica, 1980, pp. 20-6.

por acaso, traziam um gênero de pintura em seus títulos, refletindo que literatura e artes plásticas haviam compartilhado objetivos, como aponta María del Carmen Pena no estudo *Pintura de paisaje e ideología: la Generación de 98*:

> "Pintura e literatura haviam de coincidir na busca ou a invenção de um ideal perdido, que em algumas ocasiões se tornava amargo e descarnado ao destacar uma terra seca e alguns habitantes pobres ligados aos ancestrais mais obscuros, enquanto em outras ocasiões se carregava de um lirismo evasivo todo ele penetrado de um claro neorromantismo: nesse sentimento se formaria grande parte da paisagem da Geração de 98, com seus modelos descritivos carregados de melancolia, de sobriedade [...]."[4]

O cenário de uma Espanha basicamente rural que esses autores tinham diante de si não era muito diferente daquele que Cabral deixara em Pernambuco nos anos 40. Por outro lado, os centros urbanos, ao contrário do que ocorrera com muitos poetas modernos, não despertaram o interesse do poeta brasileiro: nem o Rio de Janeiro nem Barcelona, por exemplo, comparecem em sua poesia. E foi o campo desolado e árido de Castela que o fez recordar o Nordeste brasileiro.

Como desde o início de sua estada Cabral percorreu a história da literatura espanhola, é inevitável que tenha consultado os escritores da Geração de 98. Ao analisar os poemas de *Paisagens com figuras*, percebemos que eles podem ter lhe fornecido alguns princípios descritivos. A paisagem cabralina não é apenas memória da retina, mas também da leitura.

A primeira paisagem espanhola e, por extensão, o primeiro poema sobre a Espanha na obra de Cabral, é "Medinaceli" (terra provável do autor anônimo do *Cantar do Mio Cid*). Recorre, pois, ao poema fundador da literatura espanhola para inaugurar essa

[4] Madri, Taurus, 1998, p. 54.

Paisagens e figuras da Espanha de Cabral

vertente. O *Poema de Mio Cid* tornou-se decisivo para que Cabral não apenas empreendesse o "tema dos homens", mas principalmente encontrasse uma forma adequada para expressá-lo. Em uma entrevista explicou a descoberta:

> "Quando fui para a Espanha, não tinha conhecimento da antiga literatura brasileira, e continuo sem ter. Mas estudei a velha literatura ibérica para compensar essa falta de *background* cultural. Comecei a estudá-la — sou um leitor doentio — pelo poema do Cid. Fiquei no ouvido com o ritmo desse poema, que é o mesmo de *O rio*. Ritmo áspero, de coisa grosseira, mal-acabada. Existe na Espanha um verso chamado de arte maior, com a primeira parte variável e a segunda fixa. Em *O rio* fiz o contrário: a primeira parte, a dos versos ímpares, é fixa, todos têm seis sílabas. Os versos pares podem ser qualquer número silábico. Isso cria um ritmo."[5]

Some-se ao ritmo a incorporação da rima toante, presente, como observou o próprio Cabral, em alguns poemas de Cecília Meireles: "A rima toante é uma tradição muito antiga, abandonada em Portugal. Era uma tradição de toda Península Ibérica e dela se encontram vestígios na poesia popular do Nordeste brasileiro que a recebeu antes de Portugal ter-se descartado dela".[6]

Anteriormente, a descrição espacial no *Poema de Mio Cid* teria sido uma das referências na composição d'*O rio*. Tomemos, por exemplo, uma passagem do primeiro canto, em que Cid cavalga por diversos lugares, onde homens ingressam ao seu grupo:

> Otro dia mañana   pienssa de cavalgar.
> Ixiendos va de tierra   el Campeador leal;

[5] Entrevista a Antonio Carlos Secchin, *in João Cabral: a poesia do menos*, São Paulo/Brasília, Duas Cidades/INL, 1985, p. 303.

[6] Entrevista, em *Jornal do Brasil*, Rio de Janeiro, 3/5/1980.

de siniestro Sant Estevan   — una buena çipdad —
de diestro Alilon las torres   que moros las han,
passo por Alcobiella   que de Castiella fin es ya,
la Calçada de Quinea   iva la traspassar,
sobre Navas de Palos   el Duero va pasar,
a la Figeruela   mio Çid iva posar.
Vanssele acogiendo   yentes de todas partes.[7]

Desta vez, acompanhemos um fragmento d'*O rio*, "Do Apolinário a Paço Fundo" (SA, 91):

Para o mar vou descendo
por essa estrada da ribeira.
A terra vou deixando
de minha infância primeira.
Vou deixando uma terra
reduzida à sua areia,
terra onde as coisas vivem
a natureza da pedra.
À mão direita os ermos
do Brejo da Madre de Deus,
Taquaritinga à esquerda,
onde o ermo é sempre o mesmo.
Brejo ou Taquaritinga,
mão direita ou mão esquerda,
vou entre coisas poucas
e secas além de sua pedra.

Significativo indício da leitura contumaz do *Poema de Mio Cid*, há uma grande semelhança das expressões "*Ixiendos va de tierra*" e "A terra vou deixando". Os topônimos sucedem-se, realçando-se, em meio a poucas descrições, suas sonoridades e suges-

---

[7] Versos 394-403 do Cantar I, *Poema de Mio Cid*, Colin Smith (org.), Madri, Cátedra, 18ª ed., 1993, pp. 150-1.

Paisagens e figuras da Espanha de Cabral   167

tões semânticas. Reforça-se a incorporação do épico espanhol na apresentação do binômio espacial: *"de siniestro Sant Estevan — una buena çipdad —/ de diestro Alilon las torres que moros las han"*; "À mão direita os ermos/ do Brejo da Madre de Deus,/ Taquaritinga à esquerda,/ onde o ermo é sempre o mesmo".

Durante a viagem, como ao grupo de Cid *"Vanssele acogiendo yentes de todas partes"*, o rio Capibaribe é acompanhado pelos retirantes da seca. Até atingirem seus destinos, percorrem paisagens semelhantes. Cid e seus companheiros enfrentam os campos de Castela, onde *"La tierra es angosta e sobejana de mala"*,[8] enquanto o Capibaribe segue "entre coisas poucas/ e secas além de sua pedra". A aspereza não é apenas do ritmo, mas também caracteriza a natureza representada. A equiparação entre Nordeste-Castela, iniciada em *Paisagens com figuras*, já se insinuava n'*O rio*.

Os escritores espanhóis também haviam encontrado no poema épico um grande exemplo de figuração da paisagem espanhola. Azorín, por exemplo, no importante ensaio "El paisaje en la poesía", confirma essa referência: "No *Poema del Cid* aparecem nomes de vilas, lugares e campos; a cada tarde o poeta, em um verso, com uma indicação sumaríssima, compendiosa, nos faz vislumbrar uma paisagem. Mas como na lhanura castelhana, monótona e calcinada, têm um valor extraordinário, uma vida profunda, alguns choupos, alguns olmos ou alguns arbustos que a vista divisa na extensão imensa, assim na *llanura* do *Poema del Cid* estas breves indicações de paisagens adquirem uma significação considerável".[9] Como Cabral propõe, trata-se de uma "paisagem com figuras", ou melhor, com homens; nesse sentido, Unamuno sugere que a falta de água condiciona toda a existência: "Foi dito que na literatura castelhana mal há paisagens, mas caberia retrucar sem grande paradoxo que mal há nela mais que paisagem, que os homens do *Poema del Cid* ou os do *Romancero* são como carvalhos ou como rochas, de áspero tronco ou de pedra terna, e de uma pai-

---

[8] Verso 46 do Cantar I, *idem, ibidem*, p. 166.

[9] *Clásicos y modernos* (1913), *in Obras escogidas*, vol. II, Ensaios, Miguel Ángel Lozano Marco (org.), Madri, Espasa-Calpe, 1988, p. 886.

sagem sem água. Pois a água é como a consciência da paisagem;
[...] Mas nas terras sem água, até os homens não são mais que
paisagens, pintura de Deus. Mas que pintura!".[10]

No poema "Medinaceli", Cabral baseia-se na hipótese, de
estudiosos como Ramón Menéndez Pidal, de que o autor do *Poema de Mio Cid* teria nascido na cidade de Medinaceli, um dos palcos da ação do épico (SA, 120-1):

> Do alto de sua montanha
> numa lenta hemorragia
> do esqueleto já folgado
> a cidade se esvazia.
>
> Puseram Medinaceli
> bem na entrada de Castela
> como no alto de um portão
> se põe um leão de pedra.
>
> Medinaceli era o centro
> (nesse elevado plantão)
> do tabuleiro das guerras
> entre Castela e o Islão,
>
> entre Leão e Castela,
> entre Castela e Aragão,
> entre barão e seu rei,
> entre o rei e o infanção,
>
> onde engenheiros, armados
> com abençoados projetos,
> lograram edificar
> todo um deserto modelo.

[10] *Andanzas y visiones españolas* (1922), *in Obras completas*, vol. I, Paisajes y ensayos, Madri, Escelicer, 1966, p. 495.

Paisagens e figuras da Espanha de Cabral

Agora Medinaceli
é cidade que se esvai:
mais desce por esta estrada
do que esta estrada lhe traz.

Pouca coisa lhe sobrou
senão ocos monumentos,
senão a praça esvaída
que imita o geral exemplo;

pouca coisa lhe sobrou
se não foi o poemão
que poeta daqui contou
(talvez cantou, cantochão),

que poeta daqui escreveu
com a dureza de mão
com que hoje a gente daqui
diz em silêncio seu *não*.

Os pontos em comum entre Castela e o Nordeste, implícitos em *O rio*, tornam-se mais claros. O sertão pernambucano, como Medinaceli, vive um processo de esvaziamento, como já aparecera em *O rio*: "Por trás do que lembro,/ ouvi de uma terra desertada,/ vaziada, não vazia". O "esvaziar" não é apenas de pessoas, mas também de significados. Entre a segunda e a quarta estrofe, o poema volta-se para o passado, no qual "Medinaceli era o centro". Em contraste com o imobilismo e o vazio predominantes, sucedem-se nos versos o movimento e a coletividade de reinos, regiões e forças políticas das lutas da história. E, na sexta estrofe, retorno à atualidade, o verbo de "esvaziar" passa a "esvair", intensificando a noção de desaparecimento, de esgotamento daquele período.

Na quinta estrofe, adentra-se a cidade, na tentativa de encontrar vestígios do que aconteceu, mas "Pouca coisa lhe sobrou/ senão ocos monumentos". A escassez, traço forte a ligar Castela e o Nordeste, revela-se no poema a partir da preposição "senão", logo confrontada pela condicional homófona "se não", singularizando o que de mais importante restou da antiga Medinaceli. O "poemão" vale mais que os "ocos monumentos"; o monumento literário sobrepõe-se à paisagem, até esse ponto "sem figuras", quase uma "cidade fantasma". Por sua vez, o signo *dureza* correlaciona paisagem-homem-obra: um poema com a *dureza* de forma e de conteúdo como o *Mio Cid* fora realizado "com a dureza de mão" de um autor, que por sua vez nasceu em uma cidade *dura*, assim caracterizada na imagem do "leão de pedra".

O verso "com a dureza de mão" conforma duas dimensões temporais, tanto a forma de escrever do autor medieval quanto a severidade do trato pessoal "com que hoje a gente daqui/ diz em silêncio seu *não*". O silêncio, que domina a cidade esvaziada, no verso final remete à censura que cala vozes dissonantes, experimentada durante décadas na Espanha franquista. Dessa maneira, o *não* expressa um tipo de resistência, não verbalizado, mas de qualquer modo percebido, de discordância com a ordem vigente.

Cabral seguramente foi leitor de Antonio Machado, que no poema "A orillas del Duero", de *Campos de Castilla* (1907-1917) — no qual, para Azorín, "a paisagem adquire sua plenitude, seu cabal desenvolvimento"[11] — contrastara um passado guerreiro da figura de Mio Cid com a decadência atual:

> ¡Oh, tierra triste y noble,
> la de los altos llanos y yermos y roquedas,
> de campos sin arados, regatos ni arboledas;
> decrépitas ciudades, caminos sin mesones,
> y atónitos palurdos sin danzas ni canciones
> que aún van, abandonando el mortecido hogar,
> como tus largos ríos, Castilla, hacia la mar!
> Castilla miserable, ayer dominadora,
> envuelta en sus andrajos desprecia cuanto ignora.
> ¿Espera, duerme o sueña? ¿La sangre derramada

---

[11] *Clásicos y modernos* (1913), *op. cit.*, p. 885.

recuerda, cuando tuvo la fiebre de la espada?
Todo se mueve, fluye, discurre, corre o gira;
cambian la mar y el monte y el ojo que los mira.
¿Pasó? Sobre sus campos aún el fantasma yerra
de un pueblo que ponía a Dios sobre la guerra.
    La madre en otro tiempo fecunda en capitanes,
madrastra es hoy apenas de humildes ganapanes.
Castilla no es aquella tan generosa un día,
cuando Myo Cid Rodrigo el de Vivar volvía,
ufano de su nueva fortuna, y su opulencia,
[...]¹²

Voltando a *Paisagens com figuras*, o poema "Vale do Capibaribe" funciona como o contraponto pernambucano a "Medinaceli" (SA, 125-6):

Vale do Capibaribe
por Santa Cruz, Toritama:
cena para cronicões,
para épicas castelhanas.

Mas é paisagem em que nada
ocorreu em nenhum século
(nem mesmo águas ocorrem
na língua dos rios secos).

Nada aconteceu embora
a pedra pareça extinta
e os ombros do monumento
finjam história e ruína.

(De que seriam ruína,
de que já foram paredes?

---

¹² Antonio Machado, *Poesías completas*, Manuel Alvar (org.), Madri,
Espasa-Calpe, 2003, p. 152.

Do forno em que o deus da seca
acendia a sua sede?)

E também nada acontece:
raro o pobre romanceiro
da cruz na estrada, mais raro
o crime não rotineiro

com acentos de gesta (ou
as façanhas cangaceiras)
que o vale possa ecoar
e seja cantado em feira.

No mentido alicerce de
morta civilização
a luta que sempre ocorre
não é tema de canção.

É a luta contra o deserto,
luta em que sangue não corre,
em que o vencedor não mata
mas aos vencidos absorve.

É uma luta contra a terra
e sua boca sem saliva,
seus intestinos de pedra,
sua vocação de caliça,

que se dá de dia em dia,
que se dá de homem a homem,
que se dá de seca em seca,
que se dá de morte em morte.

Logo na primeira estrofe, a conexão Nordeste-Castela retorna
com mais força: o Vale do Capibaribe, enquanto "cena para cro-
nicões/ para épicas castelhanas", leva-nos a compará-lo à paisagem

Paisagens e figuras da Espanha de Cabral 173

espanhola onde se desenrolavam suas ações. A partir daí, o poema lança aproximações e distanciamentos entre os dois lugares. Diferentemente da turbulenta e heroica história de que Medinaceli foi o palco, este Vale "é paisagem em que nada/ ocorreu em nenhum século". Por outro lado, a pedra que parece "extinta" e os "ombros do monumento" simulam "história e ruína" à maneira dos "ocos monumentos" verdadeiros de Medinaceli. Entre parênteses, levanta-se a hipótese de uma origem mítica que dignificasse a região: talvez teriam sido "paredes" do "forno em que o deus da seca/ Acendia sua sede". Para um poeta que se voltava às coisas do mundo, a concessão ao plano imaginário pode ser entendida como um irônico afastamento de quem sabia da verdadeira causa — a qual, embora não tão longínqua, tinha já sua história — do descaso ecológico e político pelo Nordeste brasileiro. No entanto, o certo é que no presente "nada acontece", como na esvaziada Medinaceli. Exceção para os "raros" fatos dignos de alguma nota, ou melhor, canto: "raro o pobre romanceiro/ da cruz na estrada, mais raro o crime não rotineiro// com acentos de gesta (ou/ as façanhas cangaceiras)/ que o vale possa ecoar/ e seja cantado em feira". Os vínculos entre os dois espaços impõem-se para além da paisagem, fincando raízes na cultura, pois os cantares populares nordestinos devem muito à matriz ibérica. Em "Vale do Capibaribe", porém, é "raro" e "pobre" frente ao "poemão" do Mio Cid que ainda justifica a lembrança de Medinaceli.

No final de ambos os poemas, a "figura" da paisagem aparece como resistência à adversidade, contra a ditadura em "Medinaceli", contra a morte em "Vale do Capibaribe".

O poema final de *Paisagens com figuras* contrasta as "Duas paisagens" que permeiam o livro, Espanha e Pernambuco (SA, 140-1):

> D'Ors em termos de mulher
> (Teresa, *La Ben Plantada*)
> descreveu da Catalunha
> a lucidez sábia e clássica

e aquela sóbria harmonia,
aquela fácil medida
que, sem régua e sem compasso,
leva em si, funda e instintiva,

aprendida certamente
no ritmo feminino
de colinas e montanhas
que lá têm seios medidos.

Em termos de uma mulher
não se conta é Pernambuco:
é um estado masculino
e de ossos à mostra, duro,

de todos, o mais distinto
de mulher ou prostituto,
mesmo de mulher virago
(como a Castilla de Burgos).

Lúcido não por cultura,
medido, mas não por ciência:
sua lucidez vem da fome
e a medida, da carência,

e se for preciso um mito
para bem representá-lo
em vez de uma *Ben Plantada*
use-se o Mal Adubado.

O poema se inicia com uma referência literária, ao se valer do romance *La ben plantada*, de Eugenio D'Ors, que apresenta o símbolo da catalanidade frente ao castelhano, especialmente aos autores da Geração de 98.[13] Ao comentar o nome da protagonista,

[13] José Luis L. Aranguren, "Sentido ético de las ficciones novelescas or-

Paisagens e figuras da Espanha de Cabral

Teresa, contrapõe as duas tradições culturais, base das "Duas paisagens" de Cabral:

> "Teresa é um nome castelhano. Lá é um nome místico, ardente, amarelo, áspero. É um nome que rima com todas estas coisas de que se fala tanto agora: 'a forte terra castelhana', 'a paisagem austera, desnuda, parda', 'os homens graves vestidos de fosca baeta', 'Ávila dos cavaleiros', 'a alma ardente da santa', 'Zuluaga, pintor de Castilha', 'O retábulo do mar', 'A mística sensualidade, esposa de Cristo ou mulher'. Já sabem, ou não, de que tipo de coisas quero dizer.
>
> Para o mesmo nome chegar a nossa terra, e de passá-lo pela boca de outra maneira, adquire outro sabor. Um sabor ao mesmo tempo doce e caseiro, quente e substancioso como o do bolo açucarado. Teresa é um nome que tem mãos capazes da carícia, do trabalho e do abraço. Terésa é ao mesmo tempo um nome modesto e muito fino. Teresa é um nome prendado. Teresa é um nome para responder, com voz de contralto: 'A seu dispor, me chamo Teresa'."[14]

A paisagem catalã foi abordada nos poemas "Campo de Tarragona" e "Paisagem tipográfica", anunciando a perspectiva de D'Ors. Paisagens que passam pela codificação do homem, que podem ser "lidas": no campo de Tarragona, como um "mapa", "a face da Catalunha/ é mais clássica de ler", enquanto os "bairros industriais" e as "vilas" acompanham a ordenação da tipografia.

Se D'Ors opõe Catalunha e Castela, Cabral troca até certo ponto os termos ao trazer Catalunha e Pernambuco, pois já sabe-

---

sianas", *in* Francisco Rico (org.), *Historia y crítica de la literatura española*, vol. VII, Época contemporánea: 1914-1939, Víctor G. de la Concha (org.), Barcelona, Crítica, 1984, pp. 60-5.

[14] Eugenio D'Ors, *La ben plantada*, Barcelona, Catalònia, 1930, pp. 40-1.

mos que, no âmbito de *Paisagens com figuras*, quando diz Nordeste também está se referindo a Castela. Tanto que no poema esclarece entre parênteses: "(como a Castilla de Burgos)". O poeta brasileiro também toma de D'Ors a imagem da mulher para representar uma paisagem, que como veremos a seguir, seria recorrente. Mas como se trata de diferenças entre as "Duas paisagens", Catalunha é mulher frente ao "estado masculino" de Pernambuco. A paisagem e homem descarnados pela fome e pela seca mostram-se "ossos à mostra, duro", variante nordestina da *"tierra esquelética y sequiza"* de Antonio Machado.[15] E o "mito" de D'Ors, "plantado" na agricultura para valorizar o catalão, é subvertido por Cabral como o "Mal Adubado", para figurar negativamente a fome e a carência do nordestino.

Cabral descobriu outra paisagem para além da amplidão e secura castelhana, ativando uma complexa relação entre regiões da Espanha e de Pernambuco:

> "Vivi na Espanha, sem ter podido conhecer Andaluzia, de 1947 a 1950, quando fui para Londres. Em 1956 voltei para a Espanha e, desta vez, para Sevilha, na Andaluzia. A Andaluzia é, do ponto de vista agrícola, a região mais fértil da Espanha. E foi a região do mundo com que mais me identifiquei: devo lembrar que sou pernambucano da Zona da Mata, zona fértil, e não do sertão, embora me identifique melhor com o sertão seco, assim como tenho mais afinidade com o alagoano Graciliano Ramos do que com meu primo Gilberto Freyre. Os meus sentimentos entre a Andaluzia e a Mancha e Aragão têm a mesma ambiguidade que existe no meu eu pernambucano, entre o homem de Zona da Mata, fértil, e o do sertão, seco, que conheço apenas de passagem, mas que me marcou profundamente. Há uma afinidade

---

[15] Verso 24 de "Un loco" de *Campos de Castilla*, Antonio Machado, *op. cit.*, p. 163.

entre a Mancha e Aragão e o Nordeste seco. Mas nenhuma entre o Nordeste da Zona da Mata e a Andaluzia."[16]

A distinção entre as duas regiões compõe a quarta parte do poema "Pernambuco em Málaga", de *Serial* (SA, 292):

A cana doce de Málaga
dá dócil, disciplinada:
dá em fundos de quintal
e podia dar em jarras.

Falta-lhe é a força da nossa,
criada solta em ruas, praças:
solta, à vontade do corpo,
nas praças das grandes várzeas.

Por outro lado, a identificação foi total com a Andaluzia, e mais especificamente, Sevilha, já que de *Quaderna* (1960) a *Sevilha andando* (1990) pouco se deteve nas demais comunidades espanholas. Se Castela é o masculino, Andaluzia, por sua vez, marca o feminino, tema incorporado à obra cabralina a partir de *Quaderna*. Em "Na Baixa Andaluzia", de *A educação pela pedra*, dá-se a medida do entusiasmo do poeta acostumado a caatingas e a mesetas (EPD, 35-6):

Nessa Andaluzia coisa nenhuma cessa
completamente, de ser da e de terra;
e de uma terra dessa sua, de noiva,
de entreperna: terra de vale, coxa;
donde germinarem ali pelos telhados,
e verdadeiros, jardins de jaramago:
a terra das telhas, apesar de cozida,
nem cessa de parir nem a ninfomania.
De parir flores de flor, não de urtiga:

[16] Entrevista em *Veja*, 28/6/1972, p. 4.

os jardins germinam sobre casas sadias,
que exibem os tais jardins suspensos
e outro interior, no pátio de dentro,
e outros sempre onde da terra incasta
dessa Andaluzia, terra sem menopausa,
que fácil deita e deixa, nunca enviúva,
e que de ser fêmea nenhum forno cura.

2

A terra das telhas, apesar de cozida,
não cessa de dar-se ao que engravida:
segue do feminino; aliás são do gênero
as cidades ali, sem pedra nem cimento,
feitas só de tijolo de terra parideira
de que herdam tais traços de femeeza.
(Sevilha os herdou todos e ao extremo:
a menos macha, e tendo pedra e cimento).

Após discorrer sobre toda uma região, os versos finais em parênteses revelam a cidade mais fêmea. Em lugar da paisagem natural predominante, Cabral passou a frequentar um determinado espaço urbano. Sevilha possibilitou a Cabral uma teoria da cidade,
não apenas para compreendê-la, mas também para apresentá-la
como modelo para outras cidades, chegando a propor "Sevilhizar
o mundo" (*Sevilha andando*). Se anteriormente estabelecera um
diálogo com os escritores da Geração de 98 e sua contrapartida catalã na figura de Eugenio D'Ors para formular sua teoria da paisagem, no caso sevilhano, divergia do escritor Joaquín Romero
Murube, recordado no poema "O segredo de Sevilha" de *Sevilha
andando* (EPD, 338-9):

De Joaquim Romero Murube
ouvi certa vez: "De Sevilha
ninguém jamais disse tudo.
Mas espero dizê-lo um dia."

Paisagens e figuras da Espanha de Cabral

Morreste sem haver podido
a prosa daquele projeto;
Sevilha é um estado de ser,
menos que a prosa pede o verso.

Caro amigo Joaquim Romero,
nem andaluz eu sou, sequer,
mas digo: o tudo de Sevilha
está no andar de sua mulher.

E às vezes, raro, trai Sevilha:
pude encontrá-lo muito longe,
no andar de uma não sevilhana,
o tudo que buscas. Ainda? Onde?

Romero Murube ocupou o cargo de diretor e conservador do Alcázar de Sevilha de 1934 a 1969, ano da sua morte, tendo recebido personalidades da política e da cultura, entre elas o poeta e diplomata brasileiro, que esteve na cidade de 1956 a 1958 e de 1962 a 1964. Componente do grupo Mediodía, vertente sevilhana da Geração de 27, escreveu seis livros de poesia até 1948. A partir de então, dedicou-se cada vez mais à sua obra ensaística, na qual Sevilha tornou-se o tema central.[17] Como está na primeira estrofe do poema cabralino, Romero Murube idealizava uma grande obra sobre a sua cidade: "Meu maior orgulho seria fazer um livro definitivo sobre Sevilha. Como esta cidade é a menos conhecida de todas as cidades espanholas, embora o vulgo acredite o contrário, sei como é difícil essa minha tarefa. Mas não acho que haja nada bom literariamente pelos modos da facilidade e da comodidade. Hei de ir a isso — a meu livro sobre Sevilha difícil — e nisso trabalho, duvido, sofro, sonho, fracasso e me divirto".[18] Ainda de

---

[17] Compõe-se de *Sevilla en los labios* (1938), *Discurso de la mentira* (1943), *Memoriales y divagaciones* (1959), *Lejos y en las manos* (1959) e *Los cielos que perdimos* (1964).

[18] *Apud* Jacobo Cortines e Juan Lamillar, "Belleza ordenada", *in* Joaquín

acordo com ele, o "segredo de Sevilha" seria indefinível: "Sevilha na Literatura, na Arte, será sempre uma fina interrogação desafiadora. Há cidades — Veneza, Toledo, Alexandria — cujo espírito ficou para sempre fixado nas páginas de alguns escritores. Com Sevilha isto não é possível, porque repugna à própria essência, à alma misteriosa da cidade. O segredo de Sevilha é uma constante mutação, é um fluir inextinguível de algo recôndito que mobiliza e mantém estas sucessões, sempre cheias de igual vitalidade e dinamismo".[19]

Cabral, ao contrário, propõe captar esse "segredo" no andar da sevilhana, que inclusive, de tão característico, poderia até mesmo ser identificado em uma não sevilhana.

Além disso, Cabral investe na comparação entre cidades e regiões, mostrando-se sensível à diversidade que compõe o território espanhol e seus conflitos. Se antes houve contraponto entre Castela e Catalunha, dessa vez diferencia a Andaluzia dessas duas regiões, que se julgam superiores: "O castelhano e o catalão/ têm pobreza e riqueza tristes./ Assim desprezam a Andaluzia:/ vêm-na africana ou sacrílega" ("Sevilha e a Espanha", *Sevilha andando*, EPD, 361).

Catalunha e sua capital, Barcelona, de pretensões europeias de além-Pirineus, não reconhecem a vitalidade andaluza e sevilhana, como se lê em "Uma sevilhana pela Espanha" (*Serial*, SA, 314):

> Durante essas ruas paris
> de *Barcelona*, tão avenida,
> entre uma gente meio londres
> urbanizada em mansas filas,

Romero Murube, *Obra selecta*, vol. I, *Silencios de Andalucía* (Lírica y Narrativa), Sevilha, Fundación José Manuel Lara/Diputación y Ayuntamiento de Sevilla/Fundación El Monte, 2004, p. XXIII.

[19] *Discurso de la mentira*, in Joaquín Romero Murube, *Obra selecta*, vol. II, *Los cielos perdidos* (Prosa ensayística), Sevilha, Fundación José Manuel Lara/Diputación y Ayuntamiento de Sevilla/Fundación El Monte, 2004, p. 84.

chegava a desafio
seu caminhar sevilha:
que é levando a cabeça
em flor que fosse espiga.

Em "A entrevistada disse, na entrevista:" (*Agrestes*, EPD, 236):

Barcelona? Dançar é em vão,
não aplaudem, sentam nas mãos.

Coitados, são de uma outra gente.
Não são? Mas querem que se pense.

E, ainda, em "Sevilha e a Espanha" (*Sevilha andando*, EPD, 361):

A Catalunha, tira a tristeza
de querer ser muito mais França,
que não a interessa, senão,
enquanto Espanha, dá-lhe entranhas.

Madri, apesar de ostentar a severidade castelhana e a posição de capital, é suscetível à ação sevilhana sobre sua austera atmosfera ("Uma sevilhana pela Espanha", *Serial*, SA, 314-5):

Dentro da vida de *Madrid*,
onde Castela, monja e bispa,
alguma vez deixa-se rir,
deixa-se ser Andaluzia,

logo se descobria
seu ter-se, de Sevilha:
como, se o riso é claro,
há mais riso em quem ria.

Através túneis de *museus*,
museus-mosteiros que amortiçam
a luz já velha, castelhana,
sobre obras mortas de fadiga,

> tudo ela convertia
> no museu de Sevilha:
> museu entre jardins
> e caules de água viva.

Porém o contraste maior deu-se justamente entre duas cidades andaluzas, Sevilha e Córdoba, como verificamos em "A sevilhana que é de Córdoba" (*Sevilha andando*, EPD, 341-2):

> Essa sevilhana de fora
> tem outra dimensão por dentro.
> Não é sevilhana, é cordobesa,
> cidade de imóvel silêncio.

> Bem cordobês foi "Lagartijo",
> foram "Guerrita" e "Manolete"
> que toureavam como Sêneca,
> cordobês, tinha o pensamento.

> Podia ser de Santa Marina,
> ou nascer na Praça do Potro,
> em qualquer dos bairros de Córdoba,
> de atmosfera funda de poço.

> Não sei por onde nasceu Sêneca,
> em que bairro, em que quarteirão,
> mas vi tourear "Manolete",
> sua severa resignação.

A sevilhana que é de Córdoba,
dos toureiros não teve a lição,
mas aprendeu em Sêneca mesmo
o rigor denso da expressão.

Sevilha e Córdoba: Andaluzia
que se expressa por fora ou é dentro,
como a sevilhana de quem falo,
cujo andaluzismo eu me invento.

O mencionado Romero Murube apresentara em termos próximos as diferenças entre Sevilha e Córdoba:

"[...] do ponto de vista especulativo e irrelevante das divagações literárias, que para ser bom amante de Sevilha é muito conveniente a sábia lição que Córdoba nos outorga em muitas coisas: ao *guirigay* contínuo, uma cura de silêncio; ao preciosismo narcisista, a robusta e sóbria arquitetura de firmeza.
Talvez sem que saibamos justificá-lo, vemos Córdoba como problema, e Sevilha como aventura. Córdoba é uma cidade com raízes; Sevilha é uma cidade de asas e sorrisos. Ali nasce um amplo silêncio, fecundo e expectante; aqui fervilha uma musiquinha, um rumor perene, que em sua deliciosa continuidade chega às vezes a excluir a possibilidade de um mais profundo ou exaltado acorde. [...]
Dissemos em outros escritos como a sabedoria encontra em Sêneca a mais alta expressão cordobesa."[20]

O ensaísta, como Cabral, associa o toureiro Manolete à sua cidade natal, Córdoba:

---

[20] *Memoriales y divagaciones, in Obra selecta*, vol. II, *op. cit.*, pp. 153-
-4.

"O cetro da glória taurina andaluza repousa com plena majestade entre as sedas e cinzas do grande Manuel Rodríguez. Assim, pois, acreditamos que o toureio de 'Manolete' era limitado e excessivamente arquitetônico. Como cordobês essencial, deu à sua limitação uma profundidade inigualável, a de sua valentia sem limites. E à sua arquitetura, essa frieza irritante, do ponto de vista artístico, de executar os passes olhando o público, enquanto o touro roçava os fios da *chaquetilla*... 'Manolete' criava nas arenas silêncios pavorosos: o que ele fazia, parecia que ninguém mais a não ser ele podia fazer. [...] Os malabarismos do artista cordobês se ordenavam em passes previstos, graduais, como as rimas cinzeladas de um soneto gongorino... Arquitetura."[21]

A singular aproximação entre tauromaquia e literatura — no caso do também cordobês Góngora — remetia à recuperação promovida pela Geração de 27, que via no poeta do século XVII um grande exemplo de consciência e construção. Aliás, Cabral, na carta de 1947 a Bandeira em que relata suas leituras espanholas, repete entusiasmado por três vezes o nome de Góngora. Em carta seguinte, de 4 de setembro desse ano, conta que teve o privilégio de ver as últimas atuações de Manolete, comparando-o, não a Góngora, mas a Valéry, expoente moderno dos poetas conscientes: "(Faz hoje uma semana que um miúra matou Manolete, considerado o melhor toureiro que já aparecera até hoje. — Seja dito de passagem que era um camarada fabuloso: vi-o algumas vezes aqui em Barcelona e imaginei que era Paul Valéry toureando...)".[22] Em "Alguns toureiros", de *Paisagens com figuras*, recupera Manolete, "o mais deserto/ o toureiro mais agudo,/ mais mineral e desperto". A paisagem a que se volta é o Nordeste: "o de figura de lenha,/ lenha seca de caatinga". O seu modo de tourear, de parcimônia e

---

[21] *Idem, ibidem*, pp. 154-5.

[22] Flora Süssekind (org.), *op. cit.*, p. 34.

Paisagens e figuras da Espanha de Cabral

controle de movimentos, continuava a promover vínculos literários, "lição de poesia" ao demonstrar aos poetas a não poetizar sua poesia, a não se servir de rompantes passionais.

Quanto a Córdoba, comparece em "A palo seco", de *Quaderna*, em meio a imagens de precisão, depuração e construção, inclusive a arquitetura levantada por Romero Murube (SA, 234-5):

> 4.3. *A palo seco* existem
> situações e objetos:
> Graciliano Ramos,
> desenho de arquiteto,
>
> as paredes caiadas,
> a elegância dos pregos,
> a cidade de Córdoba,
> o arame dos insetos.

Poderíamos nos perguntar por que Cabral não transferiu sua paisagem da árida Castela para a sóbria Córdoba, em princípio, mais afim com sua poética? Uma possível resposta estaria justamente na coletânea *Quaderna*, escrita entre 1956 e 1959, e que contém três poemas decisivos de sua temática espanhola: "Estudos para uma bailadora andaluza", "A palo seco" e "Sevilha", três facetas da Andaluzia "de fora" que se alternariam ou se articulariam na obra posterior. Devemos lembrar que nesse período entrou em contato com o *Tempo espanhol* de Murilo, que se abria a várias paisagens da Espanha. Talvez provocado em parte pelo livro do amigo, redirecionou sua Espanha para torná-la menos "amesquinhada" frente à totalidade muriliana. Em termos de paisagem, era capaz também de falar de outra Espanha, diferente da masculina, estéril e severa Castela, enveredando pela feminina, fértil e exposta Andaluzia. Dessa maneira, é sintomática a oferta de *Quaderna* a Murilo.

Mas Córdoba não fora esquecida. Retorna na última coletânea para ratificar a ambiguidade que Cabral sempre manteve entre suas paisagens, comparando-as, e longe de estabelecer uma escolha definitiva. Os toureiros cordobeses dessa vez encontram seu paralelo literário no patrício Sêneca, raiz de uma linhagem espanhola de pensamento e escrita concisos e severos. Mesmo que a sevilhana não tenha visto Manolete como Cabral, aprendera em Sêneca o "rigor denso da expressão". Se Cabral relacionara Medinaceli com o autor anônimo do *Poema de Mio Cid*, no final de sua obra Córdoba reflete-se na obra de Sêneca, referência também para o poeta que poderia vir de muito antes.

O GOSTO PELOS EXTREMOS:
A TAUROMAQUIA E O FLAMENCO

Desde seu primeiro contato com a Espanha, o flamenco e a corrida de touros impactaram Cabral, que passou a assistir a seus espetáculos: "[...] em Barcelona havia lugares onde havia quadros flamencos. Os catalães não gostam de flamenco, mas eu era um frequentador inveterado desses lugares".[23] Em meio às últimas atuações do toureiro Manolete, idealizou uma antologia poética de "autores espanhóis modernos que tenham como tema as 'corridas de touros'".[24] Embora o projeto não tenha se concretizado, alguns dos poemas que dedicou à corrida de touros e ao flamenco ao longo de sua obra poderiam figurar em qualquer antologia desses temas. Infelizmente, isso não costuma acontecer. A revista espanhola *Litoral*, em seu número 238 de 2004, dedicou ao flamenco um alentado volume intitulado *La poesía del flamenco*. Entre ensaios, fotos e reproduções de artes plásticas, figura "El flamenco en la lírica contemporánea", cujo único autor não espanhol é Rainer Maria Rilke. Para o leitor brasileiro ou familiarizado com a literatura brasileira, provoca no mínimo espanto a ausência de João Cabral de Melo Neto. Além de evidenciar o desconhecimento da obra cabralina relacionada à Espanha entre os atuais acadêmicos

[23] Entrevista de 1991, *in* Félix Athayde (org.), *op. cit.*, p. 17.

[24] Carta de 4/9/1947 a Manuel Bandeira, *in* Flora Süssekind (org.), *op. cit.*, pp. 33-4.

Paisagens e figuras da Espanha de Cabral

e escritores espanhóis, pode indicar dissonância dela frente aos modos tradicionais de tratar os temas daquele país, como bem observaram os não menos espanhóis Ángel Crespo e Pilar Gómez Bedate sobre "A palo seco":

"Contrasta fortemente a interpretação que este poeta brasileiro nos oferece do popular espanhol com a levada a cabo, sobretudo a partir dos anos 20, pelos poetas espanhóis autores da chamada poesia neopopular, tão próxima ao típico para forasteiros, que terminou por degenerar em letra de canção à maneira flamenca. É que o popular tem que ser visto como Cabral o viu: em profundidade, deixando de um lado o acidental, que costuma ser produto da interpretação alheia, e buscando o substancial. Ninguém poderá pensar que pecamos de nacionalismo se, relacionando este poema e muitas de nossas considerações anteriores com o fato de que Cabral tenha escrito a última e mais importante parte de sua obra a partir de seu profundo contato com a Espanha, afirmamos que sua estética soube fundir o ibérico, o ibero-americano de Pernambuco, com o hispânico, e que, através deste poeta brasileiro, o espanhol tem sido um elemento importantíssimo da síntese de elementos cultos e populares que produziu uma das obras poéticas mais importantes do Brasil e, em geral, dos últimos decênios."[25]

Cabral diz na carta a Murilo de 1959 que reduzia flamenco e corrida de touros, componentes de uma "Espanha espiritual", a uma "lição de estética" desde os poemas "Alguns toureiros" e "Diálogo" de *Paisagens com figuras*. Nesse sentido, sobretudo os paradigmáticos "Estudos para uma bailadora andaluza" e "A palo seco", de *Quaderna*, foram amplamente comentados pela fortuna

[25] Ángel Crespo e Pilar Gómez Bedate, "Realidad y forma en la poesía de Cabral de Melo", *Revista de Cultura Brasileña*, n° 8, Madri, mar. 1964, p. 67 (separata).

O toureiro Manolete (Manuel Rodríguez Sánchez, 1917-1947), que morreu tragicamente, em pleno picadeiro de Linares, atingido por um chifre de touro.

crítica do autor, em função de serem interpretantes da poética cabralina.[26] No entanto, sem perder essa noção, as três artes — a corrida de touros, o cante e o baile flamencos — não só foram relacionadas entre si, como também ao substrato cultural espanhol, o andaluz, mais especificamente.

Em primeiro lugar, o poeta valoriza a economia de recursos, ao contrário de uma vertente de exuberância na lírica espanhola. Em "Alguns toureiros" (SA, 131), lê-se:

[26] Sobre "Estudos para uma bailadora andaluza", ver Benedito Nunes, *op. cit.*, pp. 114-6; Luiz Costa Lima, *op. cit.*, pp. 298-306; Lauro Escorel, *A pedra e o rio: uma interpretação da poesia de João Cabral de Melo Neto*, Rio de Janeiro, ABL, 2001, pp. 91-6; João Alexandre Barbosa, *op. cit.*, pp. 170-6; Antonio Carlos Secchin, *op. cit.*, pp. 134-9; e a respeito de "A palo seco", ver João Alexandre Barbosa, *op. cit.*, pp. 159-63 e Antonio Carlos Secchin, *op. cit.*, pp. 152-5.

Vi também Julio Aparicio,
de Madrid, como *Parrita*:
ciência fácil de flor,
espontânea, porém estrita.

Em "Estudos para uma bailadora andaluza" (SA, 202):

já não cabe duvidar:
deve ser telegrafia:
basta escutar a dicção
tão morse e tão desflorida,

linear, numa só corda,
em ponto e traço, concisa,
a dicção em preto e branco
de sua perna polida.

E em "A palo seco" (SA, 231):

1.1. Se diz *a palo seco*
o *cante* sem guitarra;
o *cante* sem; o *cante*;
o *cante* sem mais nada;

se diz *a palo seco*
a esse *cante* despido:
ao *cante* que se canta
sob o silêncio a pino.

Embora despojados, o baile e o *cante* flamencos representam
uma espécie de luta para atingir um ponto "extremo": "mesmo
gosto dos extremos,/ de natureza faminta,// gosto de chegar ao
fim"; "*A palo seco* é o *cante*/ de grito mais extremo". Assemelham-
-se ao enfrentamento entre toureiro e touro, entre vida e morte,
comparados em alguns poemas, como "Diálogo" (*Paisagens com
figuras*, SA, 137):

b — Mas o timbre desse canto
que acende na própria alma
o cantor da Andaluzia
procura-o no puro nada,

como à procura do nada
é a luta também vazia
entre o toureiro e o touro,
vazia, embora precisa,

em que se busca afiar
em terrível parceria
o fio agudo de facas
o fio frágil da vida.

"España en el corazón" (*Agrestes*, EPD, 237):

A Espanha é uma coisa de tripa,
do que mais abaixo do estômago;
a Espanha está nessa cintura
que o toureiro oferece ao touro,

e que é de donde o andaluz sabe
fazer subir seu cantar tenso,
a expressão, explosão, de tudo
que se faz na beira do extremo.

E "A imaginação perigosa" (*Sevilha andando*, EPD, 384):

Porque é que todo sevilhano
quer viver-se no aceiro da morte?
Não é povo de jogadores
que estime o deus baixo da sorte.
Para o andaluz ser *matador*
é o sonho que sonha de jovem,
como ser *bailaor*, *cantaor*,

> ele tenta ser quando acorde,
> e que é também viver sobre um fio
> tenso, por em cima da morte,
> onde andar como equilibrista
> sobre um fio agudo de cobre.

Portanto, as imagens de "Estudos para uma bailadora andaluza" e "A palo seco", por exemplo, articulam a tensão entre a manifestação do flamenco e o seu *vazio*, sua *morte*.

A força de "Estudos para uma bailadora andaluza" reside na dialética de movimento e estaticidade, explosão e contenção: *fogo* e *cinza* ("primeiro estudo"); *cavaleira dominante* e *égua rebelada*, variante feminina do toureiro e do touro ("segundo estudo"); *atenção curvada do telegrafista* e a *telegrafia* ("terceiro estudo"); *camponês cavando a terra* e *árvore fincada na terra* ("quarto estudo"); e as duas *estátuas*, do começo e do final da dança, mas *acesas*, *desafiantes* ("quinto estudo").

Quanto a "A palo seco", o grande embate dá-se com o silêncio. Desproporcional, pois o *cante* encontra-se "sem tempero ou ajuda", "despido e pouco", enquanto o silêncio, concretizado em *metal*, *pele*, *líquido*, ora *pesado*, ora *levíssimo*, e *tela*, é difícil de ser rompido. O silêncio inclusive pode "matar" o *cante*: esmagá-lo e afogá-lo, se indefeso, ou apodrecê-lo, se tem frestas.

Nas obras posteriores, em lugar de apenas descrever ou definir o baile e *cante* flamencos, Cabral voltou-se aos seus principais nomes, aos quais provavelmente assistiu ao vivo em suas estadas espanholas: "De Bernarda a Fernanda de Utrera" (*A educação pela pedra*);[27] "A Antonio Mairena, cantador de flamenco" (*Agrestes*);[28] "Manolo Caracol",[29] "Carmen Amaya, de Triana"[30] e

---

[27] Fernanda Jiménez Peña, Utrera, 1927-2006. *La poesía del flamenco, op. cit.*, p. 250.

[28] Antonio Cruz García, Mairena del Alcor, Sevilha, 1909-1983. *Idem, ibidem*, pp. 210-1.

[29] Manuel Ortega Juárez, Sevilha, 1909-1973. *Idem, ibidem*, p. 242.

[30] Carmen Amaya, Barcelona, 1913-1963. *Idem, ibidem*, pp. 246-7.

"Niña de los Peines"[31] (*Sevilha andando*). Em alguns desses poemas, expõe o que se esconde por trás do *cante*, a dor que dilacera o cantor a partir das imagens da *navalha* e do *punhal*. É o que ocorre em "Manolo Caracol" (EPD, 377):

> Canta a partir de íntima fenda
> e sempre pensa que uma fêmea
>
> que com a navalha dos olhos
> abriu-lhe fundo com seu ódio
>
> ferida que de dia esconde
> para que de noite ele sonde
>
> onde é que se localiza
> (mas não quer curá-la, é seu guia).

E em "Niña de los Peines" (EPD, 380-1):

> Se metal, não está em lingote:
> é um metal rouco, como roto,
> metal que dói, dilacerado,
> como um metal de nervo exposto.
>
> Raro ele canta de punhais.
> Foge-os cantando flores vivas.
> Há muitas flores no que canta
> como em Frederico Garcia,
>
> ou Lorca, que escreve do amor
> e das mil flores que sabia.
> Mas no *flamenco* o amor aponta
> como punhal entre margaridas.

---

[31] Pastora Pavón Cruz, Sevilha, 1890-1968. *Idem, ibidem,* pp. 206-8.

Paisagens e figuras da Espanha de Cabral

A cantora e dançarina de flamenco Carmen Amaya (1913-1963).

O *flamenco* fala do amor
como ele, também floralmente,
mas no *flamenco* um punhal oculto
nesse canteiro cresce sempre.

Talvez esses poemas fossem mais uma tentativa de mostrar uma Espanha menos "amesquinhada", que não fosse apenas uma "lição de estética", frente à Espanha muriliana, aproximando-se, de certa maneira, da lírica espanhola sobre o flamenco. Basta comprovar o início dos poemas dedicados a Manolo Caracol e a Niña de los Peines, respectivamente de Daniel Pineda Novo e Pablo García Baena, que emulam a dor do cante:

Tu grito fue de angustia y puñalada
como un tremendo ¡ay! de profecía
y tu voz afilá fue la armonía
al relente de turbia madrugada...[32]

Giralda de las voces... Padecía
por su garganta un ave prisonera.
Era la pena de la petenera
y era un vuelo de llanto y agonía.[33]

Cabral investe tanto no universo interior do flamenco que assume a voz da bailadora Carmen Amaya, distanciando-se do espectador dos "Estudos para uma bailadora andaluza". Ela conta que tomou lições para sua dança com a tourada (EPD, 379-80):

"Fui numa tarde à *Maestranza*,
vi Pepe Luis (toureio e dança)

com ele é que aprendi que a morte
é que faz o sotaque mais forte,

e que não traz mal a quem a toque:
pois raro acede a quem a invoque.

Por isso, que pus no baile
a morte e seu arrepiar-se.

Supersticiosa, sou cigana,
vivo muito bem com a tal dama:

Ela faz mais denso o meu gesto
e só virá em meu dia certo."

[32] *Idem, ibidem*, p. 244.
[33] *Idem, ibidem*, p. 208.

Paisagens e figuras da Espanha de Cabral

Pode ser que no poema de *Quaderna* já pensasse em Carmen Amaya, na "flora" "a que seus braços dão vida,/ densa floresta de gestos/ a que dão vida e agonia". O depoimento que Vicente Marrer realizou sobre a bailadora corrobora a fala imaginária de Cabral: "Ciganinha desgraciosa, magra, pequena, quase incorpórea, com cara de ídolo trágico e remoto, pômulos asiáticos, de olhos rasgados carregados de presságios, braços retorcidos, nervosa, desgrenhada como um bicho mau, vibrante e violenta...".[34] Cabral, no momento final de sua obra, pôde construir suas histórias com os mitos do flamenco e das corridas de touro, e não apenas valer-se de um símile para sua poética.

A Sevilha espiritual

Nas últimas obras escritas durante a década de 80 — *Agrestes* (1981-85), *Crime na calle Relator* (1985-87) e *Sevilha andando* (1987-89) —, ao lado das "ideias fixas" espanholas, Cabral aproximou-se em mais de um poema da religiosidade do país ou, melhor dizendo, de Sevilha. Vinte anos antes, confessara a Murilo a sua incapacidade em abarcar uma Espanha "espiritual". Longe de uma conversão, esses poemas indicam, a partir de situações ou narrativas, uma abertura à instigante mescla que os andaluzes realizaram entre o sagrado e o profano ("Oásis em Sevilha", *Sevilha andando*, EPD, 353):

> que é religiosa e pagã,
> que faz o sinal da cruz
> frente a um bordel ou um banco
> se monumental e com luz.

Recuperando os termos da carta de 1959, evitou a "Espanha negra" da Castela "monja e bispa" e defendeu a "Espanha bran-

---

[34] *Idem, ibidem*, p. 247.

ca" de Sevilha, esclarecendo não haver em suas crenças bruxaria ou magia, argumentos dos ataques do catolicismo oficial (*"El embrujo de Sevilha"*, *Sevilha andando*, EPD, 361-2):

> Não há tal *embrujo* em Sevilha.
> Tudo é solar e sem mistério
> e a superstição do sevilhano
> é um manso animal doméstico,
>
> com quem se convive, carrega
> nos braços; mais bem é mascote,
> é como um gato ou um cachorro
> que quando incômodo se enxote,
>
> se insulta quando necessário,
> puro totem, nu de religião,
> nu de ocultismo, metafísica,
> teologia trazida ao chão;
>
> que se obedece porque sim,
> e que, bicho de casa, servo
> (seja uma Virgem, um sinal da cruz)
> não morde, é íntimo, é um gesto.

Três poemas de *Agrestes* põem em cena o catolicismo por meio de mulheres, como não poderia deixar de ser, sevilhanas. Não são beatas, mas trazem a faceta do inconformismo, da ingenuidade ou da emoção.

Para isso, o poeta faz com que surpreendamos uma "Conversa de Sevilhana" com seu parceiro na cama (EPD, 227):

> Se vamos todos para o inferno:
> e é fácil dizer quem vai antes:
> nus, lado a lado nesta cama,
> lá vamos, primeiro que Dante.

Eu sei bem quem vai para o inferno:
primeiro, nós dois, nesses trajes
que ninguém nunca abençoou,
nós, desabençoados dos padres.

Saindo do âmbito da moral cristã, ela desafia, com sentido de desforra, figuras sociais merecedoras do inferno, até chegar à autoridade máxima (EPD, 228):

Enfim, quem manda vai primeiro,
vai de cabeça, vai direto:
talvez precise de sargentos
a ordem-unida que há no inferno.

Nos outros dois poemas de *Agrestes*, o eu lírico, escamoteado ao longo da obra cabralina, testemunha a reverência de sevilhanas diante de símbolos católicos. Em "Bancos & catedrais", conta da sevilhana que estando em Madri se benzia diante de um grande edifício que lembrasse uma igreja (EPD, 228-9):

Quando de carro comigo
por Sevilha, Andaluzia,
passando por cada igreja,
recolhida, te benzias.

Pela larga Andaluzia
ninguém se engana de igreja:
amplas paredes caiadas
com portais pardos, de pedra.

Contudo, quando comigo
pela Vila de Madrid,
notei que tu te benzias
passando o que, para ti,

lembrava vulto de igreja.
O que era monumental
fazia-te imaginar:
eis mais outra catedral.

Mas a ilusão de ver igrejas onde se encontram bancos é ironicamente em parte confirmada, pois para o eu lírico o catolicismo e o poder econômico podem relacionar-se (EPD, 229):

Sem querer, não te enganavas:
se não eram catedrais
eram matrizes de bancos,
o verbo de onde as filiais.

Só erravas pela metade
benzendo-te em frente a bancos;
quem sabe foram construídos
para lucrar desse engano?

Em "O mito em carne viva", mais uma sevilhana, transposta a Castela, deixa-se comover com uma pintura da Crucificação, desabafando em sua variante andaluza do espanhol (EPD, 230):

Em certo lugar de Castela,
num dos mil museus que ela é,
ouvi uma sevilhana,
a quem pouco dizia a Fé,
ante uma Crucificação
comovida dizer
a emoção mais nua e crua,
corpo a corpo, imediata, ao pé,
sem compunção fingida,
sem perceber sequer
a névoa que a pintura
põe entre o que é e o que é:
Lo quié no habrá sufr'io e'ta mujé!

Paisagens e figuras da Espanha de Cabral

Na segunda parte do poema, em lugar de desfazer o equívoco de uma visão como em "Bancos & catedrais", adere-se à veracidade da perspectiva desta sevilhana, sem pretensões religiosas ou eruditas, apenas humana; para ela não é mais uma representação pictórica de caráter sagrado, mas sim veículo que desperta emoções cujos símiles estão no mundo contemporâneo, o cinema e a televisão (EPD, 231):

> Eis a expressão em carne viva,
> e porque viva mais ativa:
> nua, sem os rituais ou as cortinas
> que a linguagem traz por mais fina.
> A Crucificação para ela
> não era o que um pintor num tempo:
> para ela era como um cinema
> narrando um acontecimento,
> era como a televisão
> dando-o a viver no momento.

A Semana Santa, uma das maiores manifestações do catolicismo espanhol, que se mostra não apenas como devoção, mas também como espetáculo, comparece na produção final cabralina narrada do ponto de vista das populações marginalizadas, os ciganos, ou do povo das ruas. Em "Numa Sexta-Feira Santa", de *Crime na calle Relator*, conta-se a experiência de alguém não identificado — provavelmente reminiscência do diplomata Cabral —, cujas impressões não interessam em meio às ações de ciganos com nomes próprios (EPD, 294):

> Preferiu passá-la em Utrera
> que a faz em mais pobre maneira,
>
> mas onde queria assistir
> o Cristo Cigano que ia ir

reentrar na Matriz de Utrera
nos braços das *saetas* da Pepa.

Pepa, grande por *bulerías*,
cantando *saetas* estrearia,

[...]

A confluência de culturas revela-se tanto na denominação "Cristo Cigano" quanto na ocorrência das *saetas*, copla flamenca cantada na procissão da Semana Santa. Além das *saetas*, permitidas pela Igreja, mencionam-se outros tipos de flamenco, as *bulerías*, o *cante* e baile flamencos festivos, e as *siguiriyas*, o *cante* flamenco de música e temas tristes, como a morte e os sofrimentos do homem. Como nem sempre essas distinções estão claras para a força expressiva do cigano, pôde sofrer as retaliações do poder legal e religioso, irmanados durante a ditadura franquista (EPD, 294-5):

Passa que cantar por *saetas*,
cante que aceita a própria Igreja,

faz-se com o mesmo compasso
das *siguiriyas*, que os ciganos

carregam no pulso e na língua
para confusão da polícia.

Porém se algum guarda-civil
tiver o ouvido mais sutil

e sentir que *cantaor* ia
não por *saeta* mas *siguiriya*,

leva o infrator para a cadeia
por desaforo a Franco e à Igreja.

Paisagens e figuras da Espanha de Cabral

Ora, o cigano canta o que pode,
não aprende: é o que dele jorre,

e sua garganta em carne viva
não sabe linha que a divida.

No entanto, Pepa canta a volta do Cristo por *siguiriyas* e não por *saetas*, "sacrílega infração" percebida por um guarda-civil "competente em *flamenco*" que apenas quer aparentar o cumprimento da ordem (EPD, 295-6):

E às cinco da manhã de Utrera,
manhã santa da Sexta-Feira,

quer levar tudo ao Delegado:
por *cante* e aplaudir o cantado

(extraterritorial presente
soltou-os, sem mais incidentes).

Por fim, a testemunha ocular presencia uma manifestação do genuíno flamenco, em plena Sexta-Feira Santa, na intimidade da "casa da Cortés" (EDP, 296):

Pois ocultos, na Santa Sexta,
deram a si próprios grande festa.

Sendo ele o só espectador
(cada artista logo o ignorou)

viu o melhor *flamenco* até ali:
o que cada um faz para si,

quando sem público que dê terra
cada um expõe sua febre elétrica.

Nunca ele viu Semana Santa
celebrada tão das entranhas.

De Utrera a Sevilha, o poeta reveste-se de cronista para seguir as procissões da "Semana Santa" (*Sevilha andando*). As imagens sagradas são redimensionadas a uma condição humana e popular, como o Cristo "já cinquentão", inclusive pelo homem que o acompanha do bar, soltando seu comentário sem cerimônia como a sevilhana diante da Crucificação (EPD, 357):

O sevilhano o olha da porta
do bar, e pensa: "Pobre homem,
em que enrascada se meteu",
e volta ao bar onde consome.

Mas as grandes estrelas são as Virgens das diversas Confrarias, recebidas quase sensualmente como mulheres (EPD, 357-8):

[...]
cada sevilhano tem a sua,
amante ideal com quem vive.

Elas parecem ter vinte anos,
filhas, mais do que mães do Cristo
que vão seguindo até o Calvário:
choram em diamantes festivos.

[...]

Cada qual pertence a uma Virgem,
defende-a como um torcedor;
cada Virgem tem seu partido,
como um clube de futebol.

Delas discutem os milagres,
o valor das joias que têm,

Paisagens e figuras da Espanha de Cabral

mas a virtude principal
é saber qual é mais mulher.

Não só das sevilhanas, dos ciganos e do povo das ruas compõe-se o quadro religioso apresentado por Cabral. Entre os poemas de *Sevilha andando*, atingiu os padres em "O asilo dos velhos sacerdotes"; um longo período intercalado por orações adjetivas ironiza as atividades comuns da carreira de um padre, além de denunciar a condenação do flamenco e a prática da intriga (EPD, 367):

Os padres velhos de Sevilha,
que pastorearam toda a vida

que tanto sofreram dos hálitos
beatos nos confessionários,

que pastorearam, literalmente,
gado, galinhas, até gente,

que mastigaram o macarrão
do seu latim de igreja, em vão,

que puxaram as ladainhas
para cobrir as *bulerías*,

e ameaçavam com o inferno
quem se revelasse *flamenco*,

um inferno de labaredas
e música rança de igreja,

que só sabiam do silêncio
da fala baixa de intriguentos,

[...]

Rompe-se a expectativa de um triste fim condizente com tais condutas, sugerido desde a palavra *asilo* do título, pois os padres terminam em uma acolhedora Sevilha, mas não menos patéticos (EPD, 367-8):

têm boa aposentadoria:
vêm dos povoados a Sevilha,

viver em paz a arquitetura
desse palácio de paz muda,

de muros frescos de tijolo,
onde num pátio deleitoso,

mordem com dentes que lá vão
o silêncio, final sermão.

Identificamos dois discursos em relação às imagens da Espanha no decorrer da obra cabralina: em um primeiro momento, de *Paisagens com figuras* a *A educação pela pedra*, descrevem-se paisagens, artes e condutas, como modelos estéticos e até mesmo éticos; nas três últimas obras publicadas, narra-se sobre uma Andaluzia e uma Sevilha que não foram vistas nem pelo olhar do exotismo do estrangeiro nem pelo olhar preconceituoso das demais regiões espanholas, da Igreja e do Estado, mas sim por um poeta cronista que soube expressar as contradições dessa cultura.

Paisagens e figuras da Espanha de Cabral

Murilo Mendes em Córdoba, na Espanha.

4.

Os tempos da Espanha de Murilo

"[...] tema aliás de toda a literatura contemporânea, em vários escritores, inclusive em Machado de Assis, especialmente no capítulo sete de *Brás Cubas*, o delírio, é o problema do *tempo*... Não em vão escrevi *Tempo e eternidade, Tempo espanhol*. Enfim, eu sou *hanté* pelo problema do tempo."[1] O depoimento de Murilo é revelador não apenas para determinadas coletâneas, mas para o conjunto de sua obra, na medida em que buscou elaborar uma concepção do tempo, da história. E quando se refere ao tempo, quase sempre evoca seu par complementar, o espaço. Por isso, além de *Tempo espanhol*, escreveu o livro de viagens *Espaço espanhol*. No estilo dos aforismos de *O discípulo de Emaús*, poderíamos afirmar que, para Murilo, o tempo é poesia e o espaço é prosa, ou melhor, prosaico. No final do texto dedicado à cidade espanhola de Gerona, o poeta volta-se às duas noções que delimitam a experiência humana:

"Quem me restituirá na sua complexidade estimulante o corpo terrestre de Gerona? Quando? Giramos a vida em torno deste advérbio de tempo. 'Quando?', Gerona, é geral interrogação de todos os dias. Seremos nós homens o próprio tempo resumido em carne e osso? Gerona, a epopeia da criação do mundo, o conhecimento acelerado da matéria, superando agora as fórmulas de Einstein, desenrolam-se no tempo, diante dos nossos olhos iniciados; não terminaram; mas todos queremos

---

[1] Laís Corrêa de Araújo, *op. cit.*, p. 357.

nos libertar do tempo qualitativo e quantitativo. Haverá alguma coisa mais obsedante do que o tempo? Em Gerona *vi* mais uma vez o tempo, toquei-o; esse tempo que às vezes tomamos do espaço. O espaço! Queremos agora libertar-nos também do espaço. Oculto na tua cápsula, cosmonauta, distingues ou não as plataformas de Gerona, o espaço de Gerona, o homem de Gerona?" (PCP, 1.164-5)

Bem ao gosto do modernismo da década de 20, ele partiu de um presente circunstancial, do Rio de Janeiro e seu subúrbio, fazendo uma excursão pelo passado do país em chave satírica, em *História do Brasil*. Mas não permaneceu nessa posição, estimulado pela abertura a novas dimensões, graças ao surrealismo e à amizade decisiva com Ismael Nery. O pintor formulou o sistema essencialista como preparação ou introdução ao catolicismo, fundamentado na "abstração do tempo e do espaço, na seleção e cultivo dos elementos essenciais à existência, na redução do tempo à unidade, na evolução sobre si mesmo para descoberta do próprio essencial, na representação das noções permanentes que darão à arte a universalidade".[2] O princípio da universalidade, almejado por Murilo desde o início de sua produção poética, e que remava contra a maré nacionalista do modernismo, possibilitou-lhe que cada vez mais absorvesse as propostas do amigo. A última parte da obra de estreia, *Poemas*, significativamente intitulada "Poemas sem tempo", desenvolve a "sucessão, analogia e interpenetração de formas"[3] entre membros da família, primeira tentativa de figurar uma permanência para além das contingências cronológicas.

Tais percepções, depois da firme adesão ao catolicismo, configuram-se na coletânea *Tempo e eternidade*, escrita em 1934, na qual vários poemas apostam no doutrinário para enfrentar a convulsão política da década de 30, no Brasil e no exterior, que de-

[2] Murilo Mendes, *Recordações de Ismael Nery*, São Paulo, Edusp/Giordano, 2ª ed., 1996, p. 65.

[3] *Idem, ibidem*, p. 30.

sembocaria na Segunda Guerra Mundial. A "Filiação" do eu lírico à eternidade, em detrimento do tempo e do espaço, afirma-se
(PCP, 250):

> Eu sou da raça do Eterno.
> Fui criado no princípio
> E desdobrado em muitas gerações
> Através do espaço e do tempo.
> Sinto-me acima das bandeiras,
> Tropeçando-me em cabeças de chefes.
> Caminho no mar, na terra e no ar.
> Eu sou da raça do Eterno,
> Do amor que unirá todos os homens:
> Vinde a mim, órfãos da poesia,
> Choremos sobre o mundo mutilado.

Muitos poemas com as formas verbais do futuro apontam o
fim dos tempos e o encontro de Cristo na eternidade. Às vésperas
do conflito mundial, situado pela perturbadora imagem das crian-
ças que dormem com fuzis, Murilo lança sua "História" (*As metamorfoses*, Livro Primeiro, 1938; PCP, 330):

> Os mares se contraem.
> As nuvens esticam as asas.
> O espaço abre-se em sedes e clamores.
> Dos que nasceram há mil anos
> E dos que ainda vão nascer.
> Há uma convergência de presságios
> Nos jardins cobertos de rosas migradoras
> E nos berços onde dormem crianças com fuzis.
>
> O espírito poderoso que fundirá os tempos
> Espera, impaciente, nos átrios celestes.

A história com orientação providencialista do divino passa a
nortear a poesia muriliana escrita sob o impacto da Segunda Guer-

ra Mundial, cujas imagens muitas vezes foram inspiradas no Apocalipse: o Livro Segundo de *As metamorfoses* (1941), intitulado provocativamente como "O véu do tempo", a encobrir a redenção da eternidade; *Mundo enigma* (1942); e principalmente *Poesia liberdade* (1943-1945). Na última coletânea comparece o único poema de toda a obra de Murilo em que o tempo é focalizado nas mais diversas ações de um presente contínuo, anunciando o poder que assumiria na poesia posterior (PCP, 434):

> O tempo cria um tempo
> Logo abandonado pelo tempo,
> Arma e desarma o braço do destino.
> A metade de um tempo espera num mar sem praias,
> Coalhado de cadáveres de momentos ainda azuis.
> O que flui do tempo entorna os pássaros,
> Atravessa a pedra e levanta os monumentos
> Onde se desenrola — o tempo espreitando — a ópera
> [do espaço.
> Os botões da farda do tempo
> São contados — não pelo tempo.
> O relojoeiro cercado de relógios
> Pergunta que horas são.
> O tempo passeia a música e restaura-se.
> O tempo desafia a pátina dos espíritos,
> Transfere o heroísmo dos heróis obsoletos,
> Divulga o que nós não fomos em tempo algum.

Tempo e espaço não são meramente desprezados, mas se constituem a partir do concreto, do signo perene da pedra: "Atravessa a pedra e levanta os monumentos/ Onde se desenrola — o tempo espreitando — a ópera do espaço". As imagens descontínuas tentam materializar a abstrata noção de tempo, assim como uma série dos contemporâneos aforismos de *O discípulo de Emaús* (1945). No de número 251, por exemplo, em três concisas frases formulou a trajetória da humanidade sob a ótica do cristianismo: "A criação é a tese. O pecado original, fundador do tempo e da história, é a antítese. O Juízo Final é a síntese". Em vários, o par *tempo-espaço* não se desvincula:

33: O reino de Deus está em nós. Não está sujeito ao *tempo* nem ao *espaço*.

54: O *tempo* e o *espaço* são duas categorias anacrônicas que o homem deverá abstrair se quiser conquistar a poesia da vida.

253: A ciência é o estudo do *tempo* e do *espaço*. A poesia é a aventura no *tempo* e no *espaço*. A religião é a ciência fora do *tempo* e do *espaço*.

541: O *tempo* é uma dimensão do espírito, o *espaço* é uma dimensão do corpo.

623: O *espaço* e o *tempo* estão catalogados e previstos.

715: Os princípios mecânicos só podem funcionar no *tempo* e no *espaço*. O espírito livre os supera. [grifos nossos]

Os aforismos citados associam *tempo-espaço* como categorias subjugadas à eternidade divina, única aspiração válida. O binômio *tempo-espaço* tornou-se crucial no conjunto da poesia muriliana formado por *Contemplação de Ouro Preto*, *Siciliana* e *Tempo espanhol*, obras circunscritas por um determinado espaço — cidade, ilha e país — e recuadas no tempo. O que a fortuna crítica de Murilo geralmente reconhece como um novo período da obra que se volta a uma realidade empírica corresponde a um mergulho profundo na tradição, na história, mas sem abandonar os princípios católicos.

A primeira lição de história deu-se na Minas Gerais natal, em Ouro Preto, a Vila Rica colonial redescoberta pela primeira geração modernista. Ao lado do sogro, o historiador português Jaime Cortesão, e do diretor do Serviço do Patrimônio Histórico e Artístico Nacional (SPHAN), Rodrigo Mello de Franco Andrade, visitou no final dos anos 40 a antiga capital mineira, sensibilizando-se com seus monumentos e suas histórias. A paisagem montanhosa e irregular que configurou todo um traçado urbano imprime sua permanência no poema de abertura da coletânea de 1954, "Motivos de Ouro Preto" (PCP, 458):

E contra a dispersão das ossadas no tempo,
Que o amor à forma e a Promessa rejeitam,
Da pedra o testemunho antigo se levanta,
Poder do Itacolomi — e o da Pedra perene.

Contudo, na Europa, Murilo deparou-se com muitos mais séculos de história, que convivem em um mesmo lugar como registros de diferentes épocas. Entre diversos locais para uma primeira eleição, aportou à ilha da Sicília, de história anterior a Cristo, que deixou ruínas integradas à natureza pela força da pedra.[4] Depois das igrejas de Ouro Preto, circulou entre os templos e túmulos da ilha para ratificar a participação de tudo e de todos na eternidade ("O claustro de Monreale", PCP, 569):

Confronto-me ao que foi antes de mim:
Em 1901 eu tinha
Seis milhões de anos.
Os que dormem sob as lápides,
Antecipando o futuro,
Viram o deus permanecer
Desde o princípio do tempo
Nas colunas geminadas.

Finalmente, ampliou os horizontes para a Espanha em *Tempo espanhol*, última obra poética de uma incessante produção começada na metade dos anos 20, antes de enveredar pela prosa e pelas últimas experimentações de *Convergência*. Ao contrário de uma tradição crítica proposta por Haroldo de Campos, que vê, sobretudo nesse livro, o ápice de um caminho de depuração e construção formais, podemos apresentá-lo como uma interpretação decisiva da temática do tempo. Assim, Murilo escolheu uma das mais intensas nações católicas da história, a Espanha de "lição de

---

[4] Ver a análise de Davi Arrigucci Jr. do poema "As ruínas de Selinunte", no ensaio "Arquitetura da memória", *in O cacto e as ruínas: a poesia entre outras artes*, São Paulo, Duas Cidades/Editora 34, 2000.

ética exemplar, da qual um dos temas fundamentais é a justaposição do homem interior ao homem exterior, inserido na história mas consciente do valor da sua alma individual [...]" (PCP, 1.471).

A tensão "tempo e eternidade" integrou-se de forma harmoniosa em *Tempo espanhol*. Diferentemente da linha progressista e materialista da *História do Brasil* da década de 30, percorre-se a história, dos primeiros povos da Antiguidade à ditadura franquista, segundo uma interpretação figural. Estudado por Erich Auerbach em relação à Idade Média cristã, a interpretação figural é o modo patrístico e escolástico de definir e orientar cristãmente o sentido do tempo na experiência histórica. A figura é, basicamente, a relação, especular e substancial, estabelecida entre homens, coisas e eventos do Antigo e do Novo Testamentos; "algo real e histórico que anuncia alguma outra coisa que também é real e histórica. A revelação entre os dois eventos é revelada por um acordo ou similaridade".[5] Dessa maneira, as pessoas e fatos do Velho Testamento são prefigurações do Novo Testamento, como Moisés é uma *prefiguração* e Cristo seu *preenchimento*. Os acontecimentos não apenas se remetem uns aos outros, mas também à promessa do fim dos tempos e do verdadeiro reino de Deus, que, de acordo com a doutrina cristã, sempre existiu e sempre existirá.

A construção temporal do livro de 1959 corresponde a um deslocamento geográfico, figurando determinados espaços como palcos de determinados tempos. Ratifica a íntima associação *tempo-espaço* também em *Espaço espanhol*, no qual não apenas descreve cidades, mas também constrói seus tempos. Em mais de uma passagem é evidente sua preocupação com a alteração de uma ordem antiga para dar lugar à modernidade do século XX,[6] quan-

---

[5] Erich Auerbach, *Figura*, trad. de Duda Machado, São Paulo, Ática, 1997, p. 27. Murilo Marcondes Moura, para a leitura de "Janela do caos" de *Poesia liberdade*, valeu-se da noção de figura desenvolvida por Auerbach, "História: figura da eternidade", *in Murilo Mendes: a poesia como totalidade, op. cit.*, pp. 170-2.

[6] "Ainda existirão espanhóis dentro dos arranha-céus?", "Madri", PCP, 1.126; "O caráter da antiga Ávila 'mística e tradicional, honesta e dura', custa-

do, no final da década de 60, a Espanha começava a abandonar seu caráter predominantemente rural. Nesse aspecto, concorda com João Cabral, citando o poema "Sevilha" de *Quaderna*: "Deduzimos portanto que Sevilha é feita à medida humana; esse texto implica uma censura ao gigantismo de tantas cidades modernas que perderam, quase, a relação com seu criador e protagonista, o homem" (PCP, 1.176).

Tempo espanhol pode ser considerada uma das obras mais elaboradas e coesas de Murilo, mais que um mero conjunto de poemas ou um desfile histórico-artístico. Cabral, na carta citada de 1959 em que comenta *Tempo espanhol*, valoriza sua unidade frente aos primeiros livros, "mais descritivos de estados de espírito do que objetos ou coisas fora de V.":

> "[...] nos poemas que você escreve provocado por um tema exterior, esse tema exterior automaticamente impõe uma unidade. Sua poesia, sendo essencialmente

rá talvez a se adaptar aos hábitos dos últimos invasores: o técnico e o capitão de indústria", "Ávila", PCP, 1.139; "Depois regresso às margens do Pisuerga; debruço-me no parapeito; e, pisuergando, auguro para os homens a impossível *mansedumbre* que subsiste na água barrenta de um rio castelhano a exorcizar os poderes mecânicos do século", "Valladolid", PCP, 1.148; "O processo de modernização demorou um pouco mas já está se implantando aqui. Perto do Palacio de los Momos, de tão singular fantasia, com suas janelas em *ajimez*, instalaram um posto de gasolina; muitas lojas do centro se americanizaram. O fim do mundo virá por efeito de bombas americanas ou chinesas? De qualquer modo, não por bombas espanholas", "Zamora", PCP, 1.152; "Cada vez que volto aqui pergunto-me preocupado se esta gente conservará seu caráter específico mesmo depois de tantos anos de governo ditatorial, de americanização e de rápida industrialização. Naturalmente muitos hábitos estão-se modificando, assim será cada vez mais: de qualquer modo creio que os traços característicos da psique espanhola permanecerão apesar das fortes pressões internas e externas", "Salamanca", PCP, 1.155; "[...] ponho-me a congeminar o que será o futuro da terra palentina; por exemplo, se a forma desses campos, dado o avanço da urbanização espanhola, subsistirá no dia de amanhã; é mais provável que segundo a metáfora bíblica, seja logo mudada como um vestuário", "Palencia", PCP, 1.157.

descontínua, isto é, composta de imagens que V. lança como de diferentes posições contra o alvo, está claro que falando do assunto X não se pode exigir de V. — como se exigiria de Donne, p. ex. — um desenvolvimento ou um esgotamento de uma imagem básica provocada pelo objeto X. Você dará três ou quatro visões, equivalentes a três ou quatro disparos que tal objeto provocou da sua espingarda. Mas o só fato de V. ter botado no título do poema, que registra essas três ou quatro intuições, uma coisa qualquer que identifica seu título, dá uma unidade ao poema. Aquele poema já não é a justaposição de três ou quatro iluminações dissonantes, cuja unidade um leitor pouco sutil jamais descobrirá. Aquele poema é um poema sobre o assunto tal, apenas dividido em quatro partes, ou capítulos, ou ângulos de visão. Por isso acho ótima a sua ideia de botar aquelas bolas • para separar as partes de alguns dos poemas."[7]

Alternam-se, assim, poemas sobre cidades e regiões com poemas dedicados a escritores, pintores ou obras e manifestações culturais. Cada espaço testemunha um tempo singular da Espanha. Entre os primeiros poemas temos, por exemplo, "Aos poetas antigos espanhóis" e "Santiago de Compostela", o fim de um caminho que se torna aqui um dos primeiros pontos de partida. Depois, chega-se ao "Siglo de Oro", entre os séculos XVI e XVII, considerado o apogeu da cultura espanhola; os poemas se detêm justamente nos maiores nomes da literatura e da pintura, como em "São João da Cruz", "Homenagem a Cervantes", "El Greco", "Lida de Góngora" e "Velázquez". Adentra-se, nessa altura da coletânea, na região de Castela, centro do país e responsável pela formação do Estado nacional, com "Toledo" e "Madrid". Mais adiante, passa-se para o sul, a Andaluzia de "Sevilha", do "Tempo do cante flamenco" e do "Canto a García Lorca". Chega-se, por fim, ao

---

[7] Laís Corrêa Araújo, *op. cit.*, p. 374.

Os tempos da Espanha de Murilo

século XX e à modernidade de "Barcelona", na Catalunha, com "Gaudí", "Picasso" e "Joan Miró", sem se esquecer da insatisfação do homem do povo frente aos efeitos da ditadura franquista em "O chofer de Barcelona".

Vale lembrar que *Tempo espanhol* está longe de ser apenas uma versão em poesia de "impressões de viagem" ou uma homenagem aos escritores e pintores favoritos de Murilo. Ao focalizar um espaço, um poeta ou um pintor, Murilo opera tanto uma reflexão acerca da Espanha quanto da própria poesia dele, oú seja, modos de construir uma cidade, um quadro ou um poema corroboram uma poética que atravessava um momento crucial no final dos anos 50.

O COMEÇO E O FIM DA ESPANHA

Os onze primeiros poemas de *Tempo espanhol* acompanham a formação e a Idade Média, regredindo até as montanhas catalãs de "Monteserrate", "Anteriores ao primeiro homem" (PCP, 578):

> Eis o território disforme
> Onde o espírito sincopado
> Tenta escalar Deus e a pedra:
> Espanha por se construir.

Espaço espanhol, por sua vez, abre-se com o texto sobre "Altamira" e suas pinturas rupestres, as quais para Murilo permanecerão inclusive no fim dos tempos no lugar de outras conquistas mais recentes e civilizadas do homem: "Coisa estranha: ao deixar esta cova tenho a sensação de haver penetrado nos arcanos do fim do tempo, em vez de retornar ao princípio. No fim do tempo, isto é, quando se acumularem as ruínas do que foi o homem e seu esforço de levantar o monumento da história; quando só restarem vestígios, não do seu 'idealismo', da sua 'arte', da sua 'ciência', mas da sua substituição mágica pelo animal das cavernas" (PCP, 1.122). Segundo Murilo, esse animal pode ser um "longínquo pressentimento do rito taurino", assim como a "Cabeça de touro maiorquina", de *Tempo espanhol.*

Montserrat e Altamira são "terra de Espanha, sim, mas não história de Espanha" (PCP, 1.121). Contudo, prefiguram elementos da Espanha que virá. Tal processo ocorre de maneira plena logo no poema de abertura, "Numancia" (PCP, 577):

> Prefigurando Guernica
> E a resistência espanhola,
>
> Uma coluna mantida
> No espaço nulo de outrora.
> Fica na paisagem térrea
> A dura memória da fome,
>
> Lição que Espanha recebe
> No seu sangue, e que a consome.

Numancia é o nome de uma população desaparecida a sete quilômetros da atual cidade de Soria. No último bloco do texto a respeito de Soria em *Espaço espanhol,* Murilo estende a compreensão do conciso poema:

> "Descortino o horizonte de Numancia, deserto, imensurável a olho nu. Observo a vegetação rasa onde um ou outro resto de coluna se salienta, algum marco a assinalar o episódio da grande resistência aos romanos; recuando nos séculos descubro a atualidade de Numancia na sua gesta épica. Resistência; não deveria ser esta a palavra de ordem universal? Resistência à agressão, à lei do lobo ou da raposa, a qualquer violência, fardada ou não." (PCP, 1.144)

Depois de catorze anos de lutas, um cerco em 133 a.C. venceu Numancia pela fome. Os habitantes preferiram a morte a se entregar, chegando a incendiar a cidade para que não ficasse para os romanos. História convertida em mito, tanto que o adjetivo *numantino* entrou para a língua espanhola com o significado: "que resiste com tenacidade até o limite, geralmente em condições precárias".

Após a evocação que o título "Numancia" pode conotar, a palavra inicial do poema, o verbo *prefigurando*, inaugura a concepção histórica que norteia *Tempo espanhol*. Assim como Murilo aprendera a história dos judeus como uma *figura* do surgimento de Cristo, a resistência de Numancia aos romanos é uma *figura* de outras resistências do século XX na Espanha: do bombardeio a Guernica em 1937, que se tornou símbolo das atrocidades da guerra no mundo contemporâneo, e da ditadura franquista, velada nesse começo e explícita nos últimos poemas. Acontecimentos similares pela imposição da carência e pela morte dos adversários. No último "setor" de *Tempo espanhol*, que analisaremos mais adiante, o poema "Guernica" pode ser visto como *preenchimento* da *figura* de "Numancia": "Aumentando a comarca da fome", o episódio segue a lição recebida do episódio da Antiguidade. Mas o verbo final, *consome*, indica que o drama repercute ainda na atualidade. O que parecia o começo pode anunciar o fim.

Nessa primeira parte, nada menos que três poemas consecutivos foram dedicados à arte românica: "Aos pintores antigos da Catalunha", "A Virgem de Covet" e "As carpideiras". Para os dois últimos, incluiu indicações museológicas para situar o leitor, respectivamente, "Imagem do século XIII, vinda da Igreja de Covet. Museu de Arte Antiga, Barcelona" e "Pinturas do sepulcro de Don Sancho Saiz Carrillo. 1300. Museu de Arte Antiga, Barcelona".

"Aos pintores antigos da Catalunha" vem logo em seguida de "Aos poetas antigos espanhóis", as faces literária e pictórica da Espanha medieval. Sintetiza em verso as principais impressões da arte românica (PCP, 580):

> Fundais o horizonte plástico da Espanha.
> Fundais a proporção na majestade,
> A matéria da vida não transposta,

Antes exposta com lucidez didática
E medida exata da caligrafia.

Sabeis irradiar as cores,
Criais largos panejamentos.
Enganais a perspectiva.
Comprimis a perspectiva.
Rigor de arte e de vida.

Fixais o alto objeto do plástico,
Tradição do primeiro sol futuro
Que irrompe vertical do Apocalipse:
Vive no espaço
O Cristo com sua descendência.

.

Nos afrescos românicos, medida da Catalunha,
O símbolo em valor concreto já se muda.

A religião visualizada em cores e formas vigorosas, "lucidez didática", impressionou Murilo. O divino poderia ser transmitido com "exatidão" e "rigor", o símbolo transformado em "valor concreto". Para esse poema, seguramente tomou como referência "o formidável *Pantocrator* do mestre de San Clemente de Taüll". Pantocrátor designa a imagem de Cristo mais conhecida em que aparece representado frontalmente, bendiz com a mão direita e segura o livro com a esquerda. Retirado da igreja de Sant Climent de Taüll para compor o âmbito V do Museu Nacional de Arte da Catalunha, é uma das obras mais representativas da arte românica. Termos do poema remetem-nos a essa pintura mural: o Cristo é uma figura em "majestade"; sua túnica branca e cinza e o manto azul revelam "panejamentos", dobras e ondulações, oferecendo a ilusão de movimento. Letras e palavras colaboram na lição divina: nos dois lados do Cristo, as letras alfa e ômega, primeira e última do alfabeto grego, indicam que ele é o princípio e o fim de todas as coisas (Apocalipse 1, 8; 21, 6; 22, 13); no livro aberto em sua mão esquerda lemos a inscrição "Ego sum lux mundi" ("Eu

Os tempos da Espanha de Murilo

O afresco de Sant Climent de Taüll, hoje no Museu Nacional de Arte da Catalunha, Barcelona.

sou a luz do mundo", João 8, 12). Abaixo de Cristo, sua "descendência" em semicírculo, diversos santos e apóstolos marcados por arcos e colunas.[8]

Por outro lado, Murilo não se deteve apenas "no alto objeto da plástica", do Cristo Todo Poderoso, tendo se aproximado das manifestações mais populares do culto religioso, como a Virgem de Covet (PCP, 580-1):

> Nessa talha policroma
> Resumo o estilo severo
> Dos primeiros catalães,
> Mestres da força, escultores:
>
> Construíram sua fantasia
> Com materiais reduzidos.
> Ordenaram a solidez
> Anulando as formas frouxas.
> Substituíram à dureza
> Da imagem sacra distante,
> A proximidade do humano:
> Elementos que ajustados
> Pela ternura concisa
> E a carga da Idade Média
> Criaram a Virgem de Covet.

A Virgem de Covet encontra-se no âmbito VIII do Museu Nacional de Arte da Catalunha, ao lado de outras imagens talhadas em madeira. De aspecto rústico, os traços faciais são mais familiares, com um leve sorriso,[9] reconhecidos pelo poeta: "Substituíram à dureza/ Da imagem sacra distante,/ A proximidade do humano". O que fora aplicado à escultura valia também para seu verso: "Construíram sua fantasia/ Com materiais reduzidos./ Ordenaram

---

[8] Eduard Carbonell i Esteller *et alii.*, *Guía de arte románico*, Barcelona, Museu Nacional d'Art de Catalunya, 1998, pp. 70-5.

[9] *Idem, ibidem*, p. 111.

a solidez/ Anulando as formas frouxas". Com pouco e eliminando o excesso, promoveu um novo direcionamento para sua poesia.

Murilo datou do primeiro ano de sua viagem à Europa a grande revelação que constituiu a visita ao Museu de Arte Antiga da Catalunha:

> "Barcelona é rica em coleções de arte. O Museu de Arte Antiga da Catalunha reúne na colina de Montjuich um conjunto excepcional de afrescos, painéis, esculturas em madeira, elementos arquitetônicos, todos de estilo românico, além de quadros e outras peças de épocas posteriores. A parte românica é considerável e creio que sem igual em toda a Europa. Vide mormente as salas nº 1 a 13, com afrescos provenientes de Pedret, Esterri d'Eneu, La Seo d'Urgel, o formidável *Pantocrator* do mestre de San Clemente de Taüll: foram trasladados de igrejas e capelas medievais dos Pirineus (de há muito tempo sem culto) por meio duma técnica especial. A pintura antiga catalã é altíssima, ao nível de criação estética que nos deu os 'primitivos' flamengos e italianos. Meu primeiro encontro com essa pintura, no longínquo ano de 1952, causou-me um choque de que não regressei até hoje."[10]

Na biblioteca do poeta, a fascinação pela arte românica mostra-se na presença do sexto volume da monumental *Ars Hispaniae: Historia Universal del Arte Hispánico*, "Pintura e imagenería románicos".[11] Já o livro *Les maîtres de la peinture espagnole: El Greco-Velázquez*, de Eugène Dabit,[12] apesar de trazer na folha de rosto a anotação "M. M. 1940", provavelmente foi lido ou relido depois de 1952, pois, diante de certas considerações da introdução — a de que a obra de dois homens, El Greco e Velázquez, é essen-

---

[10] *Espaço espanhol*, PCP, 1.168.

[11] Walter William Spencer Cook e José Gudiol Ricart, Madri, Plus-Ultra, 1950.

[12] Paris, Gallimard, 4ª ed., 1937.

cial à pintura espanhola, e a de que não se encontra na Espanha o equivalente aos primitivos italianos —, Murilo escreveu à margem "e os primitivos catalães?...".

Dessa maneira, levantamos a hipótese de que o "choque" causado pela arte românica, em 1952, pode ter sido um dos estímulos decisivos para o conduzir à poesia de *Siciliana*, de 1954-55, e *Tempo espanhol*, de 1955-58.

O NÚCLEO DE ESPANHA: CASTELA E O *SIGLO DE ORO*

Os vinte poemas seguintes — a maior sequência de *Tempo espanhol* — adentram Castela e o denominado *Siglo de Oro*, que entre os séculos XVI e XVII correspondeu ao período de maior esplendor nas artes espanholas. Murilo explicitou a importância crucial desses espaço e tempo espanhóis: "[...] o ambiente da meseta castelhana remete-nos a uma época nuclear da Espanha: quando de novo se encarna historicamente o tema da vocação sagrada do homem, aperfeiçoando-se a disciplina dos sentidos, ampliando-se a visão das fronteiras da morte; quando a consciência das duas tarefas, a terrestre e a transcendente, se resume na pessoa de Santa Teresa, segundo alguns tão reveladora da substância espanhola quanto Cervantes" (PCP, 1.144). Para a *Antologia poética* de 1964 que ele mesmo preparou, o maior número de poemas de *Tempo espanhol* advém desse período.[13]

Seguindo a tradição dos escritores da Geração de 98 — Murilo foi, naturalmente, leitor de Unamuno e Azorín, entre outros —, revisita o tópico da Castela escassa e áspera ("Homenagem a Cervantes", PCP, 587-8):

> Na estepe de Castela o homem mede a sede,
> Mede o sol, desdém e força.

---

[13] "Santa Teresa de Jesus", "São João da Cruz", "Lida de Góngora", "Tema de Calderón" e "Tempo de Quevedo", Lisboa, Morais, 1964.

Na estepe de Castela
O homem mede suas malandanças,
Caminha com a rudeza a tiracolo.
Na estepe de Castela
Campos desnudos, vento e argila,
Céu côncavo, cifrado,
Determinam o espaço substantivo,
O estilo do silêncio
E o silêncio cria o homem de Castela.

As noções de concretude e depuração — associadas na imagem do "silêncio e solidão sólidos" de Toledo —, que caracterizam *Tempo espanhol*, encontram nessa parte sua formulação mais veemente.

Murilo, jamais circunscrito por um tempo determinado, estabelece paralelos entre o *Siglo de Oro* e o século XX, conjugando passado e modernidade. O início do poema "Ávila" aproxima o movimento do voo sobre a cidade castelhana da experiência mística de Santa Teresa: "O avião abrindo curvas dá guinadas/ Como os movimentos da alma na escrita de Santa Teresa" (PCP, 584). Por outro lado, como repetiria em várias passagens de *Espaço espanhol*, o avanço do progresso pode interferir em toda uma tradição ("Homenagem a Cervantes", PCP, 588):

Castela interior que me demarcas,
Correspondes à outra Castela clássica,
Ameaçada Castela: aqui a indústria
Já inaugura sua máquina indiscreta.

Desde que retire os homens da sua condição precária, o poeta não se opõe ao desenvolvimento. A resistência — uma das palavras-chave de *Tempo espanhol* — ao tecnicismo da época atual viria da memória do patrimônio artístico da Espanha, no poema em questão, do seu maior símbolo ("Homenagem a Cervantes", PCP, 588):

Murilo Mendes em Ávila, na Espanha, 1960.

Mas, se deve nutrir teus homens secos,
Que venha e permaneça a máquina indiscreta:
Frente ao excesso mecânico da técnica,
Frente a moinhos com radar, Dulcineias de vidro,
[armaduras atômicas,
Responderá o equilíbrio de Cervantes.

A transposição do *Quixote* ao presente do poeta dá-se também com outro texto fundamental do *Siglo de Oro*, *La vida es sueño*, no poema "Tema de Calderón". Segismundo, ao ser retirado de sua "torre atômica", depara-se com o desconcertante cenário de um centro urbano (PCP, 597):

Caminho entre semáforos e máquinas.
São andaimes, passos arritmados, poeira,
As pequenas combinações da vida, suor,
A linguagem dos ácidos, nada álacre.

As dúvidas do Segismundo original ampliam-se e tornam-se os dilemas do intelectual contemporâneo (PCP, 597):

Quem finalmente sou, esqueleto letrado,
Alienado eco? A injustiça não me cabe
A mim só: qualquer um a reclama e recebe.
Mas eu sonho a injustiça, ou a suporto?
Eu sonharei a vida, ou a vida me sonha?
Aprendi do meu sangue, ou da essência de Espanha?

Calderón, ainda no contexto atual do século
LA VIDA ES SUEÑO.

De todos os modos, na leitura do ensaio "Escila y Caribdis de la literatura española", de Dámaso Alonso, Murilo destacara que o segredo do *Siglo de Oro* estava na síntese da tradição medieval espanhola e do Renascimento europeu: "Esta é a chave do momento culminante da Espanha, do momento em que se concentram nossas energias e nossos valores; por isso há de ser também a explicação de toda a alma espanhola".[14] Ernest Robert Curtius, em seu clássico *Literatura europeia e Idade Média latina*, defende a importância do *Siglo de Oro* ao se valer da noção de "teatro do mundo", totalidade que seguramente fascinou Murilo: "[...] A literatura áurea espanhola conservou a substância do Ocidente cristão. Via na história um 'arquivo dos tempos' em que os povos de todas as épocas e lugares tinham consignadas suas recordações. Os reis e heróis, os mártires e camponeses são atores do grande teatro do mundo. Poderes sobrenaturais intervêm nos destinos. Tudo é dominado pelo encadeamento da graça e da sabedoria de Deus".[15]

Além de acompanhar em suas leituras o desenrolar do "teatro do mundo", recuperou o frequentado *topos* da brevidade da vida em "Inspirado em Lope de Vega" e principalmente em "Tempo de Quevedo", peça importante na concepção da História em *Tempo espanhol* (PCP, 597):

> Quevedo, a angústia do tempo
> Informa tua visão concreta.
>
> A Espanha sem relógio mede o tempo
> No instrumento elíptico da caveira.
>
> Mas o último anjo, matemático,
> Virá para reunir a caveira geral,
> Virá para ceifar todo o angelismo:
> Empunhando a trombeta construída
> Com implacável certeza,
> Medida e timbre justos,
> Fará o homem se conhecer
> Nos seus limites precisos.

---

[14] Dámaso Alonso, *Estudios y ensayos gongorinos*, *op. cit.*, p. 24.

[15] Ernest Robert Curtius, *Literatura europeia e Idade Média latina*, trad. de Teodoro Cabral e Paulo Rónai, São Paulo, Hucitec/Edusp, 1996, pp. 195-6.

O tempo se medirá, concreto,
Depois de esgotada a clepsidra.
E tua angústia do tempo
— Tansitório Quevedo que já foste —,
Aferida a rigor, torna-se vã.
Saberás. Saberás.

A representação do "fim dos tempos", comum em obras como *Tempo eternidade* e *Poesia liberdade*, retorna em *Tempo espanhol* avaliada pelas diretrizes de sua poética: *matemático, construída, justos, rigor*. O que é direcionado a Quevedo vale para as outras figuras da coletânea, "transitórias" e que "já foram", as quais, no Juízo Final, encontrarão a Eternidade.

Ainda nessa parte de *Tempo espanhol*, dois pintores se sobressaem: El Greco e Velázquez. O interesse de Murilo por El Greco (1541-1614) viria de muito cedo, de uma leitura do livro de Maurice Barrès, *Greco ou Le secret de Toled*, aos 17 anos.[16] Por sinal, esse título conserva-se em edição de 1951 nas estantes do poeta, acompanhado por outros seis exemplares anotados a respeito do pintor.

Nos primeiros anos de Europa, além da arte românica, a cidade de Toledo revelou-se uma grande surpresa para Murilo, abrindo-lhe o panorama da História. Em exemplar de *El Greco* de Manuel de Cossío, cuja folha de rosto registra um possível instante de leitura — "M. M. Madri, 1952" —, recebeu destaque a descrição da singular cidade, de "excepcional situação topográfica, áspera e elevada rocha de granito, apertadamente circunscrita".[17] Como no título da monografia de Barrès, Toledo está intimamente associada a El Greco. Nascido em Creta, Domenikos Theotokopoulos fixou residência em Toledo por volta de 1577. Confirmando sua identificação com a nova pátria, dedicou duas telas à cidade — *Vista de Toledo* (1597-99) e *Vista y plano de Toledo* (1610-14) —,

[16] Laís Corrêa de Araújo, *op. cit.*, p. 356.

[17] Manuel B. Cossio, *El Greco*, Madri, Espasa-Calpe, 2ª ed., 1948, pp. 73-4.

assim como às vezes incorporou motivos urbanos em seus quadros. *Vista de Toledo*, que integra o acervo do Metropolitan Museum of Art de Nova York, com seus vários planos e nebuloso céu ao fundo, suscitou em Murilo a arte moderna — "espantosa, pré-moderna vista de Toledo"[18] — precursora da liberdade estética do século XX, prodígio de gênio da invenção e da metamorfose.[19] Desde o poema "Uma nuvem", de *As metamorfoses*, visita-se o dramatismo da esfera celeste de El Greco (PCP, 367):

> Quem poderia pintar esta nuvem?
> Só mesmo Domenico Teotocopuli
> Mergulhando seu pincel no caos,
> Ao sopro da sua estranha lucidez.

Em *Tempo espanhol*, o poema "Toledo", o mais longo da coletânea, explicita a relação entre pintor e cidade: "Os objetos de tocaia,/ O céu se abrindo em crateras/ Como nos quadros de El Greco. [...] Eis Toledo como El Greco a tocou e pintou:/ O máximo de intensidade no mínimo de espaço" (PCP, 591). Insiste mais uma vez, no poema seguinte, "El Greco": "Em Toledo sua matéria e forma própria" (PCP, 592). E como não poderia deixar de ser, em *Espaço espanhol*, a parada em Toledo obriga a referência a El Greco, irmanados não só pelo gênero paisagístico, mas também pelo *Retrato del Cardenal Tavera* (1608-14), o qual "poderia significar o estema da cidade: severa, apostando com a morte, autovisionária, recriada por um pintor do absoluto que, nascido longe, soube incorporá-la até o osso; provavelmente sua psique foi alterada pela planta irregular de Toledo" (PCP, 1.137).

Outros quadros mereceram a atenção de Murilo. Em *Tempo espanhol*, o poema "O sol de Ilhescas" "prepara a El Greco", a partir do quadro *San Ildefonso* (1603-05), que está no Hospital de Caridad de Illescas (PCP, 589):

[18] *Carta geográfica*, PCP, 111.
[19] *Espaço espanhol*, PCP, 1.135-6.

Quem dá de comer e beber a Ilhescas
Com sua linguagem seca de tijolo
E homens secos?

Ilhescas prepara a Toledo.

Quem dá de comer e beber a Santo Ildefonso
Que, suspenso à parede por El Greco,
Escreve inspirado pela Virgem?
Não vereis uma outra tela tão castiça:
Extraída à substância mineral da Espanha.

No sexto segmento do poema seguinte, "Toledo", realiza uma espécie de análise da tela *El entierro del conde de Orgaz* (1586-88), aproximando os limites entre prosa e poesia que caracterizaria a sua obra a partir de então (PCP, 591):

Sobe para o céu o cavaleiro de Orgaz
Que inserido em dois planos
Ainda se comunica à terra
Pelo fogo comprimido de Toledo.
Cada figura toledana que o cerca
Participa da sua morte:
De ferro, surda.
O silêncio explode no quadro,
Na composição cerrada do primeiro plano:
Silêncio e secura de Espanha
Onde a morte, elemento ainda de vida,
Marca a ressurreição do homem nu
Que o segundo plano indica.

Nas suas leituras, além do livro de Manuel Gómez-Moreno inteiramente dedicado a esse quadro,[20] Murilo valeu-se da obser-

---

[20] Manuel Gómez-Moreno, *El entierro del conde de Orgaz*, Barcelona, Editorial Juventud, 1951.

vação de Jean Cassou, marcada com dois traços, sobre uma dualidade, tão ao gosto do poeta, baseada na dupla formação do pintor: "[...] violenta antinomia, antinomia que constitui toda a riqueza do gênio de El Greco, esta oposição perpétua entre seu passado oriental; ou seja, litúrgico, alusivo e rigoroso, e a lição do Ocidente histórico que aspira incansavelmente aprisionar a realidade que foge".[21] Nesse sentido, sublinhou na obra citada de Eugène Dabit as duas diferentes visões sobre El Greco — "um crente e visionário" e "um pintor, um homem" — para anotar em francês: *il est tout ça*.[22]

Murilo destacou ainda, na monografia de Jean Cassou, uma afirmação que aproxima El Greco a Góngora: "Tudo em El Greco, como em Góngora, é apertado e inseparável, lívido e cinzento, tudo é duro".[23] Talvez El Greco tenha conhecido Góngora por intermédio de Fray Hortensio Paravicino, de quem deixou um retrato. Góngora, por sua vez, escreveu um poema, "Inscripción para el sepulcro de Dominico Greco", por ocasião da morte do pintor em 1614. Assinalado por Murilo em sua edição de *Poemas y sonetos*, significativamente, no soneto, o sepulcro é *"dura llave"*:

> Esta en forma elegante, oh peregrino,
> de pórfido luciente dura llave,
> el pincel niega al mundo más süave,
> que dio espíritu a leño, vida a lino.
>
> Su nombre, aun de mayor aliento digno
> que en los clarines de la Fama cabe,
> el campo ilustra de ese mármol grave.
> Venérale, y prosigue tu camino.

---

[21] Jean Cassou, *El Greco*, trad. de José López y López, Barcelona, Ediciones Hymsa, 1934, pp. 95-6.

[22] Eugène Dabit, *op. cit.*, p. 85.

[23] Jean Cassou, *op. cit.*, p. 78.

Yace el Griego. Heredó Naturaleza
arte, y el Arte, estudio; Iris, colores;
Febo, luces — si no sombras, Morfeo. —

Tanta urna, a pesar de su dureza,
Lágrimas beba, y cuantos suda olores
corteza funeral de árbol sabeo. [24]

Ao lado do estilo, a temática religiosa, como na arte românica, tornou-se um meio privilegiado da identificação de Murilo com a pintura de El Greco. Por exemplo, o dramatismo de seus santos arrependidos, interlocutores emocionais dos crentes, que se assemelham a eles. Repetia-se assim o efeito causado pela Virgem de Covet, "Da imagem sacra distante, a proximidade do humano" (PCP, 592-3):

Desde então ajusta ao homem
Seus anjos e seus santos.
O santo participa de nós todos,
Comunga nossa matéria mineral,
Comunga nossa aridez e nossa lida.
Por isso El Greco trata-o como homem
Antes de o transladarem aos altares:
Homem castelhano vertical,
Submisso à lei interior que o alimenta e consome.
Quanto ao anjo: sem a ótica do homem,
Quem o situaria?

Último poema da série dedicada ao *Siglo de Oro* em *Tempo espanhol*, "Velázquez" pode ser considerado o centro nevrálgico da história da pintura espanhola proposta por Murilo. A arte românica e El Greco fundam o "horizonte", o "estilo" pictórico de Espanha, de Castela, enquanto Goya e os artistas do século XX

---

[24] *Op. cit.*, p. 59.

avançam na modernidade. Para Murilo, Diego Velázquez (1599--1660) levaria ao máximo algumas características comuns a esse acervo, disseminadas ao longo do poema (PCP, 599-600):

Andaluz e castelhano,
Resume a tensão espanhola.
Entre precisão e força
Ordena sua paleta.

Eis a pintura.
Eis a matéria do homem a duas dimensões.
Pintando, Velázquez orienta
A rígida consciência de Espanha:
Orgullo castelhano de estrutura,
Ligado à língua e ao solo.

.

Velázquez sabe: pintar é elucidar o espaço
Aberto ou restrito
Pela marcha do pincel consciente
Velázquez sabe: a cor delimita a forma.
Situando a cor, seu pincel a define:
Suprime a fluidez, a suavidade,
Qualquer elemento opaco ou impreciso.

Suporte da verdade plástica
É o próprio grupo dos nobres:
Entre o rei e o *niño* de Vallecas
A continuidade da matéria enxuta.
A marcha do pincel voluntário
Constrói o homem na grandeza circunscrita:
Sua dimensão é a cor, a forma definida.

.

Eis o que o distingue dos outros:
Seu DUENDE não é visível
Como o de Goya, de El Greco.

Os tempos da Espanha de Murilo

Entre o minucioso "fantástico" de Flandres
E o gosto superlativo italiano
A linha castigada e enxuta de Velázquez
Demarca os precisos limites
Onde Espanha se reconhece autônoma.

Diferentemente de El Greco, por exemplo, a arte sacra não ocupou o centro da obra de Velázquez, consagrando-se como retratista da corte de Felipe IV (1621-1665). Pintou do rei aos anões, como *Francisco Lezcano, el Niño de Vallecas* (1643-45), com a mesma "matéria enxuta". Se El Greco é visionário e pintor ao mesmo tempo, Velázquez é antes de tudo um pintor. Por isso, além dos importantes ensaios de José Ortega y Gasset,[25] Murilo destacou uma consideração da mencionada obra de Eugène Dabit: "[...] ele sabe compor com abastança, mas jamais cai no decorativo como os italianos. Mal ele procura exprimir os sentimentos, ainda menos as ideias. Ele pinta, ele se exprime em pintura".[26] Dessa maneira, concentrou-se no pintor, no seu modo de pintar, chegando a ser a própria explicação de uma arte: "Eis a pintura". Para tanto, frequentam o poema o verbo *pintar* e as metonímias *paleta* e *pincel*.

Velázquez representa o artista consciente, seguro de seu ofício; os verbos acionados por Murilo indicam essa postura: "ordena", "orienta" e "sabe" (duas vezes). O pincel não se deixa levar, marcha "consciente", "voluntário". O material de trabalho, a cor, é a sua "dimensão", delimitando e definindo a forma, assim como, nesse momento, a palavra para Murilo. Mais uma vez, a pintura oferece lições para uma poética: "Suprime a fluidez, a suavidade,/ Qualquer elemento opaco ou impreciso". A subtração, que na Virgem de Covet vem "anulando as formas frouxas" e em El Greco aparece em suas figuras "secas", resulta em Velázquez no "enxu-

---

[25] *Papeles sobre Velázquez y Goya*, Madri, Revista de Occidente, 1950, e *Velázquez*, Madri, Espasa-Calpe, 1963.

[26] Eugène Dabit, *op. cit.*, p. 97.

to". Portanto, não é de estranhar que ele, no "Murilograma a João Cabral de Melo Neto", esteja entre as preferências dos dois poetas, além de outro pintor em que o fazer se impõe, Joan Miró.

No segmento final do poema, coloca-se Velázquez no contexto da pintura espanhola e internacional. Para diferenciá-lo de El Greco e Goya, recorre-se ao Duende, o encanto misterioso e inefável do *cante* flamenco, reminiscência da Sevilha natal do pintor. Seu Duende não é explícito como o dramatismo que muitas vezes habita as telas dos outros dois, ocultando-se em sua técnica. Por outro lado, não vai aos extremos do "minucioso fantástico de Flandres" e o "gosto superlativo italiano", este mencionado no trecho de Dabit, criando uma Espanha "autônoma", única, que paira sobre os modelos estrangeiros. Apesar do apreço que nutria pela Itália e pela Holanda, a Espanha sobressai para Murilo. Se, em relação à Itália, disse a Cabral que era um país traduzido, e a Espanha um país por traduzir, ao abordar a Holanda em *Carta geográfica* necessitou de seu antípoda, a Espanha:

> "Esta Holanda de planícies, moinhos, canais, luz difusa, museus exemplares, prodígio de construção da inteligência e da técnica opondo-se ao despotismo das águas, exerceu sobre mim desde o primeiro momento uma fascinação que pareceria singular num homem habitado, como eu, pela figura da Espanha. Certamente a Holanda e a Espanha são antípodas; por isso mesmo no meu espírito não existe conflito entre as duas potências, embora a Espanha me apareça mais prestigiosa." (PCP, 1.081)

Os arredores da História

Depois de uma parte tão essencial e antes de enfrentar o século XX, oito poemas indiretamente percorrem mais de dois séculos de História da Espanha. Longa e penosa trajetória, que envolveu, entre outros acontecimentos, a decadência do império espanhol, a invasão napoleônica e a desastrosa guerra com os Estados Unidos em 1898. Enquanto houve na pintura a grandiosidade de Goya, nas letras, a inadaptabilidade e a estagnação da tradição espanhola frente ao neoclassicismo e ao romantismo. Porém, no final do século XIX, assiste-se ao início de uma recuperação, com a *Generación del 98*, representada, em *Tempo espanhol*, pelo poema "Pedra de Unamuno". Além disso, a resistência do espanhol revela-se na permanência da tauromaquia, com os poemas "O rito cruento" e "Na corrida". No primeiro, não é visualizado um toureiro singular, como nos poemas cabralinos, mas é sintetizado um instante crucial (PCP, 602):

> Em Madrid numa praça de corridas
> Vi o toureiro confrontar-se à morte,
> Vida e morte se medindo, se ajustando
> Na condensada lâmina que divide
> O homem do animal:
>
> Neste rito de extrema precisão
> Vida e morte afrontadas se equilibram
> Ante o olho enxuto do toureiro
> E o gesto e palavra (cúmplices) do público.
>
> Que a morte para o espanhol inda é hombridade.

A palavra *rito* alude à dimensão simbólica e sagrada da tourada, que remonta ao ancestral confronto entre homem e animal, entre vida e morte. Enquanto em Cabral o tourear é, antes de mais nada, "demonstrar aos poetas", lição de poesia, em Murilo é a medida universal do homem espanhol.

Por outro lado, o primeiro e o último poemas dessa sequência — "Chuva em Castela" e "Pueblo", ambos selecionados para a *Antologia poética* de 1964 —, ampliam a noção de História em *Tempo espanhol*. Ao se voltar à meseta castelhana, o poeta abandona, por um momento, a sua típica secura (PCP, 600):

A história circula insatisfeita
Ao largo da planície autárquica.

.

Entre a marcha das amapolas
Se orientam
Se levantam
Os pés aquedutos.

Chove a galope
Cavalos horizontais
Sacando o preto do branco
Chovem a galope.
Alturas compactas se procuram.
Parte-se o galope em fragmentos.

Os dois versos iniciais, por meio da cara associação a Murilo tempo-espaço, sintetizam um período no qual a Espanha não encontrara seu rumo. Diante do presente estéril, as imagens, que lembram os poemas murilianos mais vinculados ao surrealismo, pontuam-se entre o passado remoto e a espera do porvir: o aqueduto, ruína da ocupação romana, e a forte chuva, rara e desejada na região. Simultaneamente, vislumbram-se o fim e o começo.

Quanto a "Pueblo", remete-nos às pequenas populações da Espanha de todos os tempos (PCP, 604):

O *pueblo* subsiste no ar, no sol de poeira,
Nos quadrados de cal e na secura.

Subsiste na conversa organizada
Em torno da água pública da fonte.

Um som qualquer ressoa prolongado
No ouvido de animal, pessoa ou casa.

Os minutos pacientes limam os dias.
O *pueblo* destacando-se da história

Os tempos da Espanha de Murilo

237

Participa do obscuro de cada um.
E participam todos deste *pueblo*

Que rejeitando a ideia do aniquilamento
Joga aos dados a ressurreição da carne.

Não estamos mais diante das cidades repletas de História, que possuem identidade peculiar, para a qual um nome já diz muito — Ávila, Segovia, Toledo etc. —, mas sim do *pueblo* anônimo, de qualquer parte do território espanhol. Ainda assim, *subsiste* — palavra próxima da *resistência* que percorre a coletânea — tanto no meio físico quanto no modo de vida comunitário.

O poema descreve a quase imobilidade e silêncio do *pueblo*, os quais induzem a uma lenta passagem do tempo cronológico. A parada momentânea no desfile artístico e urbano vem reforçar a linha mestra de *Tempo espanhol*. Embora esteja à margem da história oficial, isso não impede a "subsistência" eterna do *pueblo*, pois aposta, no fim dos tempos, na "ressurreição da carne".

Entre "Velázquez" e "Goya", apenas o poema "Chuva em Castela" a separar quase um século. O poeta recolhe-se à meseta castelhana diante da decadência espanhola e da esterilidade artística: "A história circula insatisfeita/ ao largo da planície autárquica" (PCP, 600). Entre as cores dos dois pintores, a chuva torrencial "sacando o preto do branco".

Mas um artista se impõe em cenário tão desolado: Francisco de Goya y Lucientes (1746-1828). Ao lado de El Greco, Goya desde cedo despertou a admiração de Murilo para a pintura espanhola, de acordo com indicações de duas obras de sua biblioteca: na folha de rosto da monografia de Pierre Frédérix,[27] está anotado "M.M. 1928", e na de Juan de la Encina,[28] a dedicatória, "Ao Murilo com um grande abraço Athos — 1943".

[27] *Goya*, Paris, L'Artisan du Livre, 1928.

[28] *Goya: su mundo histórico y poético*, México, La Casa de España en México, 1939.

Goya, *Ligereza y atrevimiento de Juanito Apiñani*
(*La tauromaquia*, n° 20), 1815-16.

No poema de *Tempo espanhol*, Goya é visto sob a ótica da tauromaquia, sobre a qual, logo adiante, aparecem na coletânea "O rito cruento" e "Na corrida" (PCP, 600):

> Ao mesmo tempo
> Touro e toureiro.
> Espanha afiada
> Nos dedos segura.
>
> Tem a força de ataque do animal
> E a lucidez objetiva do cientista.
> O gosto bem espanhol
> De passar a vida ao fio da espada.

Entusiasta da tourada, Goya transformou-a em motivo pictórico ao longo de sua obra. Entre 1815 e 1816, revelando um grande conhecimento da matéria, realizou uma série de gravuras intituladas *La tauromaquia*, que se encontra em edição de 1950 nas estantes de Murilo.[29] A gravura de número 20 — *Ligeireza e atrevimento de Juanito Apiñani* — pode ter sido uma grande sugestão para o início do poema: com a ajuda de um bastão, o toureiro sobrevoa o touro que investe, "força" e "lucidez" simultâneas.

Apesar de ter sido pintor da nobreza, Goya não deixou de criticar a sociedade e os acontecimentos de sua época, principalmente nas séries de gravuras que deixou, os *Caprichos* e *Desastres de la guerra*. A respeito delas, assim se manifestou Murilo, valorizando a postura "comprometida" do pintor espanhol:

> "[...] constituem um dos mais fortes libelos jamais levantados pela razão humana contra os poderes do mal e da destruição, contra qualquer espécie de guerra, de tortura e de intolerância. Protesto não só contra a 'guerra grande', mas contra as pequenas guerras cotidianas da vida individual, da vida social e política; contra essas fragmentações da guerra que, somadas, constituem a guerra total. Assim Goya, por meio do seu enorme poder plástico de captação das forças do mal apresenta a luta interminável de libertação do homem de seus instintos primitivos, criando uma obra que é, na sua essência, a de um *civilizador*."[30]

Essa coragem, que parte da imagem da tourada, segue na terceira estrofe do poema intensificada pelo adjetivo *cruel* — repetido três vezes — e pelo verbo *investir* (PCP, 600-1):

> Cruel para conhecer,
> Cruel para delimitar
> O território castigado,

[29] Francisco de Goya, *La tauromaquia*, introdução e notas de Mariano Sánchez de Palacios, Madri, Aguado, 1950.

[30] "O homem Vedova", *in A invenção do finito*, PCP, 1.355-6.

Investindo alternadamente
O corpo da Espanha adversa,
O rosto bifronte da Igreja.

Cruel mesmo quando trata
Com aparente carinho
O rosa, o prateado e o cinza.

A outra face da Igreja foi denunciada por Goya nas obras em que expressa a irracionalidade da Inquisição e o fanatismo religioso. Também Murilo, nos poemas finais de *Tempo espanhol* — "O padre cego" e "O Cristo subterrâneo" — voltou-se contra a Igreja irmanada com a ditadura e os poderosos. Por outro lado, Goya, como Velázquez, pouco praticou a tradicional pintura de tema religioso. Nesse terreno, ao mesmo tempo em que atacava a Igreja nos *Caprichos*, encarregou-se em 1798 do afresco para a cúpula e abóbada da Igreja de San Antonio de la Florida. Em lugar do modelo da cúpula como uma esfera do divino, Goya representou Santo Antonio na paisagem rochosa da Espanha, aparecendo diante de uma multidão apinhada atrás de um parapeito, como se tratasse de um fato da vida pública. O encanto de Murilo por tal obra fez registrá-lo em *Espaço espanhol*:

"Sempre que visito Madri volto a San Antonio de la Florida, onde (menos o crânio) sepultaram Goya, sob uma de suas obras maiores, os afrescos que ajudaram o advento da modernidade; podemos observá-los melhor com a ajuda dum espelho adrede. Faltando a Goya o timbre religioso, os afrescos resultam numa transposição da vida madrilena muito mais que da de Santo Antônio. Obra profana, enigmática, tocada de sensualidade, culmina numa invenção de cor e desenho, planificando o arbitrário. Anuncia não só Manet e Degas, mas também o 'pintor' Baudelaire, que de resto no seu poema *À une Madame* pressentiu o charme trágico da Espanha." (PCP, 1.133)

Nesse caso, ao aproximar o divino do humano, Goya pertenceria à linhagem do artista anônimo da Virgem de Covet e de El Greco.

Significativo que Murilo não tenha feito nenhuma alusão no poema de *Tempo espanhol* às criações fantásticas e pertubadoras dos *Caprichos*, e sobretudo à fase final do pintor, as chamadas "pinturas negras" e as gravuras dos *Disparates*, mais sugestivas para alguém que frequentou o surrealismo. Nesse momento de sua poesia, preferiu fixar-se em um Goya mais incisivo, mais concreto, para utilizar o termo-chave da coletânea de 1959, que inclusive "inaugura o povo espanhol" (quarta estrofe). Por isso, a afirmação atribuída a Goya no livro de Pierre Frédérix, assinalada por Murilo talvez por volta de 1928, pode ser mais apropriada para o autor de *Poemas* de 1930 do que o de *Tempo espanhol*: "A pintura, ele declara, igual que a poesia, escolhe no universo o que ela encontra de mais apropriado a seus fins; ela reúne em um só personagem fantástico as circunstâncias que a natureza apresenta esparsas entre diversos indivíduos, e é apenas graças a esta combinação sábia e engenhosa que o artista pode aspirar ao título de inventor e deixar de ser um copista servil".[31]

TEMPO ANDALUZ

Na quarta parte — segundo a divisão aqui proposta — de *Tempo espanhol*, doze poemas concentram-se na Andaluzia. "Paisagem com figuras", para retomar o título e a proposta de Cabral, onde a História quase não comparece, a não ser quando se refere ao domínio árabe em Granada (PCP, 610):

> Tu me deste séculos de outrora rudes estandartes
> O gênio africano enxertado no castelo da Europa,

[31] *Op. cit.*, p. 70.

A tensão de duas culturas díspares;
E no limite desse tempo épico
A certeza geométrica da cruz.

Murilo investiu em um passado próximo do observador, seja para o "passante" de Sevilha, o *cante* flamenco ou os Jardins do Generalife. Tanto que, diferentemente de outros momentos da coletânea, a primeira pessoa toma mais direitos frente à objetividade descritiva da terceira: basta verificar a seção dois de "Tempo de *cante* flamenco", com a repetição em cada estrofe de "Eu no *flamenco*". Aliás, como o título do poema indica, trata-se de um tempo marcado pelo ritmo do canto e da dança, continuamente renovado. E o poeta integra-se de tal modo à vitalidade desse universo, que por um instante desafia a morte, como no final do poema "Granada": "Os minutos aumentados aprestavam os dentes:/ E tive gana da vida, não quis morrer para sempre" (PCP, 611). Assim, podemos considerar o penúltimo momento de *Tempo espanhol* como uma intensificação dos princípios de resistência e transcendência concentrados no presente.

A opção de Murilo pelos contrários fez com que se dirigisse às três cidades andaluzas mais características: "Resulta inútil confrontar Granada, Sevilha e Córdoba, todas fortemente tocadas pelo gênio árabe, mas diversas, opostas mesmo, cada uma com seu timbre intransferível. Entretanto, das três, Granada é a mais espetacular e fantástica, Sevilha a mais feminina e festeira, Córdoba, a mais enxuta e secreta" (PCP, 1.181). Vale a pena comparar ao depoimento de Cabral sobre as mesmas cidades: "Mesmo cidades como Córdoba, sendo o contrário de Sevilha, têm a mesma força andaluza. [...] É engraçado que, das cidades da Andaluzia, Granada é aquela que menos me interessa. Acho que Granada é uma cidade cenográfica, como a Bahia".[32] Por isso, além de não ter composto nenhum poema a respeito de Granada, para a *Antologia*

---

[32] Félix Athayde (org.), *op. cit.*, p. 17.

poética de Murilo Mendes em 1966,[33] apenas escolheu da parte andaluza o poema "Córdova" (PCP, 610):

> Conheço-te a estrutura tersa,
> Toda nervo e osso, contida
> Em labirintos de cal
> E em pátios de vida secreta,
> Córdova áspera e clássica
> Alimentada de África.
>
> Como não te entregas de súbito,
> Quem te aproxima terá sempre fome
> E não dirá: Córdova de meus amores.
> Um nome seco e esdrúxulo te designa,
> Sol desdenhoso, Córdova concreta.

Apesar de também não haver dedicado nenhum poema a Córdoba, salvo um significativo "A sevilhana que é de Córdoba", Cabral, ao destacar a realização muriliana, manifesta a concordância com uma poética concisa e concreta.

TEMPO MODERNO E DE SEMPRE DA CATALUNHA

Nos treze poemas finais de *Tempo espanhol*, o poeta vai chegando ao tempo que lhe coube viver em uma região que não se sente Espanha: "A Catalunha atrai-nos pelo seu espírito de independência, sua tradição de anarcossindicalismo, de lutas operárias, estudantis; e, talvez devido à proximidade da França, pela sua abertura europeia. Portanto, quem diz Barcelona diz Catalunha e Europa" (PCP, 1.166). Ainda para Murilo, é também Barcelona o berço de grandes artistas da modernidade, como Gaudí, Picasso e Miró.

---

[33] Murilo Mendes, *Antologia poética*, seleção de João Cabral de Melo Neto, Rio de Janeiro/Brasília, Fontana/INL, 1976.

Murilo, no começo da década de 20, talvez já conhecesse a "fase azul" de Pablo Picasso (1881-1973). De todos os modos, a partir do contato com a Europa e a Espanha, o pintor passou a ocupar lugar de relevo em seu museu em forma de palavra. No poema de *Tempo espanhol*, valoriza-lhe "o estilo de contrastes", aliás também cultivado pelo poeta em grande parte de sua obra: "Construindo e destruindo ao mesmo tempo" e fundindo "a força e a contenção". Além disso, as "metamorfoses" de técnicas e estilos enfrentados pelo pintor seduziram o múltiplo Murilo. Mais adiante, no segundo segmento de "Guernica", focalizou um setor da vasta e impactante tela de 1937 (PCP, 618):

> Sem a beleza do rito castigado,
> Aumentando a comarca da fome,
> O touro de armas blindadas
> Investiu contra a razão:
>
> Eis que já Picasso o fixou,
> Destruindo a desordem bárbara,
> Com duro rigor espanhol,
> Na arquitetura do quadro.

No retrato-relâmpago dedicado a Picasso, retomou o quadro: "O enigma da tauromaquia, transposto em chave plástico-política de exegese da guerra civil, explodirá numa dimensão cósmica em *Guernica*" (PCP, 1.247). Justamente nesse texto, aproveitou como metáfora crítica a predileção do pintor pela tauromaquia, explorada ao longo de sua trajetória, assim como fizera com Goya: "Permanecerá toureiro durante a vida inteira; avesso ao bizantinismo das teorias, polêmico e ambíguo, toureará os monstros Velázquez, Goya, Delacroix; toureará a pintura europeia do século XX, fechando o ciclo histórico iniciado com a Renascença" (PCP, 1.246). Ainda segundo Murilo, exacerba "as forças passionais do próprio instinto", resultando em um "romântico" Picasso, artista de "gênio", freada apenas durante a militância cubista: "O tempo de hoje, tempo coletivo, continua a ser o tempo particular do su-

Os tempos da Espanha de Murilo

perindividualista Pablo Picasso, provocador da própria apoteose, distante quase sempre, salvo no período cubista, da rigidez estrutural; fértil em improvisações e *scherzi*, infatigável operador do figurativismo, mormente através dos esquemas da 'deformação'; de Picasso, mestre de metamorfoses, que se dá romanticamente em espetáculo" (PCP, 1.247).

Assim, o contraste com o poema seguinte de *Tempo espanhol*, "Juan Gris", torna-se mais evidente, pois se detém em um dos maiores representantes do cubismo. Da multiplicidade de Picasso passamos à concisão de Gris. Vizinho de estúdio de Picasso em Paris, José Victoriano González (1887-1927), nome verdadeiro do pintor, impulsionou a passagem do chamado "cubismo analítico" para o "cubismo sintético". No "cubismo analítico", fracionava-se a figura em formas essenciais, decompondo geometricamente os planos para destruir o seu aspecto aparente, exterior. Já o "cubismo sintético" procurou o equilíbrio entre a geometria e o mundo da experiência, ao trazer para a obra objetos da vida cotidiana, a exemplo das recorrentes garrafas, vasos, xícaras e guitarras. Empregou-se, então, a técnica do *papier collé*, que consistia em colar no quadro materiais diversos como recorte de jornal, de papel de parede ou cartões. Entre 1912 e 1914, Gris levou ao máximo essa tendência, com rigor de formas e cores.

Embora Murilo tenha elegido como seus pintores preferidos os relacionados ao surrealismo, De Chirico e Ernst, data pelo menos de sua primeira temporada na Europa uma retomada de seu interesse pelo cubismo, como verificamos na anotação na folha de rosto da segunda edição de 1946 da obra de Daniel-Henry Kahnweiller, *Juan Gris: sa vie, son oeuvre, ses écrits*: "Murilo Mendes. Paris 1955", ano do início da composição de *Tempo espanhol*, que reserva um poema ao pintor (PCP, 617):

> Espanha, mestra do espaço,
> Deu a pureza, medida
> Na área total da pintura
> Com o gênio da concisão,
> Pelo pincel de Juan Gris.

Nessa pintura pensada
Com clareza dialética,
Espanha, dita "irracional",
Pelos planos de Juan Gris
Mostra o acordo e a simetria.

No museu que percorremos, trata-se do poema mais conciso e medido, com duas estrofes de cinco versos heptassílabos. Cada estrofe contém um período: na primeira, a ordem sintática é direta, com sujeito, predicado e complementos que informam lugar, modo e instrumento; já na segunda estrofe, esses elementos sintáticos sofrem um reordenação. Se fizermos uma correspondência sintática com os versos da primeira, teríamos a sequência 3-4-1--5-2. Dessa maneira, Murilo simula no nível sintático a nova ordenação a que Gris submete as formas nos seus quadros.

Não se incorporou nenhuma palavra que remetesse às figuras pintadas por Gris. O que interessa é traçar um breve e certeiro juízo a respeito dessa pintura. Para tanto, os vocábulos caracterizam tanto a produção de Gris quanto sugerem um tipo de poética que interessava, até certo ponto, a Murilo, ao compor a eliminação do excesso (*pureza*, *concisão*) e da espontaneidade (*medida*, *pensada*, *simetria*).

Apesar da longa temporada parisiense, coloca-se Gris como devedor e revelador do país natal, sujeito gramatical do poema. Uma Espanha "irracional", suposta visão do senso comum de países mais ponderados, seria negada pelas características da pintura cubista. Seguindo o paralelo entre a pintura e a poesia, poderíamos substituir o "irracional" por "surrealista", rótulo que quiseram selar na poesia de Murilo, mas que nesse momento vinha sendo questionado por outros parâmetros. No entanto, persistia a tentativa de unir as oposições, a partir da *clareza dialética* e do *acordo*.

Essa não é uma faceta definitiva da percepção estética de Murilo, faltando ainda o último poema de seu museu espanhol. Peça "viva", pois conheceu pessoalmente Joan Miró, "em Paris, Barcelona, Palma de Maiorca, Roma" (PCP, 1.775). O contato com o artista catalão revela-se nas três litografias na coleção de artes plás-

Os tempos da Espanha de Murilo   247

ticas do brasileiro, uma exibindo a data de 1958 e outra, uma dedicatória de 1963. Além do poema de *Tempo espanhol*, Miró rendeu mais um poema recolhido na coletânea em francês *Papiers* e um retrato-relâmpago da segunda série, datados respectivamente de 1969 e de 1973. Isso equivale a pelo menos quinze anos de reflexão a respeito do pintor, sem contar que provavelmente já lera o fundamental ensaio de Cabral, publicado no Brasil em 1952.

"Joan Miró" é o único poema da galeria muriliana em que não se menciona uma referência geográfica, e por extensão, histórico-cultural. Se nos anteriores os pintores representavam Espanha, Catalunha ou Castela, aqui o artista paira livre acima de países e regiões (PCP, 618):

> Soltas a sigla, o pássaro e o losango.
> Também sabes deixar em liberdade
> O roxo, qualquer azul e o vermelho.
> Todas as cores podem aproximar-se
> Quando um menino as conduz no sol
> E cria a fosforescência:
> A ordem que se desintegra
> Forma outra ordem ajuntada
> Ao real — este obscuro mito.

A poesia também aproximou Murilo e Miró, pois o pintor manteve fortes laços com a literatura, desde a escrita de poemas à criação de quadros-poemas, passando pela participação na edição de livros. Na década de 20, em Paris, estabeleceu amizade com importantes poetas surrealistas, como Robert Desnos, Benjamin Péret e Paul Éluard, que lhe abriram novas perspectivas, chegando a explorar em textos a escrita automática. Após o surrealismo, ambos ainda coincidiam nas preferências literárias, voltando-se aos grandes escritores místicos da literatura espanhola, San Juan de la Cruz e Santa Teresa de Jesús. Miró, que em 1942 atravessava uma etapa decisiva de sua obra, dividiu-se entre os místicos espanhóis e os franceses que inauguraram a poesia moderna: "[...] me enriqueci enormemente durante esse período de solidão. Lia todo o tempo San Juan de la Cruz, Santa Teresa e poesia — Mallarmé, Rimbaud. Era uma existência ascética: apenas trabalho".[34] Utilizava inclusive as comuns antíteses que expressavam a experiência mística para descrever suas intenções na pintura: "Na verdade, o que busco é um movimento imóvel, algo que seria equivalente ao que se chama eloquência do silêncio ou o que San Juan de la Cruz designava, acho, com as palavras 'música calada'".[35] A oposição mencionada em entrevista de 1959 pertence a décima quinta estrofe de *Cántico*:

> la noche sosegada
> en par de los levantes del aurora,
> la música callada,
> la soledad sonora,
> la cena que recrea y enamora.[36]

Quanto a Murilo, anotou, por exemplo, os "Avisos y sentencias espirituales" de San Juan de la Cruz, sobretudo os que se referem às privações da alma, como o de número 352:

> "Reine en tu alma siempre un estudio de inclinarse, no a lo fácil, sino a lo más dificultoso; no a lo más gustoso, sino a lo más desabrido; no a lo más alto y precioso, sino a lo más bajo y despreciado; no a lo más, sino a lo que es menos; no a lo que es querer algo, sino a no querer nada, no a andar buscando lo mejor de las cosas sino lo peor. Deseando entrar por el amor de Jesucristo en la *desnudez, vacío y pobreza de cuanto hay en el mundo*." [grifado por Murilo][37]

[34] Joan Miró, *op. cit.*, pp. 295-6.

[35] *Idem, ibidem*, p. 336.

[36] San Juan de la Cruz, *Poesía*, Domingo Ynduráin (org.), Madri, Cátedra, 11ª ed., 2000, p. 252.

[37] San Juan de la Cruz, *Obras escogidas*, Ignacio B. Anzoátegui (org.), Buenos Aires, Espasa-Calpe, 2ª ed., 1945, p. 119.

No poema "São João da Cruz" de *Tempo espanhol*, publicado no mesmo ano da entrevista de Miró, explora esses princípios: "Viver: do seu silêncio se aprendendo"; "Para vir a ser tudo, é preciso ser nada".

Murilo valoriza a intensa relação de Miró com a poesia na abertura do retrato-relâmpago — "Miró declara que não pode separar a poesia da pintura" (PCP, 1.275) e nas justaposições *"peinture-poésie miröienne"* e *"peintre-poète"* do poema de *Papiers* (PCP, 1.597). Miró, por exemplo, criou "títulos-poemas" para seus quadros: seguindo a lição surrealista, situa seres comuns, como a mulher ou o pássaro, em circunstâncias inusitadas. Os versos 4-6 do poema de Murilo — "Todas as cores podem aproximar-se/ Quando um menino as conduz ao sol/ E cria a fosforescência" — não apenas metaforiza a invenção do pintor, como também recupera a atmosfera dos "títulos-poemas". Um deles, datado de 1954, refere-se ao brilho sob a luz do dia: "A festa dos círculos fosforescentes no nascimento do dia".[38] No retrato-relâmpago, os "títulos-poemas" aparecem como confronto a nossa lógica: "Sabe que o mundo através de seus sistemas gastos impede por exemplo o pássaro de telegrafar à pedra; impede as estrelas de jogarem os dados; a formiga de pedir a palavra; um cachorro de puxar aquela moça por um cordel" (PCP, 1.275).

Embora admire em Miró a dimensão onírica e libertária, Murilo não se atreve a lhe colocar, como tampouco a si mesmo, a designação de surrealista: "Nem surrealista nem abstrato ortodoxo, escapa às etiquetas" (PCP, 1.275). Da mesma forma o próprio Miró descartava as classificações:

> "O senhor ouviu falar de uma bobagem mais considerável do que a 'abstração-abstração'? E me convidam a sua casa deserta, como se os signos que transcrevi sobre uma tela, desde o momento em que correspondem a uma representação concreta de meu espírito, não possuíssem já uma profunda realidade, não fizessem parte da

---

[38] Entrevista de 1937, *in* Joan Miró, *op. cit.*, p. 318.

realidade! Por outro lado, veja o senhor, concedo uma importância cada vez maior à matéria de minhas obras. Uma matéria rica e vigorosa me parece necessária para dar ao espectador esse golpe em pleno rosto que deve alcançá-lo antes de intervir a reflexão. Assim, a poesia, plasticamente expressada, fala sua própria linguagem."[39]

Como Cabral em Barcelona no final dos anos 40, Murilo pôde visitar a casa de Miró em Palma de Maiorca onde guardava os mais variados objetos que utilizava em suas obras: "[...] bulindo os olhos pequenos, maliciosos, me indica com o dedo os objetos de artesanato que eu mal consigo elogiar: ele me precede sublinhando diante de cada um: '*Es muy bonito... es precioso*'. Não há dúvida" (PCP, 1.191).

Murilo, que cada vez mais dava importância ao trabalho artístico, reconhecia em Miró o "artesão refinado". Ao retomar no retrato-relâmpago a imagem do "menino" de *Tempo espanhol*, ressalta-a a partir de seu tradicional jogo de contrários: "Organizando a infância futura, consegue, em todos os casos, conciliar sonho e disciplina racional" (PCP, 1.275). Os versos finais do poema relacionam-se com o depoimento acima de Miró, na medida em que não contrapõe sua pintura ao "real", este colocado sob suspeita como "obscuro mito". E novamente o retrato-relâmpago desfaz em mão dupla uma suposta contradição: "Miró extrai o maravilhoso da coisa imediata; transforma em realidade a faixa onírica" (PCP, 1.275).

Na última parte de *Tempo espanhol*, em lugar de repassar algum episódio da Guerra Civil Espanhola, em uma coletânea tão marcada pelas letras, fez alusão a ela por meio de dois poetas que morreram durante o conflito: nos poemas "Canto a García Lorca" (Recordando que soubeste/ Defrontar a morte seca/ Vinda no gume certeiro/ Da espada silenciosa) e "Palavras a Miguel Hernández" ("Breve provando a experiência do homem,/ O sangue defrontando o touro aceso,/ O sol negro da prisão e da morte"). Mas isso

[39] *Idem, ibidem*, pp. 214-5.

Os tempos da Espanha de Murilo

está longe de significar algum tipo de condescendência com o regime franquista, pois alguns poemas que seguem estariam entre os mais contundentes e comprometidos de toda a obra muriliana. Não está ao lado do poder, nem do padre que "abençoa a espada", mas sim do povo espanhol: o indignado "chofer de Barcelona", os operários em greve, os estudantes, os prisioneiros, os "padres inconformistas". Mais um motivo para esse espaço privilegiado do livro ser a Catalunha, onde seu nacionalismo tornou-se uma forma de resistência à opressão de Franco ("Barcelona", PCP, 614):

> O estilo de Barcelona
> Formou-se na rebeldia.
> Provém de cultura densa
> À base de sangue e vida.

Em tal luta, ainda que "subterrânea", a morte é presença inevitável. O "chofer de Barcelona", por exemplo, deseja uma nova Espanha a partir de uma guerra civil, espécie de Apocalipse (PCP, 615-6):

> Mas a virada aí vem:
> De novo a morte ao volante,
>
> As igrejas incendiadas,
> O fogo da guerra civil.
>
> Vejo uma única saída;
> Nos matarmos uns aos outros,
>
> Todos nós; então a Espanha
> Recomeçará outra vez.

No entanto, alerta-se que o verdadeiro fim partirá da ordem divina: "A morte lúcida não virá da espada do homem,/ Antes virá da estocada de Deus" ("O padre cego", PCP, 618). A morte que tanto fascina o espanhol representa apenas o término do tempo e

da história ("Morte situada na Espanha (La Caridad-Sevilha)",
PCP, 620):

> O real explode com a morte.
> A contenção espanhola da morte
> Explode em fogo e fim.
> Explode a morte agredida pelo espanhol.
> Explode o silêncio espanhol da morte.
>
> Morte: tempo físico que explode
> Largando a pele da memória,
> Tempo da memória que explode
> Substantivamente.

O poema que encerra a coletânea, "O Cristo subterrâneo",
mais do que ser o estágio mais recente de uma história em progres-
são, aponta para sua correlação divina (PCP, 620-1):

> Descubro um Cristo secreto
> Que nasce na Espanha súbito.
>
> Não é o Cristo vitorioso
> Dos afrescos catalães,
> Nem o Cristo de Lepanto
> Suspenso por uma torre
> De espadas, velas, paixões.
> Não investe uma colina,
> Não brilha no meio do altar
> Entre ornamentos de prata.
> Nem no palácio dos ricos,
> Nem no báculo dos bispos.
>
> É um Cristo quase secreto
> Que nasce das catacumbas
> Da Espanha não oficial.
> Nasce da falta de pão,

Nasce da falta de vinho,
Nasce da funda revolta
Contida pela engrenagem
Da roda de compressão.
Nasce da fé maltratada
Vagamente definida.

É um Cristo dos operários
Atentos, em pé de greve,
Filhos de outros operários
Mortos na guerra civil.
É um Cristo dos estudantes
Sem dinheiro para as taxas.
É um Cristo dos prisioneiros
Que no silêncio cultivam
A pura flor da esperança.
É um Cristo de homens-larvas,
Famintos, inacabados,
Morando em covas escuras
De Barcelona e Valência.
É um Cristo do tempo incerto.
É um Cristo do vir a ser,
Formado nos corações
Da Espanha que não se vê.

Se levamos em conta a cosmovisão de Murilo, as expressões "tempo incerto" e "vir a ser" não implicam apenas na superação da censura e penúria da Espanha franquista, mas principalmente a redenção coletiva no Reino de Cristo. Firmemente ancorado na História e no espaço, o horizonte da eternidade circula por *Tempo espanhol*. Assim, o poeta atinge o universalismo buscado desde o início de sua obra: o que foi, é e será para os espanhóis, mesmo com eventos e personagens distintos entre si, vale para todos.

Considerações finais

Os trabalhos que aproximam dois ou mais poetas podem contribuir para aprofundar aspectos da poesia brasileira do século XX. Várias são as possibilidades, e no caso de João Cabral e Murilo Mendes estes são ainda escassos.[1] A relação entre ambos, enfatizada por eles próprios e pela crítica, é exemplar nesse sentido: embora fossem muito diferentes, quase contrários — talvez o interesse mútuo surgisse justamente daí —, ao longo de suas carreiras não deixaram de ser amigos e trocar experiências. Se o primeiro contato deu-se entre o "mestre" e o "discípulo", quando o Cabral estreante foi buscar elementos para sua poética no Murilo maduro, não demorou muito para se configurar um diálogo entre "iguais", entre dois grandes poetas. Mais do que insistir em uma inversão de posições — a presença de Cabral em Murilo — preferimos pensar em intercâmbios em um momento forte da trajetória deles, que para um vai de *O rio* (1954) a *A educação pela pedra* (1961), e para o outro de *Contemplação de Ouro Preto* (1954) a *Convergência* (1970). Sintomaticamente, durante tal período esteve mais presente a vivência e a transfiguração, nas respectivas obras, do país estrangeiro que os unia entre dissonâncias.

---

[1] Para Cabral, ver sua relação com Bandeira, Luiz Costa Lima, "Sobre Bandeira e Cabral", *in Intervenções*, São Paulo, Edusp, 2002, pp. 57-69, e com Drummond, John Gledson, *Influências e impasses: Drummond e alguns contemporâneos*, São Paulo, Companhia das Letras, 2003, pp. 233-62. Quanto a Murilo, ver Fábio de Souza Andrade, "Jorge de Lima e Murilo Mendes: confluências e divergências", *in O engenheiro noturno: a lírica final de Jorge de Lima*, São Paulo, Edusp, 1997, pp. 29-67.

Dessa maneira, o presente estudo pretendeu também desenvolver outro aspecto não muito explorado, o das fontes estrangeiras na poesia brasileira moderna. A incorporação da Espanha nas obras de João Cabral e de Murilo Mendes tornou-se, tanto pela qualidade quanto pela extensão, um conjunto único na literatura brasileira. Além disso, a pesquisa revelou-nos que eles foram protagonistas decisivos nas relações literárias entre Brasil e Espanha. No lado de cá, voltado ao modelo francês e norte-americano, chamaram a atenção para uma rica tradição literária e novos autores. No país ibérico, reverteram o caminho natural do "centro" para a "periferia": os dois representaram possibilidades altamente bem-realizadas de conciliar vanguarda e uma significação humana frente a um contexto dominado por uma poesia "social" limitada esteticamente.

Na esteira de uma concepção da literatura espanhola ainda corrente no momento em questão, Cabral e Murilo abordaram a Espanha com um estilo marcado pelas noções de *concreto*, *objetivo* e *realista*, entre outras. Enquanto para Cabral essa apropriação foi fundamental para constituir uma poética muito singular na lírica luso-brasileira, para Murilo serviu como conquista de uma depuração e controle contrários à impulsividade característica de sua produção. Cabral e Murilo pensaram a Espanha não apenas em uma perspectiva literária, mas também pictórica, plástica, detendo-se em vários artistas que lhes possibilitassem ratificar suas poéticas. Nos poemas, em particular, desejaram "dar a ver" a Espanha, fosse uma paisagem, uma figura ou um espetáculo, como o flamenco, em imagens sugestivas.

Seguindo a fértil lição da Geração de 27, foram além das vanguardas e se abriram ao popular, no caso de Cabral, e à História, no caso de Murilo. Até mesmo a concepção urbana deles não tinha a ver com a atração cosmopolita do século XX, ao elegerem a Espanha que ainda custava a acertar os ponteiros com a modernidade; por isso retiraram-se à meseta castelhana, ao *pueblo*, às cidades ao "alcance do corpo".

Por fim, as contradições da Espanha, "exótica" para os demais europeus do outro lado dos Pireneus, seduziram os dois poetas brasileiros que se aventuraram fora de suas fronteiras. Já que não se sentiam tão estrangeiros, não precisavam acentuar as tintas daquilo que era distinto, mas sim buscar dimensões universais, uma ética e um tempo que pertencem a todos os homens e lugares.

Considerações finais

Anexos

Traduções de Joan Brossa ao catalão de três poemas d'*O engenheiro*, de João Cabral:[1]

A BAILARINA	LA BALLARINA
A bailarina feita	*La ballarina feta*
de borracha e pássaro	*De goma i ocella*
dança no pavimento	*Balla sobre el trespol*
anterior do sonho.	*Anterior del somni.*
A três horas de sono,	*A tres hores de son,*
mais além dos sonhos,	*Més enllà dels somnis,*
nas secretas câmaras	*En les secretes cambres*
que a morte revela.	*Que revela la mort.*
Entre monstros feitos	*Entre monstres sorgits*
a tinta de escrever,	*De la tinta d'escriure,*
a bailarina feita	*La ballarina feta*
de borracha e pássaro.	*De la goma i l'ocella.*
Da diária e lenta	*De diària i lenta*
borracha que mastigo.	*Goma que mastego.*
Do inseto ou pássaro	*De l'ocell o l'insecte*
que não sei caçar.	*Que no vaig a caçar.*

---

[1] *Dau al Set*, Barcelona, jul.-ago.-set, 1949. Nesta publicação não constam os poemas originais em português.

As nuvens

As nuvens são cabelos
crescendo como rios;
são os gestos brancos
da cantora muda;

são estátuas em voo
à beira de um mar;
a flora e a fauna leves
de países de vento;

são o olho pintado
escorrendo imóvel;
a mulher que se debruça
nas varandas do sono;

são a morte (a espera da)
atrás dos olhos fechados;
a medicina, branca!
nossos dias brancos.

Els núvols

*Els núvols són cabell
Creixent con les riuades;
Són el gest blanquinós
De la cantora muda;*

*Són estàtues en vol
Al riberal d'un mar;
Flora i fauna lleugeres
De llunys països de vent;*

*Són l'ull pintat
Degotant immòbil;
La dona que s'atansa
A la barana del son;*

*Són la mort (l'espera de)
Darrera els ulls tancats;
La metgia, blanca!
En blanc, els postres dies.*

A PAISAGEM ZERO
(*pintura de Monteiro, V. do R.*)

A luz de três sóis
ilumina as três luas
girando sobre a terra
varrida de defuntos.
Varrida de defuntos
mas pesada de morte:
como a água parada,
a fruta madura.
Morte a nosso uso
aplicadamente sofrida
na luz desses sóis
(frios sóis de cego);
nas luas de borracha
pintadas de branco e preto;
nos três eclipses
condenando o muro;
no duro tempo mineral
que afugentou as floras.
E morte ainda no objeto
(sem história, substância,
sem nome ou lembrança)
abismando a paisagem,
janela aberta sobre
o sonho dos mortos.

EL PAISATGE ZERO

La llum de tres sols
Il·lumina tres llunes
Rodant sobre la terra
Exempta de difunts.

Exempta de difunts
Però amb pesadesa de mort:
Com l'aigua estancada,
El fruit madur.

Mort per a usar nosaltres
Aplicadament soferta
En la llum d'aquests sols
(Sols gelius d'un cec);

En les llunes de goma
Pintades de blanc i negre;
En els tres eclipses
Condemnant el mur;

En l'estiu mineral
Que arruixà les flores.
I mort també en l'objecte
(sense història, substància,

sense nom ni remembrança)
Abismant el paisatge,
Finestra oberta sobre
Els somnis dels morts.

Anexos

Tàpies, Cuixart, Ponç[2]

João Cabral

Se a obra de Miró traz à pintura uma linguagem e uma sensibilidade especiais — pessoais — ela constitui, sobretudo, uma luta para dar à pintura uma mecânica nova. Essa luta se define negativamente: mais que impor outro sistema de composição, ela trata de se defender do conjunto das leis de composição estabelecidas pelo Renascimento e completadas depois, dentro do mesmo espírito. Trata de se defender de tudo o que se dirige a assegurar o esqueleto dessa pintura renascentista: rigidez e equilíbrio, estática do quadro.

Essa luta (e é luta e luta dolorosa porque se dá contra leis que se entranharam no hábito, nas mãos e nos olhos dos pintores) vem a ser, assim, uma luta para garantir aos artistas a liberdade de compor. Liberdade de entregar-se a seu jogo fora dessas ou daquelas receitas de equilíbrio. Liberdade para desassociar as ideias de compor e equilibrar. Liberdade para dar à ideia de *equilíbrio* um sentido de maior riqueza que o da simples estabilidade de pesos.

Dessa liberdade de composição, conseguida por Miró em seus melhores momentos, com muito maior frequência a partir de 1940 ou 41, parecem começar a tirar proveito os três jovens pintores que agora expõem. Parece que a obra de Miró constituiu para eles o testemunho de um tipo de composição menos rígida; parece que lhes demonstrou serem possíveis *outras* composições, além das meras variações do estatismo; que era possível a liberdade de sintaxe onde o formalismo moderno havia conquistado unicamente a liberdade da metáfora.

O que caracteriza estes três pintores, de mitologia e linguagem tão diversos, é, portanto, o fato de coincidir em tipos de composição igualmente independentes da composição estática tradicio-

---

[2] *Cobalto 49*, n° 3, Barcelona, 1949. A tradução para o castelhano é de Rafael Santos Torroella. A presente versão para o português é de Ricardo Souza de Carvalho.

nal. Mas essa caracterização se oferece pelo lado negativo, porque o estado de espírito com que abordam essa liberdade é absolutamente distinto nos três. Tàpies a possui sem buscar suas razões e implicações; e usa dela sem se dar conta. Cuixart parece ter consciência clara dela, e inclusive se encontra interessado em defendê-la. Ponç, por último, menos instintivo do que Tàpies e menos intelectual que Cuixart, mantém-se numa atitude intermediária e não a ignora, mas tampouco a considera como ponto de partida.

E do mesmo modo que são diferentes os estados de espírito com que empregam essa liberdade, são diversos, no terreno estrito da composição, os resultados a que os três chegam. É diferente, por exemplo, o comportamento de cada um dos três em relação à moldura, ou melhor, com o limite da superfície do quadro. (Todos sabemos a importância do limite do quadro na composição tradicional; e que a partir dele é quando se estabelece, de fora para dentro, o trabalho de equilibrar e fixar o conjunto.)

Em Tàpies o exercício daquela liberdade se expressa com desprezo às imposições do limite do quadro. Tàpies não pensa, simplesmente não se preocupa com o limite do quadro. Este não é nunca, em sua pintura, o ponto de partida para a composição. E mais de uma vez deve ter se encontrado, inclusive, surpreendido pelo término material de sua tela, término que lhe terá aparecido, no curso de seu trabalho, quando menos esperava. Sua pintura tira proveito, mais de uma vez, de um raro estremecimento que parecem provocar certos volumes bastante próximos à moldura, certos pesos excessivamente poderosos que ele não se preocupou em neutralizar, procurando-lhes a distância ideal da moldura que os teria estabilizado. E não é pouco o partido que sua pintura (digo "sua pintura" e não "o pintor", porque Tàpies me parece o menos intelectual dos três que aqui nos ocupam) obtém dessa ordem instável, dessa como iminência de catástrofe. O que não constitui um de seus menores encantos, colaborando com o que poderiam chamar as "leis físicas", ou a "gravidade" desse mundo poético tão rico no qual o artista se move permanentemente.

Cuixart, muito mais intelectual, conhece o perigo que se esconde no limite da tela e trata de evitá-lo. Como Ulisses, é fértil em artimanhas. Cuixart evita a consideração do limite. Não é tão instintivo como para poder menosprezá-la e muito astuto para arriscar-se a um corpo a corpo com ela. Cuixart evita a consideração do limite da tela, colocando muita distância entre a moldura e a coisa pintada, diminuindo esta, reduzindo-a a pequenos grupos de coisas dentro de uma superfície muito mais vasta. Procura criar para as coisas que pinta um meio infinito, a fim de impedir que os olhos do espectador, ao contemplar a coisa pintada, tenham seu campo visual condicionado pela moldura. O olho espectador, então, poderá se entregar ao ritmo interno da coisa pintada, que se encontra solta no espaço, à maneira de constelações. O olho não está obrigado a considerar uma superfície determinada, pintada de tal ou qual modo, mas coisas que a superfície — cujos limites lhe escapam — mal contém. Distanciar-se da moldura significa, para Cuixart, defender sua liberdade de compor, sua liberdade de entregar-se a coisas e ritmos livres.

Em Ponç, essa liberdade é, também, de outra ordem. Em Tàpies significa o poder de menosprezar qualquer limitação; em Ponç significa poder diminuir até o mínimo o trabalho de compor. Em Cuixart essa liberdade se encontra defendida a cada passo; Ponç a aproveita, possui certa consciência dela, mas depois a esquece. Ele não pinta sua liberdade: se serve dela como de algo que lhe permite entregar-se mais completamente ao sentido do objeto que pinta. A composição, para ele, é quase sempre um simples aproveitamento econômico da superfície. Quer entregar-se à figura e por isso atribui menos importância à mecânica da tela. Compor, para ele, é preencher a superfície o mais delicadamente possível, pintando símbolos suplementários onde ainda reste espaço livre. Mas a uma liberdade maior de sintaxe tem que corresponder, forçosamente, maior liberdade de metáfora. Em Ponç esta é bem visível na absoluta liberdade com que parece acometer o que mais mostra interessar-lhe: a figura, livre de qualquer sistema interno consequente, de qualquer estilização.

PRÓLOGO A *EM VA FER JOAN BROSSA*[3]

João Cabral

Este livro de Joan Brossa reúne os primeiros passos do autor no sentido de realizar uma poesia mais amplamente humana. Mais amplamente humana, ou seja: com o grande tema *dos homens*. E não estritamente humana, com os temas de um homem, individual, embora continuem os temas, do seu refeitório, do seu quarto, dos seus alcoóis, das suas máquinas de fugir da realidade.

Esta distinção é muito importante. Talvez o problema essencial da arte atual — a procura de um caminho que a leve a uma outra coisa, a procura de uma porta de saída —, a superação do seu formalismo é reduzida a isto: o reencontro dos homens. A coisa primordial não consiste em abandonar a deformação e a estilização nem, simplesmente, em retornar a uma representação clara do objeto. O fato primordial é saber que objeto se vai pintar, que objeto é digno de se pintar. E fazer retornar à arte o tema *dos homens*.

Aqui há um grande número de artistas irritados contra a falsa profundidade do balbuceio, contra o mundo falso dos surrealismos em que foram encontrar instalada a poesia, e a qual haviam começado a tomar seriamente (é interessante fazer notar a diferença de tom entre um Apollinaire ou um Max Jacob e um jovem poeta de hoje; aquilo que para os primeiros era "humor" para os poetas de hoje se torna solenidade. Os primeiros "fingiram" acreditar, os jovens de hoje acreditam realmente — daí seu tom místico, solene ou desesperado), que lutam hoje para encontrar uma nova forma mais próxima às realidades. Mais, como dizem eles: realista.

A tendência é muito mais generalizada do que nos parece, e esta obsessão se enraíza inclusive em alguns dos que, com mais intensidade — camuflada em desespero — continuamente exerci-

---

[3] Joan Brossa, *Em va fer Joan Brossa*, Barcelona, Cobalto, 1951, pp. 9--13. A tradução para o catalão é de Rafael Santos Torroella. A presente versão para o português é de Ricardo Souza de Carvalho.

Anexos

tam-se em todos os truques conhecidos para criar esta falsa dimensão arbitrária de realidade.

Contudo, nem sempre estes jovens artistas situam a questão sob a perspectiva correta. O realismo não é uma questão de forma. É essencialmente uma questão de substância, de assunto. Uma maçã em uma bandeja, pintada com o *trompe-l'oeil*, não será realismo no verdadeiro sentido, mas academicismo. Conseguir, outra vez, a cópia exata de um objeto não nos conduz a nenhuma saída definitiva: retornam ao ponto de partida. Vão ser as maçãs pintadas — ou a contínua limitação da realidade naquilo de mais restrito, como esta maçã —, o que vai conduzir ao formalismo atual. Da maçã aos simples círculos amarelos e vermelhos de um quadro abstrato, o ponto é mínimo. Vai ser o abandono da dignidade, ou seja, da importância humana (para os homens) dos assuntos, o longo caminho que vai fazer desembocar os artistas em uma arte que nega radicalmente o assunto. De fato, a importância, para os homens, de um quadro com uma bandeja de maçãs e de um quadro com círculos de cor é absolutamente a mesma. Em certo sentido, quando a pintura vai descender até a natureza-morta, ao nu, à paisagem de tabique, vai começar a se tornar abstrata.

Perfeitamente consciente de tudo isso, Joan Brossa vai empreender a sua reação para o outro extremo da corda. Ele já havia explorado anteriormente todas as variedades do formalismo e todos os recantos dos gabinetes de magia. Desde o balbuciar minuciosamente orquestrado dos *Sonets de Caruixa*, até à "ópera de quatro vinténs" de *Dragolí*, alternados, sempre, com as prosas e o teatro de alucinação sistemática, com os quais procurou a quinta pata do gato e a sétima cara do dado. Ele havia chegado a ser forte nesta retórica, tão forte que, ele mesmo, a havia acrescentado com novos capítulos de sua invenção. Irritado também contra toda esta magia, que chegara a acreditar "mais real que o real", Brossa, contrariamente a muitos destes jovens que se debatem na atual busca da "forma realista", vai seguir o caminho oposto: cantar o "real" com a forma que dispunha.

Ele, apesar de tudo, já parecia conhecer mesmo a força deste "real" e intuía que acabaria, fatalmente, por explorar a sua retórica, eliminando tudo o que há de falso e artificial, e dando novo sentido — saturando de conteúdo — ao que nela pode constituir enriquecimento para o homem na técnica de comunicar-se com os outros homens.

Por que Joan Brossa pôde chegar a isso (conversas com amigos; simples acasos; fastio, simplesmente) é quase impossível de investigar e definir. No entanto, se observarem tudo aquilo que anteriormente escrevia, esta evolução nos mostra com uma lógica interna evidentíssima. Talvez porque não fosse uma de suas originalidades o seu repertório, profusamente cotidiano e popular? Contrariamente a quase toda a poesia catalã e atual, preocupada sempre pelo vocábulo nobre, pouco corrente, erudito ou arcaico, era na realidade mais humilde, no léxico da cozinha, da feira de praça e do fundo de oficina, onde Brossa ia buscar o material para elaborar as suas complicadas mitologias. Por isso é compreensível que, ao pressentir a falsidade de toda a sua temática anterior, se tenha colocado cara a cara com este seu vocabulário concreto e, a partir dele, da realidade da cozinha, da feira e do fundo de oficina, onde o havia recrutado.

A propósito, a realidade da cozinha, da feira e do fundo da oficina não é muito propícia à degustação da natureza morta, ociosa. A maçã existe ali, quando existe, para ser comida, ou para ser disputada. A realidade que Brossa descobriu de novo não era o gozo ocioso de um objeto. Aquela realidade estava ritmada por uma luta acesa, na qual nenhum abandono não era possível. Ali o sofrimento não é uma horta para ser cultivada, nem uma coisa para elevar à dignidade, mas, ao contrário, uma coisa que busca ser superada. Esta luta está alerta; é essencialmente viril e, no fundo, já que não se interrompe nem é submetida, otimista.

Este livro reúne os primeiros passos que Brossa deu fora da atmosfera impregnada de magia de cartão-postal. A evolução desta nova tendência da sua poesia, cuja tendência assistem o nascimento neste livro, frágil como a fonte de onde brota um rio, haveria de prosseguir posteriormente: prossegue posteriormente. Eu sinto cada dia mais robusta e fortalecida o que aqui é encarado vacilante e somente desponta. Consequentemente, o livro ganha um novo

Anexos

interesse psicológico, já que mostra claramente o processo absolutamente exemplar seguido por Joan Brossa e que me orgulha de haver podido acompanhar.

Jorge Guillén[4]

Murilo Mendes

Segundo Aubrey F. G. Bell, solidez, equilíbrio, concentração, intensidade, *humour* são as qualidades castelhanas por excelência. Creio que elas se encarnam de modo exemplar na obra e na pessoa de Jorge Guillén. Sua preocupação de limpidez e artesanato rigoroso ligam-no a Paul Valéry, de cuja linha estética ele partiu.

Seria hoje acadêmico escrever que J. G. domina a linguagem. Qualquer poeta autêntico deve dominar a linguagem, do contrário não poderia fazer poesia. Menciono este truísmo porque foi, entre os anos 1940 e 1950, usado e abusado por vários críticos, particularmente no Brasil: e nem todos eram ingênuos, muito pelo contrário. Voltava então à cena o conhecido diálogo Mallarmé-Degas. Ora, Mallarmé advertira um pintor, nenhum poeta precisaria de tal conselho.

J. G. espanholizou, transformou e alargou o projeto da arquitetura valéryana; sendo a dimensão da sua poesia única, pessoal, intransferível. Consideramos um poeta que usa com atenta disciplina, liberdade, fantasia, ao mesmo tempo metros tradicionais e metros livres; curtos ou largos; que nunca chega mesmo à ruptura da linguagem, porque se propõe sempre a arquitetura do poema. Espírito dialético por inclinação e cultura, diria que reúne pontos inconciliáveis: subjetividade e objetividade, abstrato e concreto, imanência e transcendência. Numerosos exemplos se encontram ao longo de sua obra, que poderia trazer como epígrafe este verso: *"Alma, fiel a un volumen"*.

J. G., diurno (provém da luz castelhana, luz de personalidade forte, diria até intelectual) exorciza os espantalhos da noite, aceitando *"sus potencias breves/ bajo un sigilo sin horror ni enig-*

---

[4] Manuscrito autógrafo em cinco folhas, Arquivo Jorge Guillén, Biblioteca Nacional, Madri. Embora Murilo tenha escrito esse texto para a 2ª série de *Retratos-relâmpago*, optou por não publicá-lo e o enviou a Guillén.

Anexos

ma". Num tempo dilacerado como o nosso, tempo de negação da vida, do próprio homem (não me refiro à negação de Deus, pois todas as outras negações são consequências desta), torna-se milagrosa a figura de um poeta que adere ao mundo (*"porque es mi sino/ propender con fervor al universo"*); que sofre até o osso com a desordem (*"¡oh torpe caos!"*), que erige a exatidão em divindade, encontrando palavras definitivas para seu desafio castelhano-planetário à fatalidade das "postrimerías", presentes todo o dia ao espanhol: *"Por mí no me moriré. Me morirán"*.

Acenando no início ao vínculo estético Guillén-Valéry, fi-lo em situação à crítica que geralmente o define. Mas, diante de um poeta desta altura, é claro que não se deve tratar de univocidade. No prefácio à *Selección de poemas*, publicado na Espanha em 1965, J. G. informa-nos que foi desde muito jovem atraído pela construção rigorosa de *Les fleurs du mal*; seguindo-se mais tarde a descoberta de *Leaves of grass*. Indicações certamente preciosas; mas não me sirvo delas para fixar limites a uma obra que caminha no tempo sob signos diversos, inclusive os de Dante e Mallarmé.

Num ensaio dos anos 50 Dámaso Alonso explica J. G. em contraposição a certa linha crítica unilateral, atenta apenas ao plano intelectualístico desta obra, que entretanto surge muitas vezes das sensações e dos impulsos mais elementares do humaníssimo "quase animalíssimo" Jorge Guillén.[5]

Cántico, desenvolvido e reelaborado durante quase cinquenta anos; *Maremágnum*, precedido de *Clamor*; e *Homenaje*, constituem o vasto tríptico guilleniano, completado por ensaios de problemática da linguagem e da criação literária, de que se destaca *Lenguaje y poesía*: ensaios fundados, com licença de Gracián, em agudeza-engenho. Os textos de Guillén são férteis em pontos de exclamação e de interrogação, o que poderá afastar certos leitores exigentes. Mas o poeta não usa à maneira dos românticos es-

---

[5] Trata-se do ensaio "Los impulsos elementales en la poesía de Jorge Guillén", incluído no livro *Poetas españoles contemporáneos*, que integra a biblioteca do poeta. O trecho mencionado, à página 242, recebeu um traço à margem.

tes sinais de pontuação. Fazem parte do texto, acham-se inseridos nele, direi: correspondem a uma palavra, talvez a uma série de palavras, talvez a uma metáfora. Guillén geometriza a capacidade de entusiasmo do espanhol, organizando o que eu chamaria a praxis do lirismo. Sob o ponto de vista da comunicabilidade penso que a obra de J. G. abarca um raio de ação muito mais vasto que o de Valéry, se bem talvez não contenha um *"pezzo"* antológico da tessitura de "Le cimetière marin". O citado Dámaso Alonso escreve: *"Jorge Guillén es, entre todos los poetas hoy vivos, el de mayor contenido de pensamiento, aquel cuya imagen del mundo es más nítida en su poderosa unidad, con infinita variedad en el pormenor"*.

A obra de J. G. constitui um dos monumentos da poesia espanhola, e não só deste século. Como já se escreveu que na Espanha o maior monumento é o homem, terminarei dizendo uma palavra sobre o homem Guillén. Ele é alto, muito magro, moreno, espanholíssimo, olhos pequenos, pesquisadores; delicado e dinâmico. A *"signorilità"* é uma de suas características mais fortes. Esgrime a palavra com rigor mordente. Homem-texto, *"ragiona"*, entre lucidez e ironia, de fatos, pessoas, coisas; passa com agilidade do plano estético para o cotidiano impregnado de um fervor cortês. Até seus óculos são personalíssimos. É tocado pelo prazer de respirar. De total simplicidade, sabe ouvir e dialogar como poucos.

Há muitos anos que o pratico. Encontramo-nos várias vezes, em Roma, Florença, Lisboa e Algarve. Uma das nossas últimas *citas* foi no Jardim Botânico de Lisboa, sítio remansoso no centro da cidade, dando-nos a ilusão de que a natureza ainda existe. Falamos de literatura, da crise universal, *"una crisis/ que no se acaba nunca,/ esa contradicción que no nos deja/ vivir nuestro destino"*, em particular a crise de Portugal e da recíproca Espanha, *"esa incógnita España no más fácil de mantener en pie/ que el resto del planeta"*. O poeta anima-se, e de repente, abrangendo com o olhar agudíssimo talvez a totalidade das árvores, exclama: *"¡Quiero vivir!"* oferece-me mais um de seus livros; uma vez eu lhe disse que o texto das suas dedicatórias me fará passar à posteridade. Findo

Anexos

o encontro, no instante da despedida ele comenta: "Caso raro, estivemos juntos duas horas sem comer, nem beber". Regressa ao hotel, para prosseguir a leitura de *Os Maias*.

1969-1974

Bibliografia

MURILO MENDES

LIVROS

Poesias 1925-1955. Rio de Janeiro: José Olympio, 1959.

Antologia poética. Lisboa: Morais Editora, 1964.

Antologia poética. Seleção de João Cabral de Melo Neto. Rio de Janeiro/Brasília: Fontana/INL, 1976.

Poesia completa e prosa. Edição de Luciana Stegagno Picchio. Rio de Janeiro: Nova Aguilar, 1995.

Recordações de Ismael Nery. São Paulo: Edusp/Giordano, 2ª ed., 1996.

Tempo espanhol. Rio de Janeiro: Record, 2001.

TEXTOS

"Calunga", *Boletim de Ariel*, ano IV, nº 11, Rio de Janeiro, ago. 1935, p. 291.

"Manuel Bandeira cai no conto do vigário", *Boletim de Ariel*, ano V, nº 2, Rio de Janeiro, nov. 1935, p. 38.

"A poesia e os confusionistas", *Boletim de Ariel*, ano V, nº 3, Rio de Janeiro, dez. 1935.

"Poesia universal", *Boletim de Ariel*, ano VII, nº 8, Rio de Janeiro, maio 1937, pp. 220-1.

"A poesia social", *Vanguarda*, Rio de Janeiro, 1953, *in* MEIRELES, Cecília. *Obra poética*. Rio de Janeiro: Nova Aguilar, 1987, pp. 52-3.

CORRESPONDÊNCIA

FONSECA, Edson Nery da (org.). *Cartas a Edson Nery da Fonseca*. Recife: Companhia Pacífica, 1995.

GUIMARÃES, Júlio Castañon. *Distribuição de papéis: Murilo Mendes escreve a Carlos Drummond de Andrade e a Lúcio Cardoso*. Rio de Janeiro: Fundação Casa de Rui Barbosa, 1996.

Fortuna crítica (seleção)

Andrade, Mário de. "A poesia em 1930", *in Aspectos da literatura brasileira*. São Paulo: Martins, s.d., pp. 42-5.

_____. "A poesia em pânico", *in O empalhador de passarinho*. Belo Horizonte: Itatiaia, 4ª ed., 2002, pp. 49-56.

Antelo, Raul. "Murilo Mendes lê em espanhol", *in I e II Congressos de Literatura Comparada da UFMG*. Belo Horizonte: Imprensa Oficial, 1987, pp. 537-54.

Araújo, Laís Corrêa de. *Murilo Mendes: ensaio crítico, antologia, correspondência*. São Paulo: Perspectiva, 2000.

Arrigucci Jr., Davi. "Arquitetura da memória", *in O cacto e as ruínas*. São Paulo: Duas Cidades/Editora 34, 2000, pp. 95-150.

Barbosa, João Alexandre. "Convergência poética de Murilo Mendes", *in A metáfora crítica*. São Paulo: Perspectiva, 1974, pp. 117-36.

Campos, Haroldo de. "Murilo e o mundo substantivo", *in Metalinguagem & outras metas*. São Paulo: Perspectiva, 4ª ed., 1992, pp. 65-75.

Candido, Antonio. "Pastor pianista/ pianista pastor", *in Na sala de aula: caderno de análise literária*. São Paulo: Ática, 8ª ed., 2002, pp. 81-95.

Frias, Joana Matos. *O erro de Hamlet: poesia e dialética em Murilo Mendes*. Rio de Janeiro/Juiz de Fora: 7 Letras/CEMM/UFJF, 2002.

Lewin, Willy. "Saudação a Murilo Mendes". *Boletim de Ariel*, ano III, nº 12, Rio de Janeiro, set. 1934, p. 321.

Lima, Luiz Costa. "Tríptico sobre Murilo Mendes" (Murilo Mendes: da dispersão à intensidade, Murilo Mendes em seu começo e O agônico na abertura de *Contemplação*), *in Intervenções*, São Paulo: Edusp, 2002, pp. 71-110.

Merquior, José Guilherme. "Murilo Mendes ou a poética do visionário", *in Razão do poema: ensaios de crítica e estética*. Rio de Janeiro: Civilização Brasileira, 1965, pp. 51-68.

_____. "A pulga parabólica", *in A astúcia da mímese: ensaios sobre crítica*. Rio de Janeiro: Topbooks, 1997, pp. 218-25.

Moura, Murilo Marcondes. *Murilo Mendes: a poesia como totalidade*. São Paulo: Edusp/Giordano, 1995.

_____. "Os jasmins da palavra jamais", *in Bosi, Alfredo (org.). Leitura de poesia*. São Paulo: Ática, 1996, pp. 101-23.

Nerhing, Marta Moraes. *Murilo Mendes: crítico de arte*. São Paulo: Nankin Editorial, 2002.

Picchio, Luciana Stegagno. "Itinerário poético de Murilo Mendes", *Revista do Livro*, ano IV, nº 16, Rio de Janeiro, INL, dez. 1959, pp. 61-73.

CATÁLOGOS E VOLUMES COLETIVOS

Catálogo da exposição Murilo Mendes: acervo. Juiz de Fora: CEMM/UFJF, 1999.

GUIMARÃES, Júlio Castañon (org.). *Murilo Mendes: 1901-2001.* Juiz de Fora: CEMM/UFJF, 2001.

Ipotesi: Revista de Estudos Literários, vol. VI, nº 1, Juiz de Fora, 2002.

PEREIRA, Maria Luiza Scher (org.). *Imaginação de uma biografia literária: os acervos de Murilo Mendes.* Juiz de Fora: EDUFJF, 2004.

RIBEIRO, Gilvan Procópio; NEVES, José Alberto Pinho (orgs.). *Murilo Mendes: o visionário.* Juiz de Fora: EDUFJF, 1997.

RODRIGUES, Marisa Timponi P. (org.). *Magnelli.* Mostra do acervo do Centro de Estudos Murilo Mendes. Juiz de Fora: CEMM/UFJF, 1998.

SILVA, Teresinha Vânia Zimbrão da (org.). *Chronicas mundanas e outras crônicas: as crônicas de Murilo Mendes.* Juiz de Fora: EDUFJF, 2004.

TRADUÇÕES DA OBRA DE MURILO MENDES NA ESPANHA

ALONSO, Dámaso: "Jandira", de *O visionário*; "El fuego", de *Os quatro elementos*; "Poema espiritual", "Las cuatro de la tarde" e "El amor y el cosmos", de *A poesia em pânico*; "Poema barroco", de *Mundo enigma*; "Abstracción", de *Poesia liberdade*; "El rito humano" e "El muerto", de *Sonetos brancos*; "Allá lejos", de *Parábola*; "Faena de Góngora" e "Córdoba", de *Tempo espanhol*, em *Revista de Cultura Brasileña*, ano I, Madri, jun. 1962, pp. 10-8.

ALONSO, Dámaso; CRESPO, Ángel: "Murilograma a la hija de Miguel Torga", "Murilograma a Guido Cavalcanti", "Murilograma a Carla Accardi", "Grafito para Capogrossi", "Natal 1961", "Muerte de Borromini" e "Claudio Monteverdi", em *Revista de Cultura Brasileña*, nº 12, Madri, mar. 1965, pp. 8-21.

BARCO, Pablo del: *Tiempo español.* Córdoba: Almuzara, 2008.

CRESPO, Ángel: "El niño sin pasado", "Mapa" e "Canto del novio", de *Poemas*; "Biografía de la melena" e "Novísimo Prometeo", de *O visionário*; "Estrellas", de *Os quatro elementos*; "Caballos", "El pastor pianista" e "Ante un cadáver", de *As metamorfoses*; "Ideas rosas", "Meditación de Agrigento", de *Siciliana*; "San Juan de la Cruz", de *Tempo espanhol, in Antología de la poesía brasileña: desde el romanticismo a la generación del cuarenta y cinco.* Barcelona: Seix Barral, 1973.

PINTÓ, Alfonso: "Ventanas del caos", de *Poesia liberdade, in Antología de poetas brasileños de ahora.* Barcelona: O Livro Inconsútil, s.d.

Bibliografia

TORROELLA, Rafael Santos: "Los dos lados", de *Poemas*; "Antielegía", "Mozart" e "Juego", de *Os quatro elementos*; "Ana Luisa", "Poema abierto", "Pariente próximo", "Poema barroco" e "Perturbación", de *Mundo enigma*; "Deseo", "Tiempos sombríos", "Murilo niño" e "Memoria", de *Poesia liberdade*, in *Antología de la poesía brasileña*. Renato de Mendonça (org.). Madri: Ediciones Cultura Hispánica, 1952.

JOÃO CABRAL DE MELO NETO

LIVROS

Serial e antes. Rio de Janeiro: Nova Fronteira, 1997.

A educação pela pedra e depois. Rio de Janeiro: Nova Fronteira, 1997.

Prosa. Rio de Janeiro: Nova Fronteira, 1998.

O Arquivo das Índias e o Brasil: documentos para a História do Brasil existentes no Arquivo das Índias de Sevilha. Rio de Janeiro: Ministério das Relações Exteriores, Seção de Publicações, 1966.

TEXTOS

"Prática de Mallarmé", *Renovação*, nova série, ano IV, nº 1, Recife, out.-nov.--dez. 1942.

CORRESPONDÊNCIA

E agora adeus: correspondência para Lêdo Ivo. São Paulo: Instituto Moreira Salles, 2008.

MONTERO, Teresa (org.). *Correspondências: Clarice Lispector*. Rio de Janeiro: Rocco, 2002.

RODRIGUES, Lêda Boechat (org.). *Correspondência de José Honório Rodrigues*. Rio de Janeiro: Academia Brasileira de Letras, 2000.

SÜSSEKIND, Flora (org.). *Correspondência de Cabral com Bandeira e Drummond*. Rio de Janeiro: Nova Fronteira/Fundação Casa de Rui Barbosa, 2001.

TRADUÇÃO DE LITERATURA ESPANHOLA

BARCA, Calderón de la. *Os mistérios da missa*. Coleção Universitária de Teatro, vol. I. Rio de Janeiro: Civilização Brasileira, 1963.

LORCA, Federico García. *A sapateira prodigiosa*. Rio de Janeiro: Agir, 1951.

Fortuna crítica (seleção)

ATHAYDE, Félix de (org.). *Ideias fixas de João Cabral de Melo Neto*. Rio de Janeiro/Mogi das Cruzes, SP: Nova Fronteira/FBN/Universidade de Mogi das Cruzes, 1998.

BARBOSA, João Alexandre. "Linguagem & Metalinguagem em João Cabral", *in A metáfora crítica*. São Paulo: Perspectiva, 1974, pp. 137-59.

_____. *A imitação da forma: uma leitura de João Cabral de Melo Neto*. São Paulo: Duas Cidades, 1975.

_____. "Sevilha, objeto de paixão", *in Entre livros*. Cotia, SP: Ateliê Editorial, 1999, pp. 223-9.

_____. *João Cabral de Melo Neto*. São Paulo: Publifolha, 2001.

BEDATE, Pilar Gómez. "La *Revista de Cultura Brasileña*: João Cabral de Melo Neto y Ángel Crespo". *Revista de Cultura Brasileña*, Madri, jun. 1997, pp. 21-39.

BOSI, Alfredo. "*Fora sem dentro?* Em torno de um poema de João Cabral de Melo Neto", *Estudos Avançados*, nº 50, São Paulo, IEA, 2004, pp. 195--207.

CAMPOS, Haroldo de. "O geômetra engajado", *in Metalinguagem & outras metas*. São Paulo: Perspectiva, 4ª ed., 1992, pp. 77-88.

CANDIDO, Antonio. "Poesia ao norte", *in* DANTAS, Vinícius (org.). *Textos de intervenção*. São Paulo: Duas Cidades/Editora 34, 2002, pp. 135-42.

CARONE, Modesto. *A poética do silêncio: João Cabral de Melo Neto e Paul Celan*. São Paulo: Perspectiva, 1979.

CASTELLO, José. *João Cabral de Melo Neto: o homem sem alma*. Rio de Janeiro: Rocco, 1996.

CRESPO, Ángel; BEDATE, Pilar Gómez. *Realidad y forma en la poesía de Cabral de Melo*. *Revista de Cultura Brasileña*, nº 8, Madri, mar. 1964 (separata).

ESCOREL, Lauro. *A pedra e o rio: uma interpretação da poesia de João Cabral de Melo Neto*. Rio de Janeiro: ABL, 2001.

GARCIA, Othon M. "A página branca e o deserto", *in Esfinge clara e outros ensaios*. Rio de Janeiro: Topbooks, 2ª ed., 1996, pp. 177-265.

GLEDSON, John. "Sono, poesia e o 'livro falso' de João Cabral de Melo Neto: uma reavaliação de *Pedra do sono*", *in Influências e impasses: Drummond e alguns contemporâneos*. São Paulo: Companhia das Letras, 2003, pp. 170-200.

GUIMARÃES, Júlio Castañon. "Cabral falando", *Teresa: Revista de Literatura Brasileira*, nº 3, São Paulo, FFLCH-USP/Editora 34, 2002, pp. 304-7.

HOLANDA, Sérgio Buarque de. "João Cabral de Melo Neto", "Branco sobre negro" e "Equilíbrio e invenção", *in* PRADO, Antonio Arnoni (org.). *O espírito e a letra: estudos de crítica literária*, vol. II (1948-1959). São Paulo: Companhia das Letras, 1996, pp. 516-31.

HOUIASS, Antônio. "Sobre João Cabral de Melo Neto", *in Drummond mais seis poetas e um problema*. Rio de Janeiro: Imago, 1976, pp. 203-27.

LIMA, Luiz Costa. "A traição consequente ou a poesia de Cabral", *in Lira e antilira: Mário, Drummond, Cabral*. Rio de Janeiro: Topbooks, 2ª ed., 1995, pp. 197-331.

_____. "Sobre Bandeira e Cabral" e "João Cabral: poeta crítico", *in Intervenções*. São Paulo: Edusp, 2002, pp. 57-69; 111-34.

MAMEDE, Zila. *Civil geometria: bibliografia crítica, analítica e anotada de João Cabral de Melo Neto, 1942-1982*. São Paulo: Nobel/Edusp/INL/Vitae/ Governo do Estado do Rio Grande do Norte, 1987.

MERQUIOR, José Guilherme. *"Serial"* e "Onda mulher e onde a mulher", *in Razão do poema: ensaios de crítica e de estética*. Rio de Janeiro: Civilização Brasileira, 1965, pp. 89-101.

_____. "Nuvem civil sonhada: ensaio sobre a poética de João Cabral de Melo Neto", *in A astúcia da mímese: ensaios sobre lírica*. Rio de Janeiro: Topbooks, 2ª ed., 1997, pp. 84-187.

NUNES, Benedito. *João Cabral de Melo Neto*. Petrópolis: Vozes, 2ª ed., 1974.

PEIXOTO, Marta. *Poesia com coisas (uma leitura de João Cabral de Melo Neto)*. São Paulo: Perspectiva, 1983.

SECCHIN, Antonio Carlos. *João Cabral: a poesia do menos*. São Paulo/Brasília: Duas Cidades/INL, 1985.

VILLAÇA, Alcides. "Expansão e limite da poesia de João Cabral", *in* BOSI, Alfredo (org.). *Leitura de poesia*. São Paulo: Ática, 1996, pp. 143-69.

NÚMEROS ESPECIAIS

Colóquio/Letras. Paisagem tipográfica: homenagem a João Cabral de Melo Neto (1920-1999), nº 157/158, Lisboa, jul.-dez. 2000.

Cadernos de Literatura Brasileira, Instituto Moreira Salles, nº 1, mar. 1996.

TRADUÇÕES DA OBRA DE JOÃO CABRAL NA ESPANHA

BARCO, Pablo del: *La educación por la piedra*. Madri: Visor, 1982.

BONET, Cintia Massip: *L'Enginyer: psicologia de la composició amb la faula d'Anfió i Antioda*. Barcelona: Edicions 62, 1994.

CARRIEDO, Gabino-Alejandro: "Tejiendo la mañana", de *A educação pela pedra*, em *Breve relación casi periódica de poesía distinta contemporánea y no homologada*, n° 1, Madri, 1968, p. 8. "Encuentro con un poeta", de *Paisagens com figuras*, in IFACH, María de Gracia; GARCÍA, Manuel García (orgs.). *Homenaje a Miguel Hernández*. Barcelona: Plaza & Janes, 1975. *Dos parlamentos: poesía*, em *Revista Ilustrada de Información Poética*, n° 9, Madri, 1980, pp. 67-79.

CRESPO, Ángel: "Seis poemas de *Serial*" ("El sí contra el sí", com fragmentos de "Miró", "Mondrian", "Juan Gris" e "Juan Dubuffet", e "El huevo de gallina"), em *Revista de Cultura Brasileña*, n° 1, Madrid, jun. 1962, pp. 42-51. "Poema(s) de la cabra" ("Más barato", "Negro de vida", "Sólo corteza"), "Estudios para una bailaora andaluza" e "A palo seco", de *Quaderna*; "Lluvias", de *Serial*, *in Antología de la poesía brasileña: desde el romanticismo a la generación del cuarenta y cinco*. Barcelona: Seix Barral, 1973. *A la medida de la mano*. Salamanca: Universidad de Salamanca, 1994.

CRESPO, Ángel; BEDATE, Pilar Gómez: "Pernambuco en Málaga", "Lluvias" e "Una sevillana en España", de *Serial*; "Estudios para una bailaora andaluza", "A palo seco" e "Sevilla", de *Quaderna*; "Medinaceli", "Imágenes en Castilla" e "Diálogo", de *Paisagens com figuras*, em *Poemas sobre España de João Cabral de Melo Neto, Cuadernos Hispanoamericanos: Revista Mensual de Cultura Hispánica*, ano LIX, n° 177, Madri, set. 1964, pp. 333-51 (separata). "El toro de Lidia", "El fútbol brasileño evocado desde Europa", "El museo de todo" e "Doble díptico", de *Museu de tudo*, em *Revista de Cultura Brasileña*, n° 41, Madri, jun. 1976, p. 30.

CRESPO, Ángel; CARRIEDO, Gabino-Alejandro: *Muerte y vida: auto de navidad pernambucano, Primer acto*, n° 75, Madri, jun. 1966, pp. 52-9. "Poema(s) de la cabra" ("Más barato", "Negro de vida", "Sólo corteza") e "A palo seco", de *Quaderna*; "El huevo de gallina", de *Serial*, *in Ocho poetas brasileños*. Carbonera de Guadazón (Cuenca): El Toro del Barro, 1966.

LLUÍS, A.: *Joan Miró*. Editado em catalão, português e espanhol. Barcelona: Casa Amèrica Catalunya, 2008.

TORROELLA, Rafael Santos: Fragmentos VII e VIII de "Psicología de la composición"; "El ingeniero"; dois primeiros fragmentos de "El perro sin plumas", *in* MENDONÇA, Renato de (org.). *Antología de la poesía brasileña*. Madri: Ediciones Cultura Hispánica, 1952.

Bibliografia

ESPANHA[1]

ALBERTI, Rafael. *Entre el clavel y la espada (1939-1940)*. Buenos Aires: Losada, 1941. (MM)

_____. *Pleamar (1942-1944)*. Buenos Aires: Losada, 1944. (MM)

_____. *Poesía 1924-1944*. Buenos Aires: Losada, 2ª ed., 1946.

_____. *La arboleda perdida*, vol. II, tercero y cuarto libros (1931-1987). Madri: Alianza Editorial, 2002.

ALEIXANDRE, Vicente. *Espadas como labios: pasión de la tierra*. Buenos Aires: Losada, 1957. (MM)

_____. *Prosa*. Edição de Alejandro Duque Amusco. Madri: Espasa-Calpe, 1998.

ALONSO, Dámaso. *Hijos de la ira*. Buenos Aires: Espasa-Calpe, 1946. (MM)

_____. *Poesía española: ensayo de métodos y límites estilísticos*. Madri: Gredos, 1950. (MM)

_____. *Estudios y ensayos gongorinos*. Madri: Gredos, 1955. (MM)

_____. *Poetas españoles contemporáneos*. Madri: Gredos, 1958. (MM)

_____. *Góngora y el Polifemo*, 2 vols. Madri: Gredos, 4ª ed., 1961. (MM)

_____. "Góngora entre sus dos centenarios (1927-1961)", *in Cuatro poetas españoles (Garcilaso, Góngora, Maragall, Antonio Machado)*. Madri: Gredos, 1962.

ARTILES, Joaquín. *Los recursos literarios de Berceo*. Madri: Gredos, 1964.

AZORÍN. *Obras escogidas*, vol. II, Ensayos. Miguel Ángel Lozano Marco (org.). Madri: Espasa-Calpe, 1988.

BALLESTA, Juan Cano. *La poesía española entre pureza y revolución (1920--1936)*. Madri: Siglo Veintiuno, 1996.

BARCA, Pedro Calderón de la. *La vida es sueño*. Ciriaco Morón (org.). Madri: Cátedra, 27ª ed., 2001.

BARENY, Natàlia (org.). *Epistolari Rosa Leveroni-Josep Palau i Fabre*. Barcelona: Publicacions de L'Abadia de Montserrat, 1998.

BODINI, Vittorio. *I poeti surrealisti spagnoli*. Torino: Einaudi, 1963. (MM)

BROSSA, Joan. *Ball de sang (1941-1954)*. Barcelona: Editorial Crítica, 1982.

_____. *Sonets de Caruixa*. Barcelona: Edicions 62, 1990.

_____. *Poesia i prosa*. Edição de Glòria Bordons. València: L'Estel 3 i 4, 1995.

---

[1] A sigla MM indica que o exemplar pertence à biblioteca de Murilo Mendes (Museu de Arte Murilo Mendes, Juiz de Fora, MG).

Buchholz, Elke Linda. *Francisco de Goya: vida e obra*. Colônia: Könemann, 2001.

Cano, José Luis. "*Corazón en la tierra*: Alfonso Pintó", *Ínsula*, ano III, n° 35, Madri, 15/11/1948, p. 5.

_____. "La poesía brasileña en España (Noticia bibliográfica)", *Revista de Cultura Brasileña*, n° 2, Madri, 1962, pp. 116-21.

_____ (org.). *Antología de la nueva poesía española*. Madri: Gredos, 1958. (MM)

Carbonell i Esteller, Eduard *et alii*. *Guía de arte románico*. Barcelona: Museu Nacional d'Art de Catalunya, 1998.

Carriedo, Gabino-Alejandro. *Nuevo compuesto descompuesto viejo (Poesía 1948-1978)*. Madri: Peralta, 1980.

Cassou, Jean. *El Greco*. Tradução José López y López. Barcelona: Ediciones Hymsa, 1934. (MM)

Castellet, José María (org.). *Veinte años de poesía española: 1939-1959*. Barcelona: Seix Barral, 1960. (MM)

Cirlot, Sandra Miranda. *Tàpies*. Madri: Susaeta, 2001.

Cook, Walter William Spencer; Ricart, José Gudiol. *Ars Hispaniae: Historia Universal del Arte Hispánico*, vol. VI, Pintura e imaginería románicos. Madri: Plus-Ultra, 1950. (MM)

Corominas, Joan; Pascual, José A. *Diccionario crítico etimológico castellano e hispánico*, vol. IV. Madri: Gredos, 1981.

Cossio, Manuel B. *El Greco*. Madri: Espasa-Calpe, 2ª ed., 1948. (MM)

Crespo, Ángel. *Antología poética*. Arturo Ramoneda (org.). Madri: Alianza Editorial, 1994.

_____. *Poesía*, vol. I. Pilar Gómez Bedate e Antonio Piedra (orgs.). Valladolid: Fundación Jorge Guillén, 1996.

Cruz, San Juan de la. *Obras escogidas*. Ignacio B. Anzoátegui (org.). Buenos Aires: Espasa-Calpe, 2ª ed., 1945. (MM)

_____. *Poesía*. Domingo Ynduráin (org.). Madri: Cátedra, 11ª ed., 2000.

Dabit, Eugène. *Les maîtres de la peinture espagnole: El Greco-Velázquez*. Paris: Gallimard, 4ª ed., 1937. (MM)

De la Encina, Juan. *Goya: su mundo histórico y poético*. México: La Casa de España en México, 1939. (MM)

Diego, Gerardo (org.). *Poesía española: antología 1915-1931*. Edição fac-símile de 1932. Madri: Visor Libros, 2002.

Dolfi, Laura (org.). *Cartas inéditas (1953-1983). Jorge Guillén/Oreste Macrí*. València: Pre-Textos, 2004.

Bibliografia

D'Ors, Eugenio. *La ben plantada*. Barcelona: Catalònia, 1930.

El Romancero viejo. Mercedes Díaz Roig (org.). Madri: Cátedra, 19ª ed., 1999.

Frédérix, Pierre. *Goya*. Paris: L'Artisan du Livre, 1928. (MM)

García-Posada, Miguel. *Los poetas de la Generación del 27*. Madri: Anaya, 2ª ed., 2000.

Gómez-Moreno, Manuel. *El entierro del conde de Orgaz*. Barcelona: Editorial Juventud, 1951. (MM)

Góngora, Luís de. *Poemas y sonetos*. Buenos Aires: Editorial, 1939. (MM)

_____. *Romances y letrillas*. Buenos Aires: Losada, 1939. (MM)

_____. *Las soledades*. Madri: Sociedad de Estudios y Publicaciones, 3ª ed., 1956. (MM)

Guillén, Jorge. *Lenguaje y poesía*. Madri: Revista de Occidente, 1962. (MM)

_____. *A la altura de las circunstancias*. Buenos Aires: Sudamericana, 1963. (MM)

_____. *Final*. Edição de Antonio Piedra. Madri: Castalia, 1989.

_____. *Cántico*. Barcelona: Seix Barral, 4ª ed., 1998.

_____. *Notas para una edición comentada de Góngora*. Antonio Piedra e Juan Bravo (orgs.). Valladolid: Fundación Jorge Guillén/Universidad de Castilla-La Mancha, 2002.

_____. *Homenaje: reunión de vidas*. Edição fac-símile. Madri: Visor Libros, 2003.

Lamillar, Juan. *Joaquín Romero Murube: la luz y el horizonte*. Sevilha: Fundación José Manuel Lara, 2004.

La poesía del flamenco, Litoral: Revista de Arte, Poesía y Pensamiento, nº 238, Málaga, 2004.

Lechner, J. *El compromiso en la poesía española del siglo XX*. Alicante: Publicaciones de la Universidad de Alicante, 2004.

Lorca, Federico García. *Poeta en Nueva York: conferencias, prosas póstumas*. Buenos Aires: Editorial Losada, 1942. (MM)

Machado, Antonio. *Poesías completas*. Manuel Alvar (org.). Madri: Espasa-Calpe, 2003.

Manent, Marià. "Notes sobre llibres", *Ariel*, ano II, nº 9, Barcelona, abr. 1947, p. 31.

Marqués, María José Mas. *Picasso*. Madri: Susaeta, 2000.

Martín, Domènec Ribot. *Miró*. Madri: Susaeta, 2000.

Miró, Joan. *Escritos y conversaciones*. Margit Rowell (org.). València/Múrcia: Institut Valencià d'Art Modern/Colegio Oficial de Aparejadores y Arquitectos Técnicos de la Región de Murcia, 2002.

MURUBE, Joaquín Romero. *Obra selecta*, vol. I, *Silencios de Andalucía* (Lírica y narrativa). Edição de Jacobo Cortines e Juan Lamillar. Sevilha: Fundación José Manuel Lara/Diputación de Sevilla/Ayuntamiento de Sevilla/Fundación El Monte, 2004.

_____. *Obra selecta*, vol. II, *Los cielos perdidos* (Prosa ensayística). Edição de Jacobo Cortines e Juan Lamillar. Sevilha: Fundación José Manuel Lara/Diputación de Sevilla/Ayuntamiento de Sevilla/Fundación El Monte, 2004.

OLIVER, Conxita. *Cuixart: antológica*. Barcelona: Generalitat de Catalunya/Visual, 1995.

ORTEGA, Manuel J. Ramos (org.). *La copa de los sueños: poetas surrealistas andaluces*. Sevilha: Fundación José Manuel Lara, 2005.

ORTEGA Y GASSET, José. *Papeles sobre Velázquez y Goya*. Madri: Revista de Occidente, 1950. (MM)

_____. *Velázquez*. Madri: Espasa-Calpe, 1963. (MM)

PAGÈS I SANTACANA, Mònica. *Cuixart, biografia inacabada*. Barcelona: Parsifal Edicions, 2003.

PARIENTE, Ángel. *Diccionario bibliográfico de la poesía española del siglo XX*. Sevilha: Renacimiento, 2003.

PENA, María del Carmen. *Pintura de paisaje e ideología: la Generación de 98*. Madri: Taurus, 1998.

PERMANYER, Lluís. *Brossa x Brossa: records*. Barcelona: Edicions La Campana, 1999.

PERUCHO, Joan. "Dos llibres de Josep Palau Fabre", *Ariel*, ano II, n° 14, Barcelona, dez. 1947, pp. 116-7.

PIDAL, Ramón Menéndez. *Poesía juglaresca y juglares: orígenes de las literaturas románicas*. Madri: Espasa-Calpe, 1991.

PIEDRA, Antonio; AIRES, Carlos Martín (orgs.). *Ángel Crespo: con el tiempo, contra el tiempo*. Valladolid: Fundación Jorge Guillén *et alii.*, 2005.

Poema de Mio Cid. Colin Smith (org.). Madri: Cátedra, 18ª ed., 1993.

PUIG, Arnau; FORNS, Manuel Pérez-Lizano; HERRADOR RODRÍGUEZ, Juan Ramón. *García Vilella*. Barcelona: Àmbit, 2004.

Rafael Santos Torroella: en los márgenes de la poesía y el arte. Catálogo de exposição. Salamanca: Fundación Salamanca Ciudad de Cultura, 2004.

RIBA, Carles. *Obres completes*, vol. I, Poesia. Enric Sullá (org.). Barcelona: Edicions 62, 1984.

RICO, Francisco; MAINER, José-Carlos (orgs.). *Historia y crítica de la literatura española*, vol. VI, Modernismo y 98. Barcelona: Crítica, 1980.

Bibliografia

_____. *Historia y crítica de la literatura española*, vol. VII, Época contemporánea: 1914-1939. Víctor G. de la Concha (org.). Barcelona: Crítica, 1984.

ROMEU I FIGUERAS, Josep. "Joan Barat: *Poemes* — Barcelona, 1947", *Ariel*, ano II, n° 10, Barcelona, jun. 1947, p. 48.

ROZAS, Juan Manuel. *La Generación del 27 desde dentro*. Madri: Istmo, 2ª ed., 1986.

SCHOLZ-HÄNSEL, Michael. *El Greco*. Colônia: Taschen, 2004.

TÀPIES, Antoni. *Memoria personal: fragmento para una autobiografía*. Tradução Javier Rubio Navarro e Pere Gimferrer. Barcelona: Seix Barral, 2003.

TUSÓN, Vicente. *La poesía española de nuestro tiempo*. Madri: Anaya, 1990.

UNAMUNO, Miguel de. *Obras completas*, vol. I, Paisajes y ensayos. Madri: Escelicer, 1966.

WOLF, Nobert. *Velázquez*. Colônia: Taschen, 2000.

GERAL

ANDRADE, Fábio de Souza. *O engenheiro noturno: a lírica final de Jorge de Lima*. São Paulo: Edusp, 1997.

ANTELO, Raul. *Literatura em revista*. São Paulo: Ática, 1984.

AUERBACH, Erich. *Figura*. Tradução Duda Machado. São Paulo: Editora Ática, 1997.

BANDEIRA, Manuel. *Poesia completa e prosa*. Rio de Janeiro: Nova Aguilar, 1996.

BOSI, Alfredo. *História concisa da literatura brasileira*. São Paulo: Cultrix, 34ª ed., 1994.

CRESPO, Ángel. "La poesía neomodernista", *Brasil: Publicación del Servicio de Propaganda y Expresión Comercial*, Embaixada do Brasil, ano III, n° 10--12, Madri, out.-dez. 1963.

CRESPO, Ángel e BEDATE, Pilar Gómez. "Situación de la poesía concreta", *Revista de Cultura Brasileña*, n° 5, Madri, jun. 1963, pp. 89-130.

_____. "Planteamiento de una encuesta sobre la literatura brasileña de vanguardia", *Revista de Cultura Brasileña*, n° 11, Madri, dez. 1964, pp. 333-8.

CURTIUS, Ernest Robert. *Literatura europeia e Idade Média latina*. Tradução Teodoro Cabral e Paulo Rónai. São Paulo: Hucitec/Edusp, 1996.

GANTEFÜHER-TRIER, Anne. *Cubismo*. Colônia/Barcelona: Taschen, 2004.

Hansen, João Adolfo. "Vieira: Tempo, Alegoria e História", *Brotéria*, nº 145, Lisboa, 1997, pp. 541-56.

_____. "Barroco, neobarroco e outras ruínas", *Teresa: Revista de Literatura Brasileira*, nº 2, São Paulo, FFLCH-USP/Editora 34, 2001, pp. 10--66.

Hikmet, Nazim. *Poèmes de Nazim Hikmet*. Paris: Les Editeurs Français Réunis, 1951.

Lafetá, João Luiz. *1930: a crítica e o modernismo*. São Paulo: Duas Cidades/ Editora 34, 2000.

Lewin, Willy. *Quinze poemas*. Recife: edição do autor, 1936.

_____. "De um diário de poesia", *Renovação*, ano II, nº 2, Recife, mar. 1940, p. 22; ano II, nº 5, Recife, ago. 1940, p. 10.

Lopez, Telê Ancona. "A biblioteca de Mário de Andrade: seara e celeiro da criação", *in Fronteiras da criação: Anais do 6º Encontro Internacional de Pesquisadores do Manuscrito*. São Paulo: Annablume/Fapesp, 2000, pp. 139-62.

Massi, Augusto. *Militante bissexto: o crítico Prudente de Moraes, neto*. Tese de Doutorado. FFLCH-USP, 2004.

Meireles, Cecília. *Crônicas de viagem*, vol. II. Leodegário A. de Azevedo Filho (org.). Rio de Janeiro: Nova Fronteira, 1999.

Raymond, Marcel. *De Baudelaire ao surrealismo*. Tradução Fúlvia M. L. Moretto e Guacira Marcondes Machado. São Paulo: Edusp, 1997.

Bibliografia

Créditos das imagens

p. 10: Fotografia de Maria da Saudade Cortesão.

p. 49a, b: Reprodução.

p. 69a: Fotograma do filme *Murilo Mendes: a poesia em pânico*, de Alexandre Eulalio, 1971. Arquivo da Cinemateca Brasileira, São Paulo.

p. 69b: Arquivo-Museu de Literatura Brasileira, Fundação Casa de Rui Barbosa, Rio de Janeiro.

p. 77: Arquivo do Museu de Arte Murilo Mendes, Juiz de Fora, MG.

p. 87a: Fotografia de Maria da Saudade Cortesão.

p. 87b: Arquivo Jorge Guillén, Biblioteca Nacional, Madri.

p. 128a, b, c, d: Arquivo do autor.

p. 131a, b, c, d: Arquivo Francisco García Vilella, Barcelona.

p. 135: Fotografia reproduzida na edição em francês do livro de João Cabral, *Joan Miró*, tradução de Henri Moreu, Barcelona, Edicions de l'Oc, 1950. Arquivo do autor.

p. 139a, b: Reprodução.

p. 139c: Arquivo Francisco García Vilella, Barcelona.

p. 149: Fotografia de Enric Tormo reproduzida na capa da edição em francês do livro de João Cabral, *Joan Miró*. Arquivo do autor.

p. 162: Reprodução.

p. 189: Reprodução.

p. 194: Reprodução.

p. 206: Arquivo do Museu de Arte Murilo Mendes, Juiz de Fora, MG.

p. 220: Reprodução.

p. 225: Fotografia de Maria da Saudade Cortesão.

p. 239: Reprodução.

Sobre o autor

Ricardo Souza de Carvalho nasceu em 1976 em São Paulo. Formou-se em Letras pela Universidade de São Paulo em 1997, onde defendeu o mestrado com a dissertação *Edição genética d'*O sequestro da dona ausente *de Mário de Andrade* (2001), e o doutorado com a tese *Comigo e contigo a Espanha: um estudo sobre João Cabral de Melo Neto e Murilo Mendes* (2006). Desde 2009 é professor de Literatura Brasileira na FFLCH-USP. Nos últimos anos vem se dedicando ao estudo de poesia brasileira e das relações entre literatura e história na passagem dos séculos XIX e XX.

ESTE LIVRO FOI COMPOSTO EM SABON,
PELA BRACHER & MALTA, COM CTP
E IMPRESSÃO DA EDIÇÕES LOYOLA EM
PAPEL PÓLEN SOFT 80 G/M² DA CIA.
SUZANO DE PAPEL E CELULOSE PARA A
EDITORA 34, EM MAIO DE 2011.